华为战略解码

从战略规划到落地执行的管理系统

陈雨点
王云龙
王安辉
著

电子工业出版社
Publishing House of Electronics Industry
北京·BEIJING

内容简介

华为的成功首先是战略管理的成功。完善的战略管理体系不仅让华为在全球商业竞争中脱颖而出，也为国内其他企业提供了良好的学习蓝本。

本书从战略成长、行动要求、市场洞察、创新焦点、业务设计、战略解码、组织保障、执行督导八个方面系统阐述了华为战略管理的内在奥秘与方法论，同时结合具体案例与场景，为读者提供了一套从战略规划到战略落地的全流程操作指南。本书可为寻求变革与战略成长的企业家与管理者提供参考指引。

未经许可，不得以任何方式复制或抄袭本书之部分或全部内容。
版权所有，侵权必究。

图书在版编目（CIP）数据

华为战略解码：从战略规划到落地执行的管理系统 / 陈雨点，王云龙，王安辉著. —北京：电子工业出版社，2021.9
ISBN 978-7-121-41824-2

Ⅰ. ①华… Ⅱ. ①陈… ②王… ③王… Ⅲ. ①通信企业－企业管理－战略管理－经验－深圳 Ⅳ. ① F632.765.3

中国版本图书馆 CIP 数据核字（2021）第 169604 号

责任编辑：杨　雯
印　　刷：三河市鑫金马印装有限公司
装　　订：三河市鑫金马印装有限公司
出版发行：电子工业出版社
　　　　　北京市海淀区万寿路 173 信箱　邮编：100036
开　　本：720×1000　1/16　印张：17　字数：244 千字
版　　次：2021 年 9 月第 1 版
印　　次：2025 年 9 月第 15 次印刷
定　　价：65.00 元

凡所购买电子工业出版社图书有缺损问题，请向购买书店调换。若书店售缺，请与本社发行部联系，联系及邮购电话：（010）88254888，88258888。
质量投诉请发邮件至 zlts@phei.com.cn，盗版侵权举报请发邮件至 dbqq@phei.com.cn。
本书咨询联系方式：（010）57565890，meidipub@phei.com.cn。

前言

2020年,《财富》杂志公布最新的世界500强排行榜,其中华为公司排在第49位,这是中国科技公司首次进入该排行榜单的前50强。

华为公司的成功在很大程度上取决于它有一套科学的战略管理体系。在从成立到进入世界前50强的发展历程中,华为在很多关口都碰到技术方向的战略选择问题,在每个这样重大的历史关头都从长计议,以终为始地思考问题,才看到了更大的成长空间,做出了正确的选择,造就了今天的华为。

当前市场环境瞬息万变,企业在这种快速变化的环境里面做正确的事,比正确地做事更加重要。一旦选择了做错误的事,效率越高,错误的程度越高。有人说细节决定成败,但细节是执行层面的东西,执行偏差只会造成结果的优劣,而战略是方向性的东西,错了就会一错百错。杰克·韦尔奇说:"我每天想的事情都是规划未来。"所以说,真正优秀的企业管理者和企业家们都把很多的精力放到战略制定上。

华为在制定一个重大战略或推动一次重大变革时,往往会在"什么是正确的"这一问题上下足工夫。同时,还会花大量的时间去研究如何将这些正确的事情做好。

华为战略管理的特点,我们可以总结为"方向大致正确,组织充满活力"。企业的战略定位很重要,你是谁?你和别人有什么不同?客户为什么选择你?这些方面一定要有差异化的业务设计。另外,由于客观环境复杂多变,企业不可能把未来预判得十分清楚,因此,组织执行能力有时候和战略一样重要,它可以保障企业在面对变化的时候能够迅速纠偏，快速找出一条正确的路径，使组织充满活力。华为强大的战略执行力使得它能够正确地做事，确保战略落地实施。

近年来，企业战略和执行力被越来越多的企业所关注。企业战略规划确定了组织使命和主要目标，战略制定得好与坏关系到企业的生存与发展，战略执行是否得力则直接关系到战略最终能否产生效果，没有得到执行的战略终究是空中楼阁。因此，如何正确地进行企业战略规划并将战略贯彻执行落地，是困扰许多企业家的重要问题。

目前很多企业都在学习华为的战略管理，在为国内企业提供咨询服务时，我也经常被大家问到华为到底是如何做战略管理的。寥寥几句无法详述华为的战略管理体系。为了让企业经营者和管理者清晰地认知、掌握华为战略管理方法，我们策划、编写了本书。本书介绍了华为的战略规划方法、战略解码关键环节及如何打造确保战略落地的高效执行力等内容，详细为大家解答了华为战略成长与战略管理的内在奥秘与方法。

这两年我和我的团队为数个上市公司提供了战略管理培训与咨询服务，积累了一些实战经验。本书除了系统阐述华为战略管理的方法和案例，同时也融入了我们的项目经验，以期帮助一些企业经营者和管理者解除他们的困惑。另外，在写作过程中，我们也尽量做到贴近企业当下的现实情况，注重将知识理论与真实事件相结合，以便于读者更好地理解华为的管理方法，让广大企业经营者和管理者通过用对方法、学通案例，做对、做好企业战略管理工作。

在写作本书的过程中，我也获得了众多管理同行的帮助，大家提供的理论、方法、经验为我编写本书提供了很大的启发，在此表示感谢！衷心希望这本书能够给读者朋友们提供一些积极的思路和启发。

作者

目录

第 1 章
战略成长：华为的成功源于它的管理和战略

1.1 理解企业战略管理 2

1.1.1 什么是战略和战略管理 2

1.1.2 战略管理对企业的重要性 4

1.1.3 企业战略管理的四个关注点 7

1.2 华为的四次战略转型 11

1.2.1 第一阶段：创业期 11

1.2.2 第二阶段：成长期 14

1.2.3 第三阶段：转型期 17

1.2.4 第四阶段：涅槃期 20

1.3 华为的成功赢在战略 22

1.3.1 战略是驶向商业成功的导航仪 23

1.3.2 华为战略管理原则与特点 25

1.3.3 战略管理在华为的发展历程　28

1.4　华为战略管理方法　30

1.4.1 郭士纳用战略管理拯救 IBM　30

1.4.2 战略管理工具 BLM 模型　33

1.4.3 华为战略管理流程　35

第 2 章
行动要求：领导力是根本，价值观是基础

2.1　领导力与战略管理　38

2.1.1 什么是领导力　38

2.1.2 领导力贯穿整个战略过程　40

2.1.3 匹配战略需求，不断发展领导力　42

2.2　华为领导力模型　44

2.2.1 领导力通用素质模型　44

2.2.2 干部领导力要求　46

2.2.3 华为对领导力发展的考虑　48

2.3　价值观与战略管理　50

2.3.1 价值观对企业的重要性　50

2.3.2 价值观是战略管理的基础　54

2.3.3 价值观是战略实现的内动力　55

2.4　华为核心价值观　57

2.4.1 以客户为中心　57

2.4.2 以奋斗者为本　60

2.4.3 长期艰苦奋斗　61

2.4.4 坚持自我批判　63

2.5 确定战略意图 65

2.5.1 清晰的愿景和使命 65

2.5.2 中长期目标与短期目标 68

2.5.3 根据市场环境进行动态调整 70

第 3 章

市场洞察：从差距分析与市场中寻找机会

3.1 分析差距 74

3.1.1 业绩差距与机会差距 74

3.1.2 寻找差距产生的原因 75

3.2 分析行业机会与市场需求 76

3.2.1 分析宏观环境 77

3.2.2 关注行业趋势 78

3.2.3 分析市场与客户 79

3.3 比较竞争对手与企业自身 81

3.3.1 全方位分析竞争对手 81

3.3.2 判断企业自身的能力 85

3.4 把握战略机会 86

3.4.1 战略机会助力企业成功 86

3.4.2 明确战略机会的优先级 88

3.4.3 将战略机会清晰化、准确化 90

第 4 章

创新焦点：用创新满足未来业务组合需求

4.1 定义业务类型 94
4.1.1 核心业务——收入与利润的主要来源 94
4.1.2 成长业务——市场增长和扩张机会的来源 95
4.1.3 新兴机会——未来长期增长的机会 97

4.2 设计未来业务组合 99
4.2.1 分析现有业务组合 100
4.2.2 新业务的发展战略 103

4.3 明晰企业创新模式 106
4.3.1 企业创新的三种模式 107
4.3.2 华为四大创新机制 112

4.4 创新驱动持续成长 113
4.4.1 持续创新，保持领先 114
4.4.2 从有限宽度到全面创新 116
4.4.3 与客户共建联合创新中心 118

第 5 章

业务设计：明确企业实现战略目标的方式

5.1 确定目标客户 122
5.1.1 明确选择客户的标准及优先级 122
5.1.2 找准细分市场客户的特定需求 125

5.2 传递价值主张　126

- 5.2.1 一切以客户需求为导向　126
- 5.2.2 提供可感知的独特价值　129
- 5.2.3 帮助客户实现增值和收益　132

5.3 明确价值获取方式　133

- 5.3.1 明确企业的盈利模式　134
- 5.3.2 追求企业长期有效增长　141

5.4 选择经营范围　144

- 5.4.1 确定经营活动中的角色和范围　144
- 5.4.2 开展跨界合作，满足消费者更多需求　146
- 5.4.3 建立开放的体系，打造良性的生态系统　148

5.5 构建战略控制点　150

- 5.5.1 不同的战略控制手段　150
- 5.5.2 华为构建战略控制点的方式　156
- 5.5.3 战略控制点的博弈　157

5.6 做好风险管理　160

- 5.6.1 识别影响业务的风险因素　160
- 5.6.2 制定不同的风险应对策略　162

第 6 章

战略解码：将战略有效分解到组织与个人

6.1 战略解码的原则与工具　168

- 6.1.1 战略解码遵循的基本原则　168
- 6.1.2 战略解码工具——BEM　170
- 6.1.3 战略指标体系——平衡计分卡　171

6.2 设计组织 KPI 的集合 174
    6.2.1 明确战略方向及其运营定义 174
    6.2.2 识别 CSF，制定战略地图 176
    6.2.3 基于战略地图，导出战略 KPI 178

6.3 战略解码到各个部门 180
    6.3.1 提炼组织年度业务关键任务 180
    6.3.2 明确各关键任务间的依赖关系 182
    6.3.3 制定部门业务实施规划和绩效目标 183

6.4 组织绩效分解到个人 187
    6.4.1 让员工充分理解组织目标 188
    6.4.2 将个人绩效与组织绩效捆绑 189
    6.4.3 让部门主管对组织绩效负责 191

6.5 战略解码的实践挑战 192
    6.5.1 战略规划不到位，导致无码可解 193
    6.5.2 缺少研讨共创，部门间无法形成共识 194
    6.5.3 层层分解责任，但没有担责与互补意识 195

第 7 章
组织保障：完善组织能力，提升战略执行力

7.1 建立支撑战略执行的正式组织 198
    7.1.1 组织设计的重点关注 198
    7.1.2 匹配战略需求开展组织变革 203
    7.1.3 华为战略管理机构及其职能 204

7.2 人力资本助推战略实现 206
    7.2.1 基于战略进行关键人才布局 207

7.2.2 聚集世界范围内的优秀人才 209

7.2.3 强化内部人力资源池管理 212

7.3 围绕业务构建干部能力 215

7.3.1 干部必须种庄稼、打粮食 215

7.3.2 训战结合的赋能方式 216

7.3.3 干部继任梯队的分层培养 219

7.4 用氛围与激励提升组织执行力 221

7.4.1 营造良好的组织氛围 221

7.4.2 强化高效协同的组织执行力 225

7.4.3 构建有竞争力的激励体系 228

第8章 执行督导：有效监控过程，强化执行效果

8.1 华为的战略管理流程 234

8.1.1 战略规划子流程 234

8.1.2 年度业务计划与预算子流程 236

8.1.3 管理执行与监控子流程 237

8.2 基于战略的全面预算管理 238

8.2.1 实现全面预算的闭环管理 238

8.2.2 人力规划与业务预算的融合 241

8.2.3 一报一会：从财务分析到经营分析 242

8.3 构建全过程监控体系 245

8.3.1 战略执行过程要监控到位 245

8.3.2 厘清并明确任务关键控制节点 248

8.3.3 以过程检查对执行进度全程监控 250

8.4 战略评估与优化改进　252
8.4.1　定期审视战略目标的正确性　252
8.4.2　阶段性复盘，不断调整和优化　254

参考文献　256

第1章
战略成长：华为的成功源于它的管理和战略

任正非说："水和空气是世界上最温柔的东西，但同样是温柔的东西，火箭可是空气推动的，火箭燃烧后的高速气体，通过一个叫拉法尔喷管的小孔，扩散出来气流，产生巨大的推力，可以把人类推向宇宙；水一旦在高压下从一个小孔中喷出来，就可以用于切割钢板，可见力出一孔的威力。华为始终聚焦在一个目标上持续奋斗从未动摇，就如同从一个孔喷出来的水，从而产生今天这么大的成就。"在实现这个"力出一孔"的过程中，华为靠的就是完善的战略管理体系。

1.1 理解企业战略管理

随着市场环境变化的速度不断加快,人们越来越意识到战略管理对企业未来生存和发展的重要性,它能帮助企业解决影响组织未来发展最重要、最基本的问题。

1.1.1 什么是战略和战略管理

要想理解战略管理,我们就要理解什么是战略。战略原本是一个军事术语,指的是军队作战的谋略。

《辞海》中对战略一词的定义是:"军事名词。对战争全局的筹划和指挥。它依据双方的军事、政治、经济、地理等因素,照顾战争全局的各方面,规定军事力量的准备和运用。"

《中国大百科全书·军事卷》中指出:"战略是指导战争全局的方略,即战争指导者为达成战争的政治目的,依据战略规律所制定和采取的准备和实施战争的方针、政策和方法。"

《简明不列颠百科全书》诠释战略一词说:"战略是在战争中利用军事手段达到战争目的的科学和艺术。"

德国军事战略家冯·克劳塞维茨说:"战略是为了达到战略目的而对战斗的运用。战略必须为整个军事行动规定一个适应战争目的的目标。"

后来,战略一词被广泛地应用到军事之外的其他领域,如政治、经济和企业管理等领域。在企业管理领域,战略是企业为了在未来的市场竞争中取得良好的经营业绩而做出的一系列的选择和行动,它包括企业的目标、目标的实现路径和策略等。简言之,战略就是做正确的事,就是要有所为,有所不为。

【管理研究】不同管理学家对"战略"一词的定义

国内外管理学家针对企业战略开展了很多研究,不同学者对企业战略赋予了不同的定义。美国著名管理学家钱德勒提出:"企业战略最重要的是目标的决策、相应的路线和资源配置。"美国著名战略学家安索夫指出,企业在制定战略时,有必要先确定自己的经营性质,进而通过区分目前产品和市场与未来产品和市场来把握企业的方向,恰当地指导企业的内部管理。美国哈佛商学院教授安德鲁斯认为,战略是通过一种模式把企业的目的、方针、政策和经营活动有机地结合起来的做法。美国哈佛商学院教授迈克尔·波特对战略的定义是"以竞争定位为核心,对经营活动进行取舍,建立符合本企业的独特的适配"。

战略管理一词最初是由美国著名战略学家安索夫提出的,他认为,企业战略管理是指将企业日常业务决策同长期计划决策相结合而形成的一系列经营管理业务。而美国学者斯坦纳则提出了一种更为狭义的定义,即战略管理是指对企业战略的制定、实施、控制和修正进行管理。加拿大管理大师明茨伯格则提出了战略5P模型,从五个角度阐述战略这一概念:计划(Plan)、计策(Ploy)、模式(Pattern)、定位(Position)和观念(Perspective)。他认为,战略具有多重含义,应该准确理解每种含义,同时也要将多个含义联系起来以形成整体的战略观念。

随着理论的发展和实践经验的积累,战略管理的相关研究成果得到了不断丰富,也因此形成了不同的战略管理思想理论流派,具体如表1-1所示。

表 1-1 战略管理思想理论流派概述

序号	学派名称	代表思想
1	设计学派	设计战略制定的模型以寻求内部能力和外部环境的匹配,把战略看作一个概念作用的过程
2	计划学派	将战略形成看作一个正式的进程,核心是进行正式的战略规划
3	定位学派	将战略形成看作一个分析的过程,强调战略制定过程和战略内容本身的重要性
4	企业家学派	将有关战略的观点看作一种与形象和方向感相关的看法,即远见
5	认识学派	要想了解战略形成的过程,最好了解人们的心理和大脑
6	学习学派	将战略形成看作一个应急的过程,强调在学习中理解战略
7	权力学派	将战略形成看作一个协商的过程,包括微观权力和宏观权力
8	文化学派	将战略形成过程根植于社会文化力量,认为战略形成是一个集体思维的过程
9	环境学派	将战略形成看作一个反应过程,强调环境的独特方面与组织特别属性间的联系
10	结构学派	将战略形成看作一个转变的过程,综合了前九大学派的内容

这十大战略管理思想理论流派从不同的角度或层次反映了战略形成的客观规律,它们互相补充共同构成了完整的战略管理体系,为不同类型的企业开展战略管理提供了理论基础。

1.1.2 战略管理对企业的重要性

企业为什么需要战略管理？因为现在企业的生存环境越来越恶劣,变化越来越大,往往企业发展到一定程度,很多管理者会形成惯性思维、路径依赖,认为过去的成功路径可以帮助企业实现持续成功。惯性思维一旦形成是很难改变的,当面临环境变化时,惯性思维很可能让企业遭遇失败。巴菲特对其所投资企业的管理层有一个要求：一定不能有惯性思维。企业不能一直沿着过去的成功路径走下去,必须始终保持开放的心态,抱有危机感,不断地颠覆自己以适应不断变化的环境,从而获得长远的发展。

从华为创立之初至今,任正非对于成功总是视而不见,即使华为已经成为行业的领先企业,他仍然充满危机感:"繁荣的背后充满危机,失败这一天是一定会到来的,大家要准备迎接。这是我从不动摇的看法,这是历史规律。"

历史规律告诉我们,永远的成功是难以实现的,一旦你满足当下的成就,失败不久就会来临。因此,任正非为了让华为人居安思危,摆脱对成功路径的依赖,以一篇《华为的冬天》的文章打破了华为内部的"太平"局面。

【任正非观点】不要盲目乐观,要居安思危

公司的所有员工是否考虑过,如果有一天,公司的销售额下滑、利润下滑甚至破产,我们怎么办?我们公司的太平时间太长了,在和平时期升的官太多了,这也许就是我们的灾难。泰坦尼克号也是在一片欢呼声中出的海。而且我相信,这一天一定会来。面对这样的未来,我们怎样来处理?我们是不是思考过?我们好多员工盲目自豪,盲目乐观,如果想过的人太少,也许就快来临了。居安思危,不是危言耸听。

面对市场的快速变化,无论企业当前取得了多么伟大的成就,如果不能及时地针对变化做出战略变革以适应未来的市场需求,企业最终将付出惨重的代价。

世界著名的剃须刀生产商吉列公司的剃须刀,被称为"掌握全世界男人的胡子"的产品,占全球市场份额的70%以上,但是吉列公司也曾犯过甘于保持现状的错误。20世纪末,剃须刀行业出现了一种新产品——不锈钢刀片。吉列公司担心不锈钢刀片的耐用性会减少许多刀片消耗量,降低其总利润,有可能影响自己主力产品超级蓝刀片的销量,所以迟迟没有做出进入不锈钢刀片市场的战略决定。然而,之后的几年里,吉列公司为其错误的战略选择付出了惨重的代价，其利润在1963年及1964年急剧下降，投资报酬率从40%降到30%以下。

后来吉列公司及时改变其战略，才重新在市场中站稳脚跟。柯达胶卷曾经红极一时，但随着数码相机的出现，它逐渐消失在历史长河之中；诺基亚曾经风光无限，但随着触屏手机的出现，它慢慢地倒下了。这些企业都是因为在变化的市场环境中，试图保持原有的企业战略，没有做出变革，从而导致失败。对此，管理学家彼得·德鲁克指出："管理者不要想当然地以为明天就是今天的延伸。"

【管理研究】不要想当然地以为明天就是今天的延伸

彼得·德鲁克在其《动荡时代的管理》一书中写道："管理者不能想当然地以为明天就是今天的延伸。正相反，他们必须面向变化进行管理；变化既是机会也是威胁。"为此，企业应该采取一系列有效的措施，包括把资源向成果集中、抛弃昨天、管理增长、管理创新和改变、制定面向明天的经营战略、给管理者计分卡等。

企业在快速变化的环境里做正确的事，比正确地做事更加重要。联想集团创始人柳传志说："一个真正好的企业家，一定要有好的战略设计能力与战略实施能力。"因此，真正优秀的企业管理者和企业家们都把很多精力放到了战略管理上。

任正非的主要工作包括三个部分：一是见客户，只有跟客户在一起，才能了解客户需求，了解客户对公司产品和服务的意见；二是内部管理，在各个部门之间走动，了解内部动态、员工思想动态，从而做出管理上的改变；三是与行业领袖、科学家等喝咖啡，我们经常看到关于任正非的报道，今天在美国的某个大学跟教授交谈，后天在俄罗斯的数学研究所跟数学家谈话等,这就是在喝咖啡。在喝咖啡、见客户的过程中,就会对市场形势、客户需求、技术演进形成判断,从而对企业战略制定提供指引。

在战略正确的情况下,科学的管理过程能够把战略目标转化为市场结果。华为所在的行业性质决定了它对管理高度依赖,在这样的行业里,正确的战略加上精准的战术和高效的执行体系,是企业能够持续发展和成功的前提条件,其中战略是第一位的。

【管理研究】不同企业对管理的依赖程度不一

处于不同行业的企业对管理的依赖程度是不一样的。其中,业务的不确定性在很大程度上影响着企业对管理的依赖程度。我们可以将其分为三种类型:一是业务不确定性极高的行业,对管理的依赖程度非常高,比如华为所在的信息与通信技术(Information and Communications Technology,ICT)行业,由于行业技术更新变化快、商业环境复杂等因素,企业需要不断地构建和提升自身的管理能力以持续获得市场竞争力;二是业务不确定性极低的行业,比如白酒、酱油等消费品行业,技术成熟稳定,客户黏性高,企业对管理的依赖程度就比较低;三是业务不确定性处于中间的行业,对管理的依赖程度也是中等的,比如机械、纺织、银行等行业,既不像华为的业务变化那么剧烈,也没有白酒企业那么高的商业确定性。

华为发展历史上在很多关口都涉及技术方向的战略选择问题,幸好华为在重大的历史关头都做出了正确的选择,所以才造就了今天的华为。

1.1.3　企业战略管理的四个关注点

我们都知道,管理既是一门科学,也是一门艺术。华为在其管理体系里,对研发流程、制造流程、营销流程、采购流程等的管理,都有比较成熟的科学方法，体现了管理的科学性。而企业战略管理，并不完全是科学的，需要综合考虑多方面的因素加以平衡，这些就体现了管理的艺术性。因此，我们在谈战略管理的时候一定要重点关注以下几个问题。

（1）从战略内容视角看，战略要坚持"有所为"与"有所不为"。彼得·德鲁克认为："任何一家企业在任何时期都需要一种有计划地放弃战略，尤其是在动荡时期。对于每种产品、服务、流程或活动，管理者都需要每隔几年自问一个问题：'假如我们未曾做这件事，以今天我们所知，还会不会做？'由此，及时准确地判断出企业是否能跟得上时代的步伐。如果答案是否定的，那么管理者就应该果断地做出放弃的决策。"专注是企业战略的核心，不同的企业在不同的阶段专注的内容是不一样的。很多企业在发展到一定阶段时，就容易偏离其核心业务，喜欢横向发展，导致核心业务纵向发展的动力和资源就没有了，最终使得企业逐渐走向衰落。

通用电气（GE）公司CEO杰克·韦尔奇刚进入GE时，公司有100多个事业部，每个事业部的市值约为1亿美元，整个公司的市值约为100亿美元。但是杰克·韦尔奇离开GE的时候，公司市值是4800亿美元，是当时全美市值最高的企业。这归功于杰克·韦尔奇对彼得·德鲁克的"有计划地放弃战略"的执行。杰克·韦尔奇认为GE公司的100多个事业部，如果哪个不能做到行业的第一、第二，就得裁掉、卖掉。在这种"有计划地放弃战略"下，GE公司只保留了12个事业部，且这12个事业部都是行业数一数二的。

由此看来，企业在进行战略设计时，要避免过度宽泛、涉足过广。因为，一旦由此造成资源过于分散，企业最终将难以做好每件事，预期目标难以达成，进而导致不良后果。华为作为一家国际化大公司，尽管可选择的业务有很多，但不强求所有的业务都做。

（2）从动态变化视角看，企业要做好随时进行战略调整的准备。战略规划是对未来的预判，但是没有人能够完全准确地预测未来，存在一定的局限性。华为战略做得非常好，但其实华为的战略也不是固定不变的，也会有应急的战略。因此，当企业拿不准未来的战略方向时，就需要有强大的执行能力，快速做出响应，以此弥补战略预判的不足，及时调整战略。

最初，互联网浪潮来临时，华为内部也有人萌生了一些想法，但任正非强调要专注自己的发展，不要被互联网所诱惑。随着互联网及其延伸技术改变了人类的工作和生活方式，华为开始鼓励员工去探索这些未知的无人区……当市场环境等因素发生变化时，企业可以细化甚至革新战略。

（3）从参与范围视角看，企业除了有自上而下的战略，也要有自下而上的战略。一般来说，大部分企业都是领导层制定战略，再逐层进行分解和执行的，但是有时候自下而上制定战略更容易激发组织的活力，带来更多意想不到的产品创意。

美国有一家很著名的公司——3M公司，它总共有6万种产品，涵盖消费、医疗、电子、能源等行业。3M公司在员工管理方面有个15%原则，即员工15%的工作时间是完全自由的，公司不规定你做什么。在这15%的时间里，员工可以在公司大的业务范围内去创新，只要创新想法有商业前景，公司就把它做成一个产品。通过这样的方式，3M公司形成了五大业务领域、6万种产品的格局。

很多成功的产品不是自上而下规划出来的，而是员工在这样一个灵活的环境里创造出来的，这就是自下而上的战略。从表面上看，华为是一个集权公司，战略基本是自上而下制定的，但是仍然有很多产品是自下而上出现的，不完全是规划出来的。早期公司有一个非常成功的产品，它不是研发部开发出来的，而是试验部门在一个产品维护过程当中发现有客户需求，就把它升级成一个好的产品的，这个产品在1997年、1998年每年给公司带来几亿元的销售收入，当时的产品主管还被提拔成公司副总裁级干部。允许创新、允许试错的氛围，对公司来讲也是非常重要的。哪怕是华为这样的公司，都不能完全自上而下地制定战略，必须容纳一定的自下而上的战略，让组织始终保持活力，从而衍生出一些有创意的产品。

（4）从企业生命周期视角看，企业在不同发展阶段的战略关注点是不一样的。企业由于在不同生命周期阶段所获取到的信息和自身能力等方面存在一定的差异性，因此，在不同生命周期阶段有不同的战略倾向。

在初创期和成长期，企业的资金规模和资源获取能力相对较弱，无法与行业领先企业开展正面竞争；各项指标的快速增长可能带来管理混乱和失控问题……对此，企业可以采取集中式和以竞争为导向的战略管理方法，比如利基战略，将资源集中于大企业无暇顾及或被其他企业忽略的目标细分市场，专注于客户的需求和创新，在企业发展过程中逐渐实现规模经济。

美国西南航空公司是创造差异性的典型例子。它主动避开大机场，也不设远程航班，就在中等城市和大城市中的二级机场之间开设短程、低成本和点对点的飞行服务。西南航空公司以高密度和低廉的票价吸引了那些对价格敏感的客户以及偏好方便的客户，这样的战略定位给该公司带来了巨大的商业价值，使其成为航空领域的领先者。

在成熟期，企业的经营环境相对稳定，在发展过程中也逐渐形成了自身的核心能力，这时企业容易出现我们前面所说的惯性思维。因此，这个阶段的企业需要改变战略，进行价值创新，以实现新的飞跃。价值创新的核心思想是企业将全部精力放在为客户和企业创造价值上，主动发现和创造新的需求，开发未知市场，并成为新的行业规则的制定者。

在不同的时期，由于市场环境在不断地变化，用户需求也在不断地变化，这就要求企业能够随时调整其战略发展方向。从创立之初至今，华为在不同的发展阶段，一直都根据自身的资源与市场环境，对企业战略不断进行调整。

1.2 华为的四次战略转型

华为公司从 1987 年成立到 2020 年销售收入突破 8913.68 亿元，在这样的发展历程当中，每一步都涉及战略选择的问题。在其四次战略转型与调整当中，"活下去"是其始终坚持的最高目标，但它同时也是华为战略目标的最低标准。

1.2.1 第一阶段：创业期

1987 年，华为技术有限公司在深圳成立，成为一家生产用户交换机（PBX）的香港公司的销售代理。当时全球通信行业正处于快速发展期，华为的代理业务也做得很好，甚至供不应求，但是供应商却经常欠货。在这种情况下，任正非意识到只做代理业务，就意味着永远要受制于供应商，为了摆脱对供应商的依赖，华为应该自主研发通信设备。于是，从 1989 年开始，华为逐渐走上了自主研发之路，从一些小型交换机开始，慢慢地进入中型、大型交换机领域。华为每年的研发费用都占到公司销售收入的 10% 以上，这已经形成了一种惯例。

在华为创立初期，任正非采取了"农村包围城市，逐步占领城市"的发展战略——先占领世界电信巨头没有顾及的广大农村市场，步步为营，逐渐深入城市。

华为之所以选择这样的战略，一方面是由于市场竞争极其激烈。当时，爱立信、摩托罗拉等大部分国际电信巨头已经进入中国市场，行业内称之为"七国八制"。这些厂家盘踞在各个省市多年，在中国电信市场占有大部分份额，华为尚不足以与这些实力雄厚的国际电信巨头们直接竞争。另一方面是由于华为的产品研发刚刚起步，产品的性能、品牌公信力等不足以让大城市的客户所接受。在这种大背景之下，弱小的华为只能从农村市场切入。

电信设备制造行业的主要特征是对售后服务的要求很高，为此，创建初期，华为在全国范围内建立了多个售后服务点，甚至还覆盖一些偏远地区，从而为客户提供及时的售后服务。尽管华为的产品质量只有国际大公司的八九成，但是价格只有它们的三成，再加上及时的售后服务体系，华为构建了差异化的商业模式。

黄勇（化名）是第一批践行"农村包围城市"战略的华为人之一，当时负责拓展福建的市场。黄勇到福建的时候，当地只要是装了程控交换机的都是国外电信公司的产品。以前由于进口的机型在性能上比国内产品要稳定，所以大家都偏爱用国外产品。但是由于装机年数久了，很多新功能都没有，更重要的是配套的技术服务跟不上。当时，泉州市使用的日本进口程控交换机需要更新技术功能，因此，泉州电信局在政府的帮助下与日本厂商进行了沟通。结果，一年过去了，日本厂商也没有派一个技术人员来。此时，华为发现了市场机会，凭借自己在技术及后期服务上的优势打入了泉州市场。最终，泉州全部改用了华为产品。

这种商业模式在被客户接纳的同时，也帮助华为争得了生存空间。华为通过这种方式赚了钱就大力投入研发，不断提高产品质量，最终达到与国外企业同样的品质，还实现了超越。华为1993年销售收入刚刚突破1亿元，但是以每年翻番的速度，在1999年就突破了100亿元。仅仅六年时间就完成了销售收入从1亿元到100亿元的变化，这就是华为战略选择的结果。

与此同时,在实现战略目标的过程中,任正非意识到,只有管理才能够带领华为公司形成长期的有效屏障。

【任正非观点】依靠管理将华为员工凝聚在一起

1993年,华为的一名中层干部将日本学者的一本书——《十天速成学管理》翻译成了中文。任正非为这本书写了序言,他在其中写道:"一个人的力量是有限的,只有千百万人的力量才是强大的。将几十个人、几百个人凝聚在一起已经很难了,你如果要凝聚几千、几万人的力量,就更加困难了。那么可以靠什么实现呢?就要靠管理。"

创业初期的华为只有一个目标:抓住市场机会,抢占市场份额,实现企业的快速发展。为此,任正非针对华为的发展提出了许多超乎想象的目标,为的就是激励华为人能够集中优势兵力,把握战略机会,实现市场的快速扩张。

1987年,华为成立初始,任正非提出要把华为建设成为中国通信行业的领先企业。1992年,任正非再次提出华为要超过四通。这时的华为仅有60多名员工,销售收入不足1亿元,而四通当时的销售收入在20亿元左右。华为人对任正非这个设想的第一反应是:"老板脑袋进水了!"但事实证明,任正非的目标实现了,华为只用了三年的时间就超过了四通。不久,任正非又提出:未来通信制造业三分天下,必有华为一席。

任正非这些关于华为未来发展的梦想充分体现了他对于市场扩张的决心,为此,华为创业初期不得不采用掠夺性的人才策略来支撑它的野蛮式扩张,这一做法直接使得华为员工的数量急剧增加。但是,由于任正非对于这支急剧膨胀的员工队伍并未进行科学有效的管理,其给华为的组织管理带来了巨大的困扰。

为此，1995年，任正非指派当时的营销副总裁张建国邀请中国人民大学彭剑锋教授等人来华为担任管理咨询顾问。在这个过程中，华为逐渐暴露出更多的问题。任正非认识到，仅仅依靠上层的"理解和支持"，对于一个有志于干一番大事业的企业而言是远远不够的。华为必须具备一套组织模式，必须用一套方法和规则把大家整合起来，同时也管控起来，以使组织的运行、管理更加高效和规范。

因此，任正非提出要对华为的发展历程重新进行梳理，找到一些普适性的东西来指导华为的发展。于是，1996年3月，原本在为华为设计营销考核体系的管理顾问团队转向起草华为管理大纲，后改名为《华为公司基本法》。专家们经过不断讨论、修改，终于在1998年3月，历时3年，经过8次易稿的《华为公司基本法》正式颁布实施。任正非希望通过《华为公司基本法》帮助华为人构建一个相对统一的价值认知，以此来提高组织的凝聚力和创造力，而事实上，《华为公司基本法》的颁布也确实起到了相应的效果。

除此之外，华为早期对管理的重视程度还体现在学习西方的先进管理经验上。例如，引入ISO 9000、任职资格体系、英国国家职业资格体系（NVQ）、采购体系等，并做了一系列的管理改进。

1.2.2 第二阶段：成长期

到了1998年左右，金融危机爆发，西方电信设备公司开始在海外市场收缩。国内电信市场竞争更加白热化，华为的交换机产品已在国内市场占据了一席之地，为了拓展市场空间，华为将眼光放到了海外市场，启动了第二次战略转型，即国际化战略，将创业期培养的一大批优秀的人才输送到国外市场，为华为开辟新的天地。

1996年，华为与香港和记公司开展交换机业务。但是，一开始，华为就遭遇了严峻的考验。眼看就要与香港电信设备对接了,但华为的交换机频频出现问题,这直接关系到和记公司能否取得经营许可证。因此华为的技术人员在与和记公司商量后,购买了几个睡袋在机房打地铺。同时华为深圳总公司的技术人员也不分昼夜地协助调试工作。华为人艰苦奋斗及高度敬业的精神感动了和记公司的技术主管,他们也主动放弃了休息,与华为技术人员一起解决问题。在大家的共同努力下,问题终于顺利地解决了,和记公司的经营许可证也顺利地拿到了。

华为人在这次事件中的态度赢得了和记公司的信任,不仅如此,华为的服务也被和记公司赞赏有加。很快,华为通过 C&C08 交换机打开了香港市场,逐步迈入了国际市场。1998 年华为进入俄罗斯和巴西市场,1999 年进入中东、北非、东南亚市场,2000 年之后开始进入西方发达国家市场,又重新演绎了国内走过的道路,也就是全球市场的"农村包围城市",这就是华为的国际化战略。

现在看来,华为的国际化战略是成功的,但是华为在进军海外市场的过程中也曾遭遇过重重壁垒:一是国外市场对国产交换机的质量没有信心;二是国外市场与国内市场的交换机在标准制式、信令配合等方面存在差异;三是华为干部在陌生的国外市场环境中语言不通……面对这些困难,华为人没有退缩,对他们来说,只许成功不许失败。

一位驻乌克兰的华为员工在工作总结中这样写道:"在乌克兰市场,我司屡败屡战,历经五年的拓展,终于在今年三季度一举击败友商,中标公司迄今为止最大的海外 GSM 项目,在全国范围内独家承建 URS GSM 全网与智能增值业务平台,同时组合销售固定网交换机与数据通信产品,签署了今年最大的一单销售合同。在攻战本项目过程中,得到了曾经与我激烈争吵的局方决策者之一的积极配合,我司在竭力满足客户需求的同时,凡涉及合作的大原则,无论局方设置什么样的压力,甚至最后一刻斩钉截铁地告知'若不满足条件立即转向友商',都不为所动,最终局方放弃不合理要求,恪守'平等、长久互利、相互尊重'的原则,其最高决策者临走时在其专机上签订了合同。"

从中我们可以看出华为的战略耐心,很少有企业能够做到像华为这样,在颗粒无收的情况下长时间坚持开拓某个市场。正因为华为的坚持不放弃,始终保持战略耐力,才取得了国际化战略的成功。

从2004年开始到2011年,华为加速了全球化过程,开始在全球范围内开拓市场、布局资源,按比较优势来设立各种机构,对全球市场和国内市场同等重视。

在市场管理方面,华为刚拓展海外市场时,成立了海外市场部,市场逐渐做大后,又分为国内营销管理部和国际营销管理部。2005年,华为将全球分为十几个地区部,不分国外国内,中国只是其中一个地区部。在资源部署方面,华为除了在国内设立研究所,还在美国、欧洲、法国、俄罗斯、印度等布局了研究机构。在支撑性部门方面,华为在欧洲设立了财务共享中心,在新加坡设立了投资中心等。

在管理的匹配上,从1998年开始,华为陆续与IBM、合益、美世、德勤、盖洛普、甲骨文等诸多国际型公司合作,并实施了多方面的变革,包括产品研发体系、业务流程、集成供应链管理、人力资源管理、财务管理、客户满意度等。

任正非意识到华为存在着问题,但无法系统地指出来或是进行改善。于是,他将目光转向了世界领先的企业,这些大企业在发展过程中势必也经历过与华为类似的困境。为此,任正非等一行人,开启了美国之行,看看这些世界级的大企业是如何进行变革的。当华为高管一行人从美国回来后，任正非立刻写了一篇文章，旨在强调华为人只有向大企业学习，才能避免在今后的发展中走弯路，并说道："IBM 的经验是它付出了数十亿美元代价总结出来的，它的痛苦是人类的宝贵财富。"为此，任正非还请 IBM 公司来为华为做管理咨询服务。相关资料显示，华为在初次请 IBM 进行研发流程变革时就支付了约 5 亿元的咨询费用。

华为从 IBM 引入 IPD（Integrated Product Development，集成产品开发），改变了过去脱离客户需求的产品研发模式，使得华为在抓住战略机会上拥有更多的优势，而且还降低了公司的成本；集成供应链管理变革项目以 SCOR（Supply Chain Operations Reference，供应链运作参考）模型为基础，对流程和 IT 系统重新进行设计，有效提升了华为供应链管理效率和整体交付能力；通过 IFS（集成财务转型）项目，推进财务体系流程的变革，构建了全球一体化的财经管理平台，更有效地支持了华为业务的发展……

华为通过与世界领先的企业合作，学习它们的管理经验，从而建立自身的组织管理制度，实现了更好的发展。2011 年，华为年销售收入达 2039 亿元。

1.2.3 第三阶段：转型期

2011 年，华为通信设备占全球市场 30% 的份额，运营商领域的业务发展已经遇到了天花板，如果不进入消费者业务行业或者企业业务行业，公司的增长会受限；再加上互联网技术的快速发展，大数据、云计算等各种产业开始兴起，华为再一次做出了战略变革。

因此，2011 年，华为成立了运营商网络业务、企业业务、消费者业务三大业务运营中心，每个业务部都有独立的经营管理团队，尽管各自在考核或管理运作机制上有区别，但都是在公司统一的平台上进行运作和管

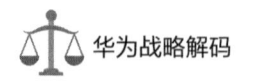

理的。

战略转型后，华为从单纯面向电信运营商转向三个不同的业务领域。以前，华为的主要营收来源是运营商业务，客户只在运营商层面，包括中国电信、中国移动等国内外各大运营商。业务整合后，华为将要面对的客户不仅包括已有的电信运营商客户，还有企业客户、行业客户及终端消费者。

这三种业务面向的客户属性差异特别大，在研发流程、需求管理、营销管理等方面都存在显著的差异性。从电信行业发展的历程来看，这种面向不同客户的业务模式还没有一个成功的案例可以为华为的管理运营提供正面的参考与借鉴。曾经有摩托罗拉公司、西门子公司取得过短暂的成功，但由于成功的时间都太短，没有太多可以参考的价值。

可以说，华为是在走前人没有走成功的道路，成功与否都是未知的。如何才能面向这三类客户群经营好公司，是华为面临的巨大挑战与任务。对此，时任华为轮值CEO的徐直军表示：

"目前，在展开业务之后，公司的主旋律是聚焦，聚焦于一个方面，就是产品，方向就是管道战略，核心还是围绕管道来做，无论是终端业务、企业业务、固定和移动宽带业务，还是数字解决方案等，整个公司所有产品都要聚焦到管道上来。不仅产品和技术要聚焦，客户和区域也要聚焦。企业业务我们就聚焦在20多个国家和两个区域，两个区域就是欧洲和中国。终端业务也要聚焦，我们选一些量大的国家做好。因此，未来一段时间内我们不会有太大的改变，业务范围只会进一步聚焦，组织形态也在优化。"

华为希望通过聚焦战略取得成功，实现公司的持续发展，即在产品和技术方面聚焦管道，在业务区域方面聚焦有较大需求的市场。

从2011年成立企业BG（Business Group，业务集团）以来，华为企业业务的销售收入在不断增长，并覆盖了各行各业。但是企业业务在发展的前几年，一直是亏损状态的，直到2015年，华为企业业务在全球首次实现了盈利。其中更值得注意的是，海外企业业务收入同比增长超过45%，高于中国区增长率。

企业业务的高速增长得益于大量合作伙伴的支持。截至2015年年底，华为在全世界共拥有8000家渠道合作伙伴，其中国内共有5000家。这些合作伙伴为华为企业业务创造了巨大的销售收入，占企业业务总销售收入的80%以上。

华为企业业务副总裁马悦表示："不忘老朋友，结交新朋友。过去5年华为渠道合作伙伴数量呈现10多倍增长，华为企业业务的成长离不开合作伙伴的大力支持和包容。华为从运营商直销市场投身企业分销市场，'两眼一抹黑'，没有渠道政策，也没有公司层面的完善支撑体系，当时得到许多合作伙伴的帮助。"

华为在企业业务领域不断地投入与努力，终于换来了一定的成果，而这也促使着华为将持续在企业业务领域加大投入。

事实上，在建立消费者BG之前，华为在2003年底已经开始布局消费者业务。但是那时候华为只是给电信运营商客户提供低端定制机产品，从不注重品牌的建设，手机也全是运营商自身的品牌，众多消费者并不知道华为品牌。为了打造好华为品牌，华为成立了消费者BG，彻底对终端内部做出变革，转变战略方向，追求性能和用户体验。最终，消费者BG在余承东的带领下，逐渐取得了成功。

2020年，在面临新冠肺炎疫情严峻挑战的情况下，华为全球化的供应链体系还承受了巨大的外部压力。华为全年实现销售收入8913.68亿元，同比增长3.8%；净利润为646亿元，同比增长3.2%。在华为三大业务中，运营商业务实现销售收入 3026.21 亿元，企业业务实现销售收入 1003.39 亿元，消费者业务实现销售收入 4829.16 亿元。

随着各种数字技术的发展，各科技企业已经把云业务领域当成战略机会窗。华为为了给客户提供更好的服务，帮助客户实现数字化转型，于 2017 年成立了云业务 BG。华为云业务总裁郑叶来表示："华为将开放自己 30 年在 ICT 和高科技制造行业积累的能力，包括研发设计、生产制造、经营管理、供应链物流等整个制造业流程中的能力，根据客户不同发展阶段提供华为云解决方案，赋能产业新价值，让制造更智慧。"面向未来，华为的战略就是全面云化产品和服务，帮助所有客户实现数字化转型。

1.2.4　第四阶段：涅槃期

近两年，随着中美贸易争端愈演愈烈，中国企业的全球化发展都或多或少受到了一些影响。华为就受到了美国的严重制裁。

2019 年 5 月 16 日，美国商务部以国家安全为由，将华为及其 70 家附属公司列入管制"实体名单"，禁止美国企业向华为出售相关技术和产品。
2020 年 5 月 15 日，美国商务部宣布，将严格限制华为使用美国技术和软件在美国境外设计和制造半导体。
2020 年 8 月 17 日，美国政府发布公告，称任何使用美国软件或美国制造设备为华为生产产品的行为都是被禁止的，都需要获得许可证。该禁令于 2020 年 9 月 15 日正式生效。

美国的各种制裁措施让华为加速了移动生态建设的艰难探索。尽管多年前，华为已经做出了极限生存假设，布局芯片研发，但在芯片制造环节遭遇"卡脖子"。为此，华为启动了"南泥湾"项目，即在制造终端产品的过程中，规避应用美国技术，以加速实现供应链的"去美国化"。同时，在国家政策和资本的支持下，华为将与产业链相关企业共同完成核心技术能力的建立和完善。除芯片之外，华为还推出了鸿蒙系统，加快拓展以鸿蒙系统为主的华为生态圈建设，服务更多的海外用户，提升企业在全球的综合竞争力。

华为致力于构建万物互联、智慧化的新世界。未来世界是一个全连接的时代，包括从人的连接到物的连接，再到信息的连接。其中，AI、物联网和5G是构建全连接时代的关键技术所在。5G是前两项的基础网络平台，是实现数字世界和物理世界合而为一的关键技术。因此，华为在5G上投入很多，实现了网络、芯片、终端及家、汽车、工业的全场景布局。

华为轮值董事长郭平在2020年华为共赢未来全球线上峰会上表示，"全球5G部署已告一段落，下一阶段华为将充分利用自身在5G、计算、云、人工智能及行业应用这五个方面的能力，聚焦场景化解决方案，充分释放5G的红利，帮助华为的客户和合作伙伴实现商业成功。"

华为成立智能汽车解决方案BU（Business Unit，业务单元），同时明确表示华为不造车，而是聚焦ICT，做和汽车数字化、智能化相关的硬件、云服务，帮助车企造好车。

华为在山西建立煤矿创新实验室，对此，任正非表示："我们不会拓宽我们的业务环境，我们深入对煤矿的了解，将来使我们的电子系统和软件系统能够为它们提供非常好的应用服务。我们能帮助煤炭行业实现'少人、无人、安全、高效'，让智能化采煤工作面减人60%，井工煤矿单班入井人数减少10%~20%，煤炭行业欢迎我们在煤炭领域中使用电子系统。我们这样做，不仅自身得到发展，也解决了煤矿高效生产和安全生产问题，让煤矿工人可以'穿西装打领带'地工作，也可能带动山西煤矿机械的发展。"

美国的制裁、英法等国禁用华为5G设备，对于华为来说，这毫无疑问是痛苦而艰难的时刻，尽管华为有芯片与操作系统的自主研发能力，在国内有广阔的终端市场，可以在国内完成5G的部署与应用，但这与华为致力于做一个全球化企业的目标不一致。

2021年4月12日，华为轮值董事长徐直军在第十八届全球分析师大会（HAS 2021）上公布了未来一年的五项关键战略举措：

（1）优化产业组合，增强产业韧性；

（2）推动5G价值全面发挥，定义5.5G，牵引5G持续演进；

（3）以用户为中心，打造全场景无缝的智慧体验；

（4）通过技术创新，降低能源消耗，实现低碳社会；

（5）努力解决供应连续问题。

徐直军表示，2020年，华为承受了非常多的关注。2021年仍是充满挑战的一年，但也是华为未来发展战略逐步清晰的开始，华为将逐步讨论和确定未来该如何走，以及向何处去。

应该说，华为每次的战略转型都面临着外在环境的变化，包括客户需求的变化、市场机会的变化及竞争格局的瞬息万变等。为了应对这些变化，华为不断进行变革，包括战略变革、业务变革，使得组织始终充满活力。华为在获取成功的过程中，除始终保持战略专注、聚焦外，各种管理体系和华为自身的企业文化也发挥了重要的推动作用。

困局之下，我们静待华为完成华丽突破。

1.3 华为的成功赢在战略

任正非说："华为没那么伟大，华为的成功也没有什么秘密。华为的成功就一个字——傻！华为就像阿甘一样，认准方向，朝着目标，傻干、傻付出、傻投入！"

1.3.1 战略是驶向商业成功的导航仪

美国一项调查表明："超过90%的经营者认为，其工作中最花时间、最重要、最感困难的事情，就是如何制定和实施企业战略。"在企业管理中，永远不会有机会主义，企业获得持续成功的关键在于战略正确，即在"做什么、怎么做、为什么做、什么时候做"中有着一套科学的逻辑与思考。

《华为公司人力资源管理纲要2.0总纲（公开讨论稿）》中指出，过去30年，华为基于正确的社会与产业洞察及相关假设，形成并坚持了正确的发展思想与路线。

其中，"社会洞察"是：人类社会进入信息时代，人们间沟通的数字鸿沟需要跨越。"社会假设"是：在信息基础设施领域中存在着巨大的企业发展空间与市场机会。"产业洞察"是：产品相对标准化、代际变化相对缓慢，客户群体相对集中、具有相似性，商业模式比较稳定（2B模式，客户主要购买产品与相关服务）。"产业假设"是：做快速、有力的跟随者，用持续的微创新、较高的性价比、良好的客户体验，构建公司持续发展并择机超越的机会。

在此基础上，华为坚持的战略发展思想是：聚焦信息基础设施产业，基于电子信息技术领域积累，形成同轴电缆式的业务发展（不断拓展业务边界内的产品、客户）；坚持以客户为中心、为客户创造价值，通过"利他"实现"利己"；坚持以一定利润率水平上公司成长的最大化原则牵引公司快速发展。

历史上也有一些企业是因为战略选择错误而失败的，如史玉柱的巨人集团。

1991年，史玉柱成立了巨人公司，通过销售其主要产品中文电脑软件获得了巨大的利润，用两年不到的时间就达成近4亿元的销售额，迅速成为第二大民营高科技公司。

然而1995年，史玉柱决定跳出电脑行业，走多元化的发展道路。在多元化发展之前，史玉柱的设想是：房地产与生物工程行业的利润可以相互支撑各自的发展。但是，这两个新的行业在资金运作等方面与电脑行业有着明显的区别，尽管"脑黄金"收获了成功，但是从整体上来说，巨人集团在生物工程行业遭受了巨大的亏损。结果是，巨人大厦不仅不能赚钱，而且还需要从生物工程中抽资去支撑它，最终巨人大厦没能建成，集团也垮掉了。

导致巨人集团失败的原因既有客观因素，也有主观因素，但最关键的是史玉柱作为公司最高领导人，对于"巨人"究竟是一个怎样的公司及"巨人"应该朝什么方向发展做出了错误的判断，在没有有效的环境分析、稳健的资金保障和完善的管理机制下，采取了激进的扩张战略。

战略就是企业决定未来要做什么，不做什么，其中，决定不做什么比做什么更重要。任正非强调："在大机会时代，我们千万不要机会主义，而要有战略耐性，要坚持战略竞争力量不消耗在非战略机会点上的方针。有些企业总想在短时间内就打败竞争对手，缺乏的就是长期的战略思考和持续作战的忍耐力。当企业在一个行业达到一定地位时，往上走就变得比较困难，需要管理或技术上有突破，需要付出巨大的努力，因此很多企业容易横着走，我把这个叫作'摘取低垂的果实'。这样的企业非常多。"

十多年前中国最大的空调品牌是春兰，但是春兰在领先了之后没有在空调行业深耕，而选择了"横着走"，开始做摩托车、汽车、房地产，最后衰落了。而格力为什么能成功？因为它一直坚守在空调行业里深耕，从低端市场到中端市场再到高端市场，在技术方面先模仿再自主设计研发……最终在空调行业实现绝对领先。

2019年5月21日，央视记者采访任正非："您准备怎么去面对未来也许会长期存在的这个中美贸易冲突？"对此，任正非表示："我们准备打持久战，我们没有准备打短期突击战。我们越打持久战，我们可能越强大。"这也反映了任总的战略思考和眼光，不仅关注当下的突破，更考虑公司未来长远的发展。

1.3.2 华为战略管理原则与特点

在华为，战略管理必须遵循四项基本原则，具体如表1-2所示。

表1-2 华为战略管理四项基本原则

序号	原则	具体说明
1	战略不能被授权	一把手必须亲自领导、亲自贯彻整个战略制定与执行的全过程
2	以差距为导向	以业绩差距、机会差距等为导向制定战略，并集中力量弥补这些差距
3	与执行紧密结合	好的战略必须是能执行的战略，战略只有得到执行，才能发挥其价值
4	终年持续不断	战略是持续不断、周而复始的组织行为，不要试图一次性就制定好战略，期望一劳永逸

其他企业领导者也可以基于对这些战略管理原则的深刻理解，对照自己企业的实际情况，进行模仿和引申，以便更好地引领企业的发展。

从华为的发展历程来看，华为在不断地进行战略变革，因为世界是变化的，行业在变、客户在变，竞争对手也在变化，所以企业必须根据变化做出相应的战略适配和调整。其中，最重要的是"方向大致正确，组织充满活力"。这也是华为战略管理总的特点。方向很重要，只有战略定位准确，才能让客户了解企业与竞争对手的差异性。但是企业在预判时可能出现错误，因此需要充满活力的组织来及时纠偏，以保持企业沿着正确的方向前进。

具体来看，华为战略管理的特点包括三个方面：一是强调机会驱动公司发展；二是坚持压强原则；三是抓住产业调整期，奠定长期增长格局。

1. 强调机会驱动公司发展

在华为，一旦发现战略机会，便会集中一切资源去攻抢。一些企业家会觉得当企业能力或资源不足以抓住某个市场机会时，可以选择放弃。但事实上，大多数的成功企业在攻抢战略机会时，是不具备充分的能力和资源的。只有在抓取机会的过程中，不断提高自身的能力，企业才能迅速成长起来，从而获得商业成功。华为早期为了抓住市场机会，用野蛮式的扩张带来了管理上的混乱，管理上的混乱驱动华为不断地去改进管理，管理得到了改进，华为也就具备抓住更大机会的能力，由此形成一个良性的循环。这就是机会驱动公司的发展。

【任正非观点】把握住我们的优势，抓住战略机会

战略机会永远都会出现。技术在进步，时代在进步，客户在变化，不是要完全颠覆已有的优势才可以获得战略机会。现在电子产品像秋天的西瓜一样过剩，西瓜太多了，西瓜的价格就降到令人不可接受的地步，谁都不清楚未来这些产品能否恢复盈利。我们只要把握住我们的优势，敢于在弯道上加大投入，就有可能在某方面超越他人。

2. 坚持压强原则

任正非曾用坦克和钉子的比喻说明"压强原则"："坦克重达几十吨，却可以在沙漠中行驶，原因是宽阔的履带分散了加在单位面积上的重量；钉子质量虽小，却可以穿透硬物，是因为它将冲击力集中在小小的尖上，二者的差别就在于后者的压强更大。集中优势，重点突破，这就是华为压强原则的核心。"华为创立之初，没有政府背景，在资金、人才等方面都毫无优势。为了活下去，华为集中公司内部的所有资源，瞄准一个领域或一个方向，集中攻克、开发，争取在某一个阶段、某一个方面领先对手，然后由点及面，逐渐占领市场，形成竞争力。

在任正非看来，市场竞争中最有力的武器是集中所有的精力在一个点上，即聚焦主航道，这样往往能够取得更大的成就。同时，他强调华为是一个能力有限的公司，只能在有限的宽度内赶超国际巨头，因此绝不多元化。

正如任正非所说的那样，华为三十多年来坚定不移地只对准通信领域这个"城墙口"冲锋。不管是几十人、几百人，还是几十万人，华为始终沿着主航道，对着这个"城墙口"进攻，密集炮火，饱和攻击。

【任正非观点】在成功关键因素和选定的战略生长点上压强投入

《华为公司基本法》第二十三条明确规定："我们坚持'压强原则'，在成功关键因素和选定的战略生长点上，以超过主要竞争对手的强度配置资源，要么不做，要做，就极大地集中人力、物力和财力，实现重点突破。在资源的分配上，应努力消除资源合理配置与有效利用的障碍。我们认识到对人、财、物这三种关键资源的分配，首先是对优秀人才的分配。我们的方针是使最优秀的人拥有充分的职权和必要的资源去完成分派给他们的任务。"

3. 抓住产业调整期，奠定长期增长格局

华为海外市场的发展，都是在海外竞争对手发展不好、要退出的时候，进入这些市场的，并奠定了长期增长格局。例如，1998年的金融危机、2008年的金融危机，都是华为海外市场大幅增长的时间。这就是我们第一点强调的机会驱动公司发展，华为看到了增长机会，那么如何将机会转化为实际增长呢？也就是我们第二点强调的要聚焦主航道，坚持压强原则，保持战略的专注度。和市场上的友商相比，这种聚焦、专注、坚持主航道的策略，使得华为有了更好的增长。

1.3.3 战略管理在华为的发展历程

我们发现，华为每当进入一个行业，就会比较快速地成为这个行业的翘楚。例如，华为手机业务花了不到几年时间就跻身世界领先行列，2019年度华为智能手机（含荣耀）全球发货量突破2.4亿部，居全球前二；企业业务自2011年设立以来，收入规模从91.64亿元增长到2020年的1003.39亿元……这些业务的快速发展都离不开华为正确的战略管理方法。

华为也不是一开始就有这样优秀的战略管理方法的，也经历了一个不断发展和变革的过程。在2005年之前，华为都做了正确的战略选择，但是公司的战略管理还是非程序化、非正式化的，并没有一个完整的、结构化的流程，更多依靠任正非这位公司领导人的直觉和洞察能力及整个管理团队的共识。直到2005年，华为才引入程序化的战略管理工具。

华为真正从上到下制定战略规划是从2003年开始的，当时叫801计划，为什么叫801？2003年，华为销售收入大概是40亿美元，"801"的内涵就是2008年实现销售收入100亿美元，要比2003年翻一番还要多，从此"80X"就沿用下来了。

2004年，华为与英国电信、沃达丰开展合作的时候，它们看到华为的战略规划后说："这不是战略规划，只能算明年的重点工作，甚至是一些工作方向。"此时，华为才意识到这几年做的战略规划都不是战略规划。于是，华为向国外先进企业学习，引进了战略管理的框架，并整理总结出适合自身的战略制定方法，即"五看三定"模型，如图1-1所示。

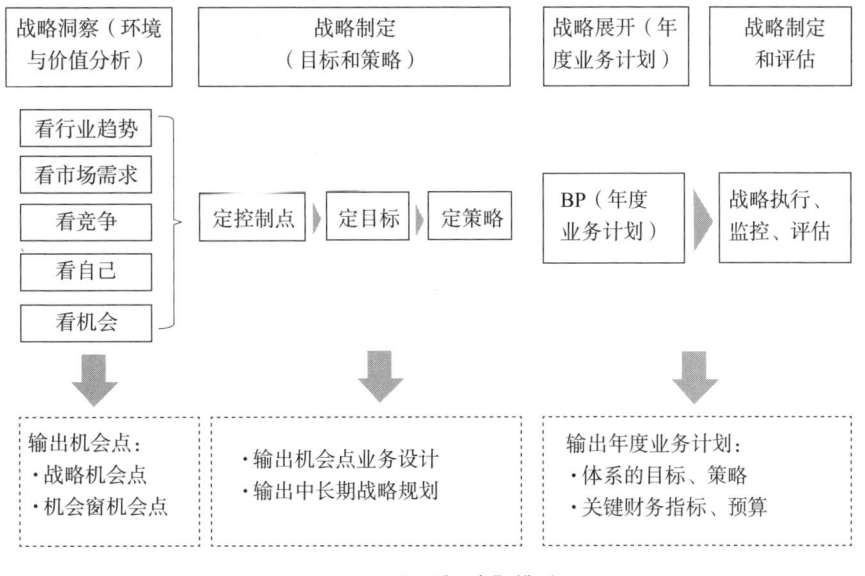

```
┌─────────────┐  ┌─────────────┐  ┌─────────────┐  ┌─────────────┐
│ 战略洞察(环境│  │  战略制定   │  │战略展开(年  │  │  战略制定   │
│ 与价值分析) │  │(目标和策略)│  │度业务计划)  │  │   和评估    │
└─────────────┘  └─────────────┘  └─────────────┘  └─────────────┘

  看行业趋势
  看市场需求
  看竞争         定控制点 → 定目标 → 定策略     BP(年度      战略执行、
  看自己                                        业务计划)    监控、评估
  看机会

  输出机会点：    ·输出机会点业务设计    输出年度业务计划：
  ·战略机会点    ·输出中长期战略规划    ·体系的目标、策略
  ·机会窗机会点                          ·关键财务指标、预算
```

图1-1 "五看三定"模型

通过执行"五看三定"这个战略模型，华为的发展逐渐步入正轨。但是，任正非认为，华为战略解码的执行效果还能做得更好。因此，2010年华为再次引入了IBM的业务领先模型（BLM[1]），希望通过它来增强华为战略解码的执行落地能力。

目前，每年华为公司高层会制定一个方向和战略指引，战略营销部门牵头从市场洞察开始做起，制定战略，再进行战略解码，一直到执行落地，形成一个循环。在参与主体上，公司最高管理团队是战略的最高负责人，各个产品线、片区、大代表处都要参与到战略规划过程当中，包括各

---

[1] BLM（Business Leadership Model）有时也被翻译为"业务领导力模型"，原因在于大家从不同的角度来理解Leadership这个词，本书将其称为"业务领先模型"。

大客户群的主管、各职能部门。通过自上而下和自下而上的战略制定过程，在全体员工范围内达成共识，从而提高执行力，保证战略的执行效果。

任正非说过："企业经营要想成功，战略和执行力缺一不可。执行力是什么？它是各级组织将战略付诸实施的能力，反映战略方案和目标的贯彻程度。许多企业虽然有好的战略，但因为缺少执行力，而最终失败。"华为在它发展壮大的过程中，并未出现执行力特别差的现象，这主要得益于严格的制度以及华为人的全力贯彻执行。

1.4　华为战略管理方法

经过多年的发展和实践，华为的战略规划和战略管理形成了一套科学的方法，在具体的工具上采用BLM模型，在流程上采用开发战略到执行（DSTE）。其中，BLM模型是华为从IBM公司引进的。

1.4.1　郭士纳用战略管理拯救IBM

IBM自1911年成立以来，一直以"计算机硬件制造商"的形象来给自己定位，其主要业务是销售各类计算机主机。作为行业的巨无霸，它一直保持着优越的行业地位。但进入20世纪90年代，个人电脑及网络技术的发展，严重地打击了IBM公司赖以生存的大型机市场，其传统的支柱产品进入衰退期；公司内部官僚主义盛行，人员冗余，严重影响了决策效率；公司的产品线分散，市场响应速度变慢，逐渐失去了优势市场……这些问题的集中爆发，导致IBM陷入了前所未有的困境。

1991—1993年，IBM连续三年亏损，亏损金额高达160亿美元，1993年单年亏损高达80亿美元，电脑主机的年收入已经从1990年的130亿美元下滑到1993年的不足70亿美元。1993年4月1日，凭借自己的勇气和勇于冒险的精神，郭士纳从IBM原总裁埃克斯手中接过权力之柄，担任IBM公司董事长兼CEO。

IBM陷入困境后，IBM董事会经过系统分析和衡量，决定由有着"扭亏为盈魔术师"美誉的郭士纳来出任公司CEO，于是委托猎头公司找到了郭士纳。经过一段时间的接触和思考后，郭士纳想起了自己最喜爱的名言："观察乌龟吧，它是靠伸出头来才能前进的。"就是乌龟的行动，使得郭士纳做出了出任IBM公司CEO的决定。

在郭士纳的率领下，IBM开始了一场从制造商转变为服务商的战略转型，将服务作为IBM公司新的经济增长点。

郭士纳在成为IBM总裁后不久，就接到了公司第一季度的财务报告。IBM亏损2.85亿美元，主要亏损在大型计算机上，个人计算机终于有了一些微利。其中服务业销售收入为19亿美元，增长率高达48%，这让郭士纳眼前一亮。于是，郭士纳决定让服务业成为IBM最重要的业务。

具体来看，IBM以服务为主的战略体现在三个方面：
（1）加强对中小企业的服务。过去，IBM主要面向大企业客户，忽视了中小企业的服务需求。为此，郭士纳强调IBM要重视对中小企业的服务，包括提供应急卡、各项专业服务卡，以及为客户举办网上学习班等。
（2）改变服务模式，主动参与客户经营。郭士纳认为，IBM应该与客户达成"战略伙伴关系"，帮助客户实现经营成功。为此，IBM改变了服务业的经营模式，主动参与客户经营，为客户提供端到端的整体解决方案，包括提供战略咨询服务等。
（3）构建远程服务系统，缩短客户等待时间。客户可以向IBM的任意一个服务中心免费拨打技术咨询电话，服务中心的技术人员会根据客户的描述，迅速从中心数据库中寻找类似或完全相同的问题，找到问题的解决方案。

（4）剥离非核心业务，突出服务业务。郭士纳认为，公司的现金流最能反映公司的经营情况。因此，郭士纳在判断核心业务与非核心业务时，标准之一就是能否提供现金流。在上任后的几个月里，郭士纳将IBM大量非生产性资产出售，并且大规模地削减开支。2002年IBM以20.5亿美元的价格向日立公司转让硬盘业务部门的资产；2004年年末，IBM将PC业务卖给了联想集团。而在作为增长业务的IT服务与软件上，IBM则大力进行结构布局，加大研发投入。

对于IBM来说，战略转型中的挑战还有组织自身的弊端。

伯兰为了帮助IBM吸引客户，提出了企业联盟的构想，后发展成一个几百人的部门。企业联盟颠覆了传统的销售人员上门推销硬件的营销方式，由程序员主动向客户了解其真实需求，然后根据客户需求，在较短时间内研发出能够满足客户需求的软件，简言之，就是为客户提供定制化的服务。这种方式大大吸引了客户的眼球，许多客户都主动找上门来。尽管客户都想找企业联盟，但是伯兰的权力有限，无法向其他部门提出要求，再加上IBM组织庞大，经理人员非常多，想要推进一项工作十分困难，需要经过的层级太多。因此，伯兰认为，如果IBM不进行全面改革的话，就会影响其当前取得的成绩。

随后，伯兰病倒了，他躺在病床上，每天花好几小时写无数的邮件去跟进他的计划进度。临死前，他说了一句："我动弹不得了，就像IBM一样。"

为了推动战略转型，郭士纳对IBM组织结构进行重大改革。通过使各分支单位成为利润中心而使组织结构分权化，发展出网状组织，进行层级缩减、组织扁平化，使每个成员都发挥专业能力。

经过郭士纳的治理，IBM终于走出困境，起死回生。在他掌舵的九年间，IBM 持续盈利，股票市值从 290 亿美元上升到 1680 亿美元，成为全球最赚钱的公司之一。

2002 年左右，郭士纳即将离开 IBM 公司。为了让 IBM 不重蹈覆辙，他做了几件重要的事情，其中之一就是创立战略方法论。郭士纳在公司内部成立了一个专家团，同时邀请了美国哈佛大学商学院的几位专家，共同参与研究，最后成功推出了 BLM 模型。

1.4.2 战略管理工具 BLM 模型

IBM 的竞争优势之一就是公司的员工和管理层都尊重方法论，有意识地使用方法论，而且不断地提升和总结方法论。在战略管理方面，IBM 运用的方法论就是 BLM，即业务领先模型。

2005 年，华为销售服务体系和 IBM 合作领导力项目的时候，发现 IBM 的 BLM 模型能弥补业务部门战略落地的缺失，促进业务和人力资源有效连接，于是从 IBM 引进了 BLM 模型。BLM 模型如图 1-2 所示。

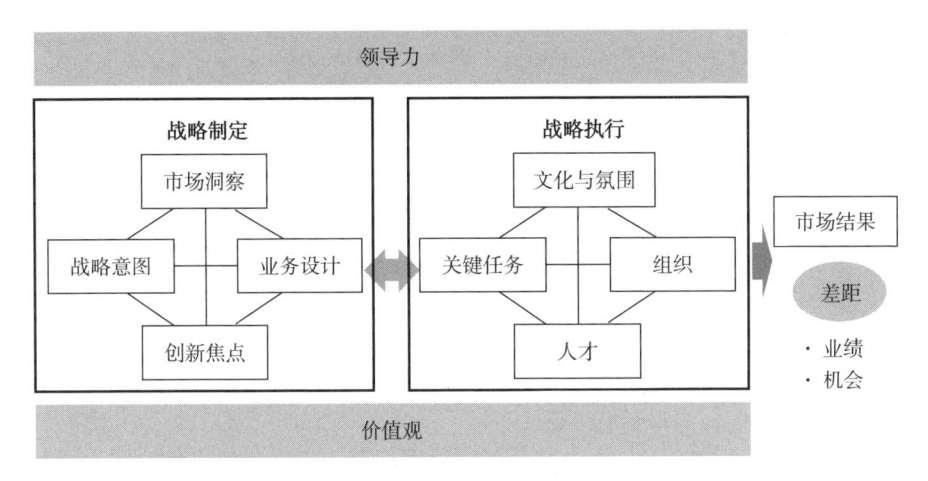

图 1-2 BLM 模型

【管理思考】促进战略落地，保证业务和人力资源有效连接

华为从 IBM 引进 BLM 模型主要基于两方面的考虑：

一是保证业务部门的战略落地。过去，华为各部门的业务战略规划讨论后，往往束之高阁了，具体的落实计划和行动是缺失的。而BLM的核心在于战略制定后要通过组织、人才、氛围来支撑战略的执行，包括组织是否有效匹配战略，人才的数量和质量是否匹配战略需求，组织文化和氛围是否能够支撑战略落地。

二是保证人力资源和业务紧密关联。过去业务部门做"80X"计划时，人力资源部门是不参与规划过程的，只在业务战略中进行人力资源规划的补充。在使用BLM模型后，人力资源部门需要协同参与战略规划过程，业务管理和人力资源管理不再是独立的两张皮。

BLM模型包括五个模块。第一个模块是最右边：看市场结果、看差距。战略是由不满意触发的，不满意是对现状和期望业绩之间差距的一种感知，它包括业绩差距和机会差距。第二、第三个模块就是整个战略制定与执行上下两道堤坝，一道是领导力，另一道是价值观。领导力和价值观贯穿从战略制定到执行的全过程。第四个模块是战略制定，它需要考虑市场洞察、战略意图、创新焦点、业务设计这四个因素。第五个模块是战略执行，它需要考虑关键任务、组织、人才、文化与氛围这四个因素。

对华为而言，使用BLM模型的好处主要包括三个方面。

（1）使公司上下有了统一的语言

华为公司上下在战略管理方面使用的工具都是BLM模型，从公司层面到各部门层面，特别是一级部门层面，用的都是这个工具。通过这样一套共用的方法，把战略从制定到执行进行有效的连接，大大降低了各层级、各部门之间的沟通成本。

（2）确立了共同的目标

公司经过很多次自上而下和自下而上的双向沟通和探讨，耗费几个月的时间，才形成战略目标，而且各个职能层面是根据公司的战略意图和业务设计来进行战略设计的，这样从上到下整个公司就有了一个共同的目标。

（3）实现了对战略执行的跟踪

BLM模型把战略从制定到执行进行了有效连接。过去在华为，战略是战略，执行是执行，两者是相互独立的。通过使用BLM模型，在制定完战略后，经过关键任务的分解就把战略和执行挂钩了。

1.4.3 华为战略管理流程

华为在每一个重大的历史关口，都做出了很正确的选择：从模拟通信转向数字通信的时候，华为做了C&C08交换机；从固定电话转向移动电话的时候，华为做了软交换；从2G转向3G的时候，华为凭借宽带战略横扫全球；当通信行业的主导权转移到用户手中时，华为进入了消费者业务领域；当互联网和通信逐步融合向ICT转型的时候，华为除了提供整体解决方案，还在云计算、大数据、物联网等方面不断进行探索，并且每年都能保证销售收入的持续增长。

这一切都得益于华为战略管理流程——DSTE（从开发战略到执行），具体如图1-3所示。

华为整个战略管理过程分为战略制定、战略展开、战略执行与监控、战略评估这四个大的步骤，整个过程叫作DSTE流程，这是华为公司十七大流程之一。

从时间上来说，每年的4—6月，华为主要进行战略洞察工作，包括洞察市场、确定公司的战略方向和战略意图，7—9月制定具体的战略，10月批准战略规划。这是DSTE流程的第一个步骤，即战略制定。到了11—12月，就进入DSTE流程的第二个步骤，即战略展示，需要制定年度BP（业务规划）和进行战略解码，把五年的SP（战略规划）翻译成当年的BP，包括支撑战略规划的关键举措等。年度业务规划完成以后再进行战略解码，直到将战略分解到每个员工身上。第二年全年就是整个战略执行与监控的过程，即DSTE流程的第三个步骤。第二年年底，公司会根据战略

战略制定	战略展开	战略执行与监控	战略评估
战略规划（SP）	年度业务规划（BP）	BP 执行与监控闭环	业绩与管理体系评估
战略方向	年度产品与解决方案规划	集成产品开发	绩效审视
业务战略	年度平台与计划规划	平台、技术开发与预研	项目绩效
组织战略	年度订货预测	运营管理	团队绩效
	年度全预算	财务/人资核算与监控	
人才战略	年度组织规划	组织优化 / 人才配置	个人绩效
	年度人才规划	学习管理 / 流程与IT	
变革战略	流程与 IT 规划		管理体系评估

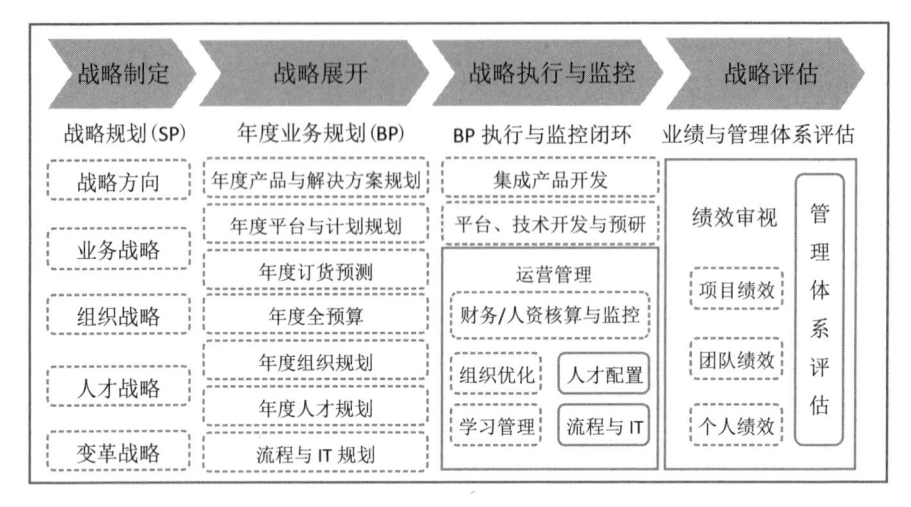

图 1-3 华为战略管理流程 DSTE

的执行结果进行组织和 PBC（个人业务承诺）评价和激励分配。在第二年执行的过程中，战略洞察等工作也会同步进行，是一个彼此交叉进行的过程。DSTE 流程的第四个步骤——战略评估则在战略执行的过程中随时进行，一是评估战略本身是否存在不合理的地方，如果是，则随时进行调整；二是评估执行结果的差距，未来在制定战略时要考虑到这些差距的存在，采取有效的措施来弥补差距。

这就是华为公司整个战略管理过程的四个步骤。这四个步骤每年都会循环进行，同时这也是一个不断提高、不断完善的过程。值得注意的是，尽管在 BLM 中没有考虑到财务预算的问题，华为的 DSTE 将这部分内容进行了完善。

第 2 章
行动要求：领导力是根本，价值观是基础

领导力和价值观贯穿战略从制定到执行的全过程，其中领导力是根本，价值观是基础。企业各级管理者均需要一定的领导力进行持续的市场洞察，识别新的机会，开发并持续改进业务设计，确保业务设计落地执行，最终实现战略目标。价值观是华为人决策与行动的基本准则，它不仅反映在公司的战略上，也成为战略执行过程的一部分。

2.1 领导力与战略管理

领导力并不是组织赋予的权力,而是指领导者能够带领大家有效识别影响企业未来发展的战略问题,不断深入洞察和剖析问题并顺利地解决问题的能力。它最终要求领导者有推动整个企业进行战略转型的能力。

2.1.1 什么是领导力

德国军事理论家和军事历史学家克劳塞维茨在其《战争论》中指出:"要在茫茫的黑暗中,发出生命的微光,带领着队伍走向胜利。"对此,任正非进一步强调:"战争打到一塌糊涂的时候,高级将领的作用是什么?就是要在看不清的茫茫黑暗中,用自己发出微光,带着你的队伍前进,就像希腊神话中的丹科一样,把心拿出来燃烧,照亮后人前进的道路。"任正非作为华为的创始人,在大的战略目标和追求上指引着华为前行,用自己的精神和行动聚集并激励无数华为人持续奋斗。这就是领导力的体现。

【管理研究】关于领导力的定义

北京大学国家发展研究院管理学教授杨壮认为:"领导力是职场人自身所渗透出的气质,而领导则是外界赋予的权力。当下中国职场人都面临着建立领导力的难题。"

通用汽车副总裁马克·赫根对领导力的描述是这样的:"记住,是人使事情发生,世界上最好的计划,如果没有人去执行,那么它就没有任何意义。我努力让最聪明、最有创造性的人们在我周围。我的目标是永远为那些最优秀、最有才华的人们创造他们想要的工作环境。如果你尊敬人们并且永远保持你的诺言,你将会是一个领导者,不管你在公司的位置是高是低。"

第 2 章 行动要求：领导力是根本，价值观是基础

那么到底什么是领导力呢？简单来说，领导力就是指正确地规划个人或组织发展方向，有针对性地整合相关资源，并且积极影响相关人员决策与行为，从而实现个人价值或组织效益最大化的能力。也有理论认为领导力是一种结合心理学、组织学和管理学的领导魅力和影响力，因为几乎所有知名的领导者身上都有其特有的性格与魅力。领导力特质理论指出，七项特质与有效的领导力有关，它们是内在驱动力、领导愿望、诚实与正直、自信、智慧、工作相关知识和外向性[1]，如表 2-1 所示。

表 2-1 与领导力有关的七项特质

序号	特质	具体描述
1	内在驱动力	有较高的成就愿望，进取心强，对自己所从事的工作坚持不懈，并且有较高的主动性
2	领导愿望	有强烈的愿望去影响和领导别人，乐于承担责任
3	诚实与正直	通过真诚和言行一致与下属建立互相信赖的关系
4	自信	表现出高度的自信以让下属相信自己的目标和决策的正确性
5	智慧	具备足够的智慧来收集、整理和理解大量信息，并且能够确立目标、解决问题和做出正确的决策
6	工作相关知识	对有关企业、行业等方面的知识十分熟悉，这些知识能够帮助他们做出正确的决策
7	外向性	善于交际，坚定而自信，很少会沉默寡言或离群

任正非带领华为从代理销售交换机的小作坊开始，经过三十多年的发展成为 ICT 行业的领军者；马云用短短十几年的时间把阿里巴巴集团打造成新零售行业的领头羊；杰克·韦尔奇把通用电气公司从臃肿的官僚公司改造成充满活力的行业巨头；郭士纳让濒临倒闭的 IBM 起死回生，实现让大象跳舞……世界上还有很多著名的企业家，在企业不断发展与壮大的过程中展现出了他们强大的个人领导力。毋庸置疑，个人领导力在促使企业成功中发挥了重要的推动作用，但是这些企业家并不能替企业中的每个管理者做出决策和领导团队。因此，组织领导力才是企业最应该具备的能力。

---

[1] 罗宾斯，库尔特. 管理学（第 9 版）[M]. 北京：中国人民大学出版社，2008.

组织领导力是一种组织能力，它能够实现资源分配，同时控制、激励和协调群体活动，使之相互融合。个人领导力也是组织领导力的一部分。

2.1.2 领导力贯穿整个战略过程

在BLM模型中，"领导力"是贯穿整个战略制定与执行的关键要素。在整个战略管理过程中，组织的各级管理者均需要一定的领导力来完成各项工作。

组织中不同层级的管理者的领导力也各有侧重。对此，印度裔管理大师拉姆·查兰在其著作《领导梯队——全面打造领导力驱动型公司》中指出："组织中不同层级的领导者都有对应的领导力描述：一是清楚地知道组织对他们所在层级的期望及他们应该扮演的角色；二是拥有承担这些责任所必需的关键核心能力；三是持续展现组织期望的领导行为并真正扮演好各自的角色。"

【管理研究】不同层级的管理者需要的能力

拉姆·查兰指出，不同层级的管理者需要的能力如下所述。

第一层级：从管理自我到管理他人

这个层级的管理者需要兼顾个人与团队，主要工作包括制订工作计划，合理分配工作，激励下属，进行教练辅导，实施绩效评估等。

第二层级：从管理他人到管理经理人员

这个层级的管理者做纯粹的管理工作，包括选拔人才，分配工作，评估下属，教练辅导等。

第三层级：从管理经理人员到管理职能部门

这个层级的管理者开始接触专业外的内容，包括制定战略，进行跨部门协作，争夺资源和适当授权等。

第四层级：从管理职能部门到成为事业部总经理

这一层级的管理者主要在领导技能、时间管理、工作理念等方面有较好的表现。

第五层级：从事业部总经理到集团高管

集团高管必须擅长规划战略、调配资源、提高核心能力、评估业务和培养下属等工作。

第六层级：从集团高管到 CEO

这一层级的管理者主要在经营理念上发挥作用，包括洞察机遇、权衡业务取舍、平衡利益关系和培养领导人才等。

从拉姆·查兰的描述中，我们可以看到，组织领导力是从集团最高领导者到员工都应具备和体现的、不同能力的组合。

而在整个企业不同层面的战略制定与执行的不同阶段，领导力的体现也各有侧重。

（1）在战略意图阶段，企业的最高管理层或业务板块的总负责团队需要有足够的战略领导力及战略定力，不仅要着眼于今年或明年的销售目标，更要带领企业或团队突破市场天花板，对企业的投入及要进入的市场进行取舍，力排众议，实现企业战略性成长或转型升级，体现最高领导者的魄力与勇气。

（2）在市场洞察阶段，管理者需要安排资源开展研究和分析工作，并且有足够的判断力得出正确的结论和预判，指导企业未来的发展。研究内容包括企业所在的行业和计划进入的行业的变化及规模、现在及潜在的竞争对手（甚至包括来自隔壁行业的竞争对手）、国际和国内大环境的变化带来的影响，以及客户现在及未来的变化。

（3）在创新焦点和业务设计阶段，管理者需要结合现在和未来规划，利用自身的商业规划能力，制定出企业精准的竞争战略，实现企业利润及规模的持续增长。

（4）在战略执行中，管理者需要有足够的理解力把战略规划的任务进行分解，并且解码到关联部门和关键负责人，同时也需要人际关系连接力让相关负责人认可，承担并执行解码后的任务。

（5）在氛围与文化、人才与组织方面，管理者需要有足够的理解力去吸收消化战略规划，设计并制定相应的文化制度、关键人才的准备和输送计划，以及配套的组织架构和变革方案。

除BLM模型外，还有很多战略管理工具，但是工具只能带来方法，战略只有得到执行才能获得最终结果，而执行力需要领导力去牵引，因此，领导力是战略管理过程的根本。

2.1.3 匹配战略需求，不断发展领导力

对于企业而言，每个阶段都要求管理者具备特定的思维方式和技能，从而顺利应对该阶段特有的变化和风险。正如企业在不同时期需要做出战略调整一样，一个领导者只有不断提升自己，才能带领大家在未来继续保持不败。因此，企业应该根据战略需求，不断提升管理团队的领导力。

2011年，迈瑞公司开始实施战略转变——从单一的产品供应商向医疗设备整体解决方案的提供商转变。

为适应公司战略的转变，迈瑞公司管理学院制定了领导力发展三大计划：领瑞、智瑞和启瑞计划，形成了梯队式的领导人才培养。领瑞、智瑞计划的目标对象是公司高管层和总监级管理人员，启瑞计划则是针对经理级管理人员的。

在领导力发展项目中，迈瑞公司还给每个高管制订了个人发展计划（IDP）。迈瑞公司管理学院副院长黎亮强调："我们推的IDP，是根据公司的战略方向，结合岗位要求及个人的领导力发展领域来制订的，确保每个管理者的IDP得到执行，保证个人领导力的提升与公司战略方向保持一致。"

2012年8月，迈瑞公司成立各大业务事业部，组织架构向事业部制转型。此时，在领导力的培养方向上，迈瑞公司管理学院做出了新的调整，尤其是对领瑞计划中的高管。事业部制组织对领导者的全局思维、统筹能力、商业敏锐度有更高的要求，因此，在领导力发展项目中，更加注重培养领导者这些能力。

领导力发展是帮助被开发者挑战自我、突破极限，成为基于企业价值观的卓越领导者的行动。随着市场的变化，员工对领导力发展计划的自主性和手段多样化提出了越来越多的需求。在领导力发展项目中，各个组织都在探索一些新的工具和方法以适应当下员工的需求。

采用传统的培训课程或一些商学院课程来发展领导力，不仅需要在很长一段时间内才能看到成果产出，而且收效甚微。而将游戏和模拟训练引入学习流程，一方面可以提高员工的参与度，另一方面也能通过合作共创快速产生成果。这种领导力培养方式受到了越来越多的组织欢迎。同时还有一些组织强调要让员工个人参与到自身的发展计划设计中，并且使用自己选择的工具和方法。

事实上，领导力并不仅仅是领导者才要具备的，而是所有人都要具备的。它既能成就我们个人的事业，也能助力企业的发展。正如领导力大师詹姆斯·库泽斯所说："领导力是普通人也能拥有的，是把他们自己和其他人的最好状态发挥出来的一个过程，当你把自身的领导力释放出来的时候，你就能成就非凡的事业。"管理者在工作实践中，要加强学习，以身示范，不断提升和释放自己的领导力，带领团队在达成战略的路上一往无前，共同成就伟大的事业。

2.2 华为领导力模型

华为对干部的素质和能力的要求是:"领袖的作用是方向感,引领方向是艰难的。方向感就是要在多种不确定性中给出确定性的判断,尤其在资源有限的情况下,当然也包括对模糊性的判断,引领走出混沌;高级干部要培养他们的方向感与节奏控制。方向是什么?方向就是面对目标的位置。节奏是什么?就是审时度势,因势利导。"

2.2.1 领导力通用素质模型

不同的岗位对干部的素质要求不一,因此,组织需要根据每个素质所含典型行为的复杂程度、完整性及范围广度,对专项素质能力进行分级描述。一般来说,专项素质能力可以划分为四个层级,如表2-2所示。

表2-2 专项素质能力的层级水平划分

序号	层级	具体要求
1	基础水平	·完成岗位绩效/任务所必须具备的素质水平; ·不能产生高绩效,或对他人和组织产生重要影响; ·需要为处在该水平的人员制订能力提升计划
2	胜任水平	·能完全胜任岗位要求,能够有效完成任务; ·有较大提升空间
3	优秀水平	·绩效水平达到了大家公认的高水准; ·展现了持续的、稳定的高绩效; ·表现出非常显著的专业能力
4	卓越水平	·达到了最高标准的绩效要求; ·大家一致公认该管理者在这个素质上具有卓越的优势; ·在辅导其他人提升素质水平时,通常参照处在该水平的楷模

目前,国内外许多知名企业都在使用素质词典对人才进行管理,华为也不例外。2006年,华为在外部顾问公司的帮助下,对几十位有着卓越绩效表现的中高级干部进行访谈,对他们各方面的工作进行归纳总结,找出

他们身上具备的优良素质以及成功的原因，开发了领导力素质模型。华为领导力素质模型涵盖了发展客户能力、发展组织能力及发展个人能力三个核心模块，共包括九项素质。发展客户能力包括关注客户及构建伙伴关系；发展组织能力涵盖团队领导力、塑造组织能力及跨部门合作；发展个人能力包含理解他人、组织承诺、成就导向及战略思维。这九项素质也成为华为评价干部能力的标准之一，被称为"干部九条"。

其中，每项素质都被划分为四个层级。华为干部素质层级划分如表2-3所示。

表2-3 华为干部素质层级划分

维度	素质	层级划分
发展客户能力	关注客户	层级四：想客户所未想，创造性地服务客户 层级三：探索并满足客户潜在的需求 层级二：解决客户的担忧，主动发现并满足客户未明确表达的需求 层级一：响应明确的客户需求
	构建伙伴关系	层级四：寻求共识，实现双赢 层级三：共同发展伙伴关系 层级二：开展对话 层级一：对外开放，建立联系
发展组织能力	团队领导力	层级四：鼓舞士气，影响团队 层级三：授权团队 层级二：设定高绩效团队的行为期望 层级一：任务式领导
	塑造组织能力	层级四：进行组织或流程的重新设计，建立干部梯队，以持续提升绩效 层级三：匹配人力资源，发现、培养后备干部 层级二：指导团队 层级一：理解执行组织、流程，并识别需要改进的领域
	跨部门合作	层级四：整体利益最大化 层级三：主动理解其他部门需要，采取行动提供帮助，寻求双赢 层级二：处理冲突，愿意妥协 层级一：尊重他人，并贡献自己的观点
发展个人能力	理解他人	层级四：理解深层问题 层级三：理解真实意图 层级二：理解情绪和表达 层级一：识别情绪和状态

续表

维度	素质	层级划分
发展个人能力	组织承诺	层级四：为公司利益做出牺牲 层级三：认同及传播公司核心价值观，以实际行动支持公司 层级二：展现公司形象 层级一：努力融入组织
	成就导向	层级四：敢于冒经过评估的风险 层级三：做出成本/效益分析 层级二：设定并实现挑战 层级一：把事情做得更好
	战略思维	层级四：对业务重新构思或创造新的业务概念 层级三：深入浅出地去洞察战略 层级二：运用复杂的理念去实施战略 层级一：通过发展趋势来实施战略

华为领导力素质模型对于每种能力下覆盖的具体素质，皆设定四个层级，以便界定员工的水平。华为领导力素质模型的应用领域包括招聘和选拔、职业发展规划、后备干部培养计划、绩效管理、培训与发展和薪酬体系建设。

2.2.2 干部领导力要求

华为的干部九条经过实践之后，慢慢地演化成干部四力，也就是理解力、执行力、决断力和人际连接力。这也是华为评价干部绩效的重要参考因素，具体如表2-4所示。

表2-4 华为对领导力的要求

序号	维度	具体说明
1	理解力	能正确领会上级领导意图，明确理解其他部门配合请求、下属的需求和工作计划，更重要的是能明白客户的要求和潜在需求
2	执行力	明确的目标与责任人、及时的激励、严格的考核、畅通的沟通、有效的辅导等都是执行力需要注意的方面

续表

序号	维度	具体说明
3	决断力	需要在各方利益纠缠不清时勇于担当责任并指明战略方向，带领团队最终实现目标；是一种对于直觉的把握能力和缜密思考的判断能力的综合体
4	人际连接力	虽然每个职位都有其职能描述，但通常情况下屁股决定脑袋，任何一件跨部门的事情都需要责任人的持续推进和跟踪，这就要求责任人具备足够的人际连接力

任正非指出："有了这四力，你才会有团队协作、意志力。决策力是通过关键事件中的行为考核的，包括理解力、执行力和人际连接力，也都是通过关键事件中的行为考核的。不是你来考试，而是完全通过个人过去的行为来考核的。"

1993年，余承东刚刚进入华为之后，就参与到了程控交换机的开发当中。当程控交换机在行业内脱颖而出后，余承东并没有被第一次成功的喜悦冲昏头脑，而是放眼更加广阔的领域。他意识到无线业务未来的发展潜力，于是主动请缨，率领团队进军无线业务。在通信市场鱼龙混杂、无数人想要走捷径赚快钱的时候，余承东毅然拒绝了小灵通等过渡性产品，坚持3G的研发，最终在1998年参与制定了3G国际标准，在国内和国际上都打开了局面。随后更是拿下了GSM、3G技术的发源地——欧洲市场。

就在无线业务蒸蒸日上、开始进入平稳发展的舒适期时，余承东被调往消费者业出任CEO。当时的消费者业正是个烫手的山芋，高投入、低产出，没人敢接。但余承东依然凭借出色的能力，敢想敢干，准确抓住市场形势，率领华为的消费者终端业务突出重围，到2016年更是实现了井喷式的爆发。

2021年1月27日华为发布公告，余承东除了依然担任华为消费者业务CEO，还将同时兼任华为云与计算BG总裁。再加上此前将智能汽车解决方案BU，从ICT调整到消费者业务群，至此余承东统筹华为的手机（智能移动终端）、云与计算（Cloud & AI）、智能汽车解决方案三大核心业务。华为公司此次人事调整的目的，是要强化华为"云—端计算"的协同能力，整合现有核心技术，提升内部运作效率，加强产品与业务布局。在华为的业务布局中，华为云要全力以赴抓应用生态建设，像亚马逊一样建立大生态。华为的优势在硬件，硬件基因与生俱来，而云计算考验的是软件与服务的能力。对此，任正非在内部讲话中强调："我们是一个传统的硬件先进的公司，世界上转型为软件先进公司的例子还没有，我们的困难是可以想象的。"

面对挑战，云计算换帅之举体现了华为上下对余承东的期望，"一支队伍创立者的气质决定了这支队伍的魂，治军首在选将"。

华为认为在成功的决断力、正确的执行力以及准确的理解力这三个核心能力当中，仅具备准确的理解力的，适合在机关做干部；具备正确执行力的，可以做个部门的副职；具备成功决断力的，可以做部门的一把手。余承东在一次次关键事件中展现出了成功的决断力，这是他被提拔为部门一把手的主要原因。

不同层级的干部在企业中承担的责任和扮演的角色往往是不同的，因此，对不同层级的干部的能力要求侧重点也是不同的。企业在干部的任用中，要明确对不同层级的干部应具备的核心能力的要求，评估能力时要做到抓大放小。

2.2.3　华为对领导力发展的考虑

对于高级干部，任正非强调要砍掉他们的手和脚，只留下脑袋用来仰望星空、洞察市场、规划战略、运筹帷幄。高层干部不能习惯性地扎到事务性的工作中去，关键是要指挥好团队作战，而不是自己卷着袖子和裤脚，下地埋头干活。高层干部就是要确保公司做正确的事情，要保证进攻的方向是对的,要确保进攻的节奏是稳妥的,要协调好作战的资源是最优的。

【任正非讲话】高层干部要多仰望星空

公司的高层干部要多仰望星空,多思考公司的战略方向。高级干部不仅要具备业务洞察能力、决定力,还要有视野、见识和知识。

爱因斯坦有句话:"人生的差异在业余。"业余时间其实能增强人很多见解。比如三星电子的CEO,一年中有半年时间在全世界与别人交流、沟通,通过战略洞察,确定三星的战略方向。

在战略洞察能力上,我们与三星还有一定差距。我们是做出了成绩,但还是处在低层次的追赶之中,战略布局还不够。例如,采购现在是以深圳为中心,以中国人为中心的,是甲方心态。为什么不在采购集中地建立能力中心?为什么不用当地人?

我认为,我们不要求基层干部做战略布局这些事情,但我们的高级干部要抬头仰望星空,看一看这个世界,否则容易迷失道路。走错了方向可能会拖垮整个公司。

具体来说,华为高级干部的领导力表现在两个方面:一个方面是领导者有对事业的持续追求,同时有示范作用,能够鼓舞人心,带领全体员工为一个更高的目标去奋斗。

华为开始进行自主研发时,任正非就意识到通信设备市场既是一个竞争很残酷的市场,同时也是一个有着巨大机会的市场。面对这样的市场环境,组织必须持续构建能力、升级产品,这样才能抓住发展机会。一旦犯了战略错误,公司很可能就会面临危机。因此,任正非提出了"三分天下,华为必有其一"等目标。有了这样一个很高的追求,领导者才能带动全公司去提升组织能力、调集资源、捕捉机会,同时通过树立高的期望值,让每个部门、每个员工都对自己的行为负责。

另一个方面是领导力还表现为公司领导层的思想能够保持简单多样性。华为曾经做过很多团队建设工作，也用过很多心理学工具。比如 21 世纪头 10 年的时候给几十个中高层干部做了一个心理学测试叫 MBTI 测试，它是个 4×4 矩阵结构，共分 16 种性格类型，当时那一期干部测试下来，结果都显示在矩阵的四个角上，这说明华为的领导干部具有一种多样性，叫简单多样性。什么叫简单多样性？就是所有的类型都有，但是又占据了四个角，这样既具备了多样性，又比较简单。

总的来说，有了领导力，整个管理层才会对战略负责，才会花时间去思考战略的问题。

2.3 价值观与战略管理

价值观贯穿整个战略管理过程，它是企业战略成功的思想基础。价值观对战略管理的影响作用渗透在战略管理每个阶段的每个步骤中。

2.3.1 价值观对企业的重要性

麦肯锡 7S 模型中指出，企业在发展过程中必须全面地考虑各方面的情况，包括结构（Structure）、制度（System）、风格（Style）、员工（Staff）、技能（Skill）、战略（Strategy）、共同价值观（Shared Value），其中价值观是影响企业成功的关键因素。

企业核心价值观是企业愿景、使命据以建立以及指导企业形成共同行为模式的精神元素，是企业得以安身立命的根本，是企业提倡什么、反对什么、赞赏什么、批判什么的基本原则。它的形成来源于两个方面：企业家的个人信念、组织成员的共同经验。

1. 企业家的个人信念

特别是在企业初创阶段，企业的一切价值判断、选择都取决于企业创始人，他的价值取向会直接转化为企业的价值取向。因此，企业创始人对价值观的形成过程有非常重要的作用。

1964年中国刚刚经历了大跃进年代和自然灾害的三年，国内经济一片惨淡。任正非一家也在想方设法寻找食物，种南瓜、采野果、煮菜根，并且实行严格的分餐制，共渡难关。任正非认为正是父母的无私保证了他们一家人在那种极端困难的情况下能够生存下来。

后来，任正非在华为推进以奋斗者为本，创立"全员持股机制"，通过利益分享团结员工，这与他父亲的言传身教有着直接的关系。当时任正非并不懂期权制度，只是凭着过去的人生挫折，感悟到要与员工分担责任、分享利益，要让所有人有一个更好的生活奔头。他和父亲商量这种做法时，得到父亲的大力支持。任正非感慨道："华为的成功，与我不自私有一定关系，而这是从我父母身上学到的。"

2. 组织成员的共同经验

组织成员的共同经验能够促使组织形成共同的精神理念。例如，组织成员通过团队合作、相互帮助从而顺利完成项目工作，长此以往，组织内就会形成"团队合作"的价值取向；组织成员向他人分享自己的知识和经验，在分享中，一方面加深了自己的理解，另一方面通过他人的反馈收获更多知识。分享带来的收益让组织中的每个人都变得更强大，渐渐地组织内就会形成"主动分享"的价值取向。

任正非指出："华为的核心价值观是推动华为向前发展的动力。"在任正非看来，一个企业要想长治久安，持续保持前进的步伐，就必须树立起全体员工共同认可的核心价值观。

【管理策略】用管理权将自己的思想转化为共同的价值观

任正非非常善于利用他手里的管理权将自己的思想转化为华为人共同的价值观，通过自己的思想鼓动十几万个华为人朝着共同的价值方向行动，他自己也说："我不是低调的人，否则鼓动不了十几万个华为人。"

华为内部举办的辩论赛等活动，都是任正非用来传递他的思想并影响华为人想法的有效形式。比如"以奋斗者为本""以客户为中心""不让雷锋吃亏"等都被作为辩题在华为内部展开过一系列的讨论，举行"不让雷锋吃亏"辩论赛的时候，任正非还调侃道一定要从实际出发，不能心口不一，并开玩笑说："有谁愿意一直吃亏？"

实际上，这种辩论赛的意义在于通过这一次次的大张旗鼓，让华为上下都积极参与价值观宣贯活动。任正非将自己的想法通过辩论赛的结果显现出来，也使得华为人能够更深刻地理解和认同华为的核心价值观。

马云也十分重视企业文化与价值观的建设，无论在哪个发展阶段都十分明确地用价值观来统一员工思想，不断让阿里人能够基于共同的认识，确定自己努力的方向，明白自己该做什么、不该做什么。

2000年3月10日，美国纳斯达克指数开始暴跌，从5048.62高点跌至2001年年底的1114.11点。短时间内，200多家互联网公司相继倒闭，互联网行业进入寒冬时期。此时阿里人的干劲、士气也大不如前。为此，阿里巴巴启动了著名的"延安整风运动"，马云将其概括为统一思想、灌输价值观。

第一是统一思想。马云提出阿里巴巴的共同目标是做一家102年的企业、成为世界十大网站，只要是商人都用阿里巴巴。

第二是灌输价值观。阿里巴巴首次提炼总结出九大价值观，并且以书面的形式确定下来，取名"独孤九剑"。

阿里巴巴通过统一思想、整顿队伍、修炼内功，奠定了迎接春天的坚实基础。

阿里巴巴的成功源于建立了所有员工共同认可的核心价值观，以及不断激发员工为企业贡献的意愿和能力，进而推动企业不断向前发展。

美国学者查尔斯·汉普顿和阿尔方斯·特龙佩纳对12个国家的15 000家企业进行调研，最后得出结论：企业一旦做出"反经济信用行为"，它的最重要的无形资产——企业商誉就会受到重创。著名管理学家克拉伦斯·沃尔顿指出，企业是讲信誉、讲商誉、讲道德的组织，而不是赚钱的机器。一些企业在发展过程中没有树立正确的企业价值观，最终付出了惨重的代价。

某互联网巨头曾经忽视了正确的企业价值观，其无道德底线的竞价排名规则，让其在某种程度上成为江湖庸医害死魏则西这个年轻人的帮凶。而这一负面事件，也让这家互联网巨头的股价在40天内下滑了15.83%，市值从680亿美元跌至约567亿美元，缩水113亿美元，约合740亿元人民币。

2008年，"三鹿"这个中国奶制品行业曾经的龙头企业由于企业价值观的缺失，导致"三聚氰胺"事件发生，造成了严重的食品安全事故。2009年，三鹿被三元集团以6亿元收购，这个曾经被世界品牌实验室列入中国500个最具价值的品牌，就此灰飞烟灭。

美国加利福尼亚大学教授菲利普·塞尔兹尼克说："一个组织的建立，是靠决策者对价值观念的执着，也就是决策者在决定企业的性质、特殊目标、经营方式和角色时所做的选择。通常这些价值观并没有形成文字，也可能不是有意形成的。无论如何，组织中的领导者必须善于推动、保护这些价值，若是只注重守成，那是会失败的。总之，组织的生存，其实就是靠价值观的维系，以及大家对价值观的认同。"可以说，企业价值观是企业的灵魂，有了它，才能保证员工向统一的目标前进。

2.3.2 价值观是战略管理的基础

我们知道，即使同一行业内的两个企业，两者间的发展战略也是不同的。造成它们战略差异的因素有很多，其中企业价值观是不能忽视的重要影响因素。

> 【管理研究】关于价值观与战略管理的关系
>
> 1.崇尚服务、质量和创新是战略管理需要重点考虑的因素
>
> 麦肯锡顾问汤姆·彼得斯和罗伯特·沃特曼在《追求卓越》一书中指出：崇尚服务、质量和创新是成功企业或者说是追求卓越的企业所共有的，这些价值观提供了企业的竞争优势，从而也成为战略管理需要重点考虑的因素。
>
> 2.文化五维度理论
>
> 荷兰学者霍夫斯蒂德认为，民族文化间的差异可以用五个维度来描述和比较，这五个维度从本质上是价值观的五个方面，即权力距离、对不确定性的逃避程度、个人/集体主义、阳刚/阴柔意识和短期/长远取向。文化五维度理论提出了影响战略管理过程的具体价值观因素。
>
> 3.战略管理的文化学派
>
> 该学派认为战略管理的过程是一个社会交互作用的过程，它是基于组织成员价值观、信念和对战略的理解的共享和统一的基础上的，它道出了价值观在整个战略管理过程中的基础作用和指导作用。

企业在从战略制定到执行的过程中，都要坚守自己的价值观。

（1）在战略分析阶段坚守价值观。企业需要对宏观环境、所处行业、竞争对手及企业内部资源能力进行分析，在分析的过程中，企业价值观会影响这些分析的结果，比如企业是从市场定位出发，以机会为导向的，还是从内部的能力出发，以能力为导向的？面对外部环境，将其视作机会还是威胁？与竞争对手形成何种关系？

（2）在战略方案制定阶段坚守价值观。在不同价值观的指引下，企业战略分析的结果必然是不同的，这将导致不同战略方案的形成，具体表现为如下问题：企业的使命和最终目标是什么？注重长期利益还是短期利益？注重技术还是客户需求？想要稳定发展还是激进发展？

（3）在战略实施控制阶段坚守价值观。战略实施的模式一般分为指挥型、变革型、合作型和文化型。不同的实施模式反映了企业价值观的现实情况。

价值观是不能动摇的，企业不可能选择和自己价值观不一致的事情，尤其在华为不存在这个问题。

2.3.3　价值观是战略实现的内动力

对于企业，尤其是全球化企业而言，在战略实现的过程中，价值观的有效融合非常关键。

2014年阿里巴巴在美股上市，马云提出：10年内，阿里巴巴要有一半的收入来自海外客户。在经过比较后，大家发现东南亚是个比较合适的海外市场：人口密集，经济水平较落后但发展速度快，华人分布广泛，政治局势相对可控。因此，阿里巴巴选择收购Lazada以进入东南亚市场。当时，大家都对这个市场的发展大有信心。一名时任Lazada的高管回忆说："这可是阿里巴巴，有钱有技术，我们感觉Lazada各方面都要上一个台阶了。"

收购完成后，2018年3月，原蚂蚁金服CEO彭蕾接任Lazada CEO，与此同时，上百名原阿里巴巴的中层干部也一起来到 Lazada，他们都被安排到了公司的各个关键岗位。这些高素质的阿里人并没有发挥出应有的作用，其中最大的障碍就是文化冲突——阿里人只想同化别人，根本不愿意了解别方，很快自己成为其他文化共同的敌人。

其中的典型是越南事业部的 CEO 张一星，他在越南推行自上而下的管理体制，而越南倡导"集体领导"的文化。如果越南人对张一星的决定提出质疑，他有时会用"我们在天猫就是这么做的"来回应。可想而知，双方矛盾愈演愈烈，最终在一次会议上，张一星的越南下属们集体对他发难。事后，张一星被调回杭州。

就在 Lazada 因文化冲突陷入混乱的时候，另一家电商公司 Shopee 却趁机崛起了。2018 年年末，Shopee 与 Lazada 的各项数据已经非常接近。2019 年第一季度，Shopee 年度下载量、月活数、用户留存率都登顶成为第一。至此，Shopee 正式超越 Lazada。

我们可以看到，阿里巴巴在试图实现海外市场扩张的战略目标时，本地团队和原有团队之间的文化和价值观不一致，不仅阻碍了企业自身的发展，还给竞争对手制造了机会。一名 Shopee 中层干部总结与 Lazada 的竞争时说："是我们做得有多好吗？其实也不是，还是对手衬托得好。"

关于统一的文化和价值观对战略实现的作用，海尔集团也有深刻的体会。

2016 年，海尔集团完成对 GE 家电的收购，2018 年，GE 家电营业收入便增长了 11%。对此，集团执行总裁梁海山表示，海尔的理念与 GE 文化的相似性在这其中发挥了关键的作用。

海尔推崇"人单合一"，即员工的价值实现与所创造的用户价值合一，而美国文化崇尚个人英雄主义，希望得到充分授权，进行自我创新。因此，海尔在完成收购后，推行的"人单合一"战略得到了 GE 家电团队的接受和认可。

另外，尽管并购后重新组建了董事会，但海尔在美国市场实行的是相对独立的Haier、GE双品牌运作，最大限度地保证了GE家电团队继续发挥自身的创造力。

当面对不同文化的团队时，如果一方把自身的管理方式直接硬塞给对方的话，容易形成文化冲突，导致人才流失等问题频发，进而致使企业陷入发展困境。陈春花教授认为："企业文化对于一家企业的成长来说，看起来不是最直接的因素，却是最持久的决定性因素。"

2.4 华为核心价值观

三十多年来，华为一路发展壮大，将全世界十几万个人才凝聚在一起，为一个共同的目标而奋斗。这其中，华为的核心价值观起到了很重要的作用。在公司发展过程中，华为的核心价值观也不断地在变化。总结起来，华为的核心价值观可以概括为"以客户为中心，以奋斗者为本，长期艰苦奋斗，坚持自我批判"。

2.4.1 以客户为中心

企业要生存，就得聚焦于客户，用心服务客户。当我们在开展业务活动时，不妨听听管理大师彼得·德鲁克的建议，他提出了三个非常经典的问题："我们的业务是什么？我们的客户是谁？客户心目中的价值是什么？"最后，彼得·德鲁克给出了这样的答案："从规定企业的宗旨和企业的使命来讲，这些问题中心只有一个，即客户。"

马云也曾经说过："阿里巴巴的主业绝不该放在与对手的竞争上，而要把眼睛盯在提升客户体验上。"苹果公司创始人乔布斯也提到了客户的重要性："你的生死存亡掌握在消费者的手中，他们才是我们关注的对象。我们的工作就是对整个客户体验负责。如果表现不及格，那就是我们的错。"由此可见，企业成功的秘诀之一，便是要始终坚持以客户为中心。

任正非说："华为的魂是客户，只要客户在，华为的魂就永远在，谁来领导都一样。为客户服务是华为存在的唯一理由。"华为选择了以客户需求为导向，提供真正让客户满意的产品和服务，以此来实现自身的商业成功。

【管理思考】关于以客户为中心

为客户服务是华为存在的唯一理由，客户需求是华为发展的原动力。我们坚持以客户为中心，快速响应客户需求，持续为客户创造长期价值，进而成就客户。为客户提供有效服务，是我们工作的方向和价值评价的标尺，成就客户就是成就我们自己。

任正非强调，只有对客户好才是唯一正确的。这样的经营理念，是华为多年来一直坚持的基本准则。任正非说："产品的发展要以客户需求为导向，没有需求的产品，就没有市场。产品发展的路标不是由企业决定的，而是由客户决定的。客户需求的是什么，企业就要做出什么样的产品。在创新产品前，企业就应该深入市场，了解客户的需求。"

在人们的印象里诺基亚的手机非常可靠，能做到20年不坏，结果它却在终端上失败了。苹果手机并不如诺基亚那么可靠，但是它在终端上取得了巨大的成功。究其原因是诺基亚太崇拜技术了。在21世纪，那些曾经依靠技术取得领先的企业，试图继续凭借技术优势保持领先，但大都衰落或消亡了。随着消费市场的日新月异，它们缺乏把技术市场化的能力，最终导致了衰落。

华为在发展过程中也曾走过一些弯路，许多产品没有销路，就是因为没有以客户需求为目标。任正非说："就拿产品研发来说，华为总是遇到简单的功能做不好,而复杂的东西却做得很好。为什么呢?就是因为华为总是以技术为导向,而不是以客户需求为导向。"产品能否满足客户需求才是决定企业存续的关键因素,客户不需要的产品,即使使用再精湛的技术,也是一堆废品。

任正非希望华为内部培养更多的能够实现商业转化的工程商人,任正非讲了一个关于小盒子的故事:

"什么是小盒子?日本的数字相机就是小盒子,这个小盒子把全世界都打败了。它看起来没有最新的技术,但真的没有技术吗?技术不是理论,不是功能,而是包括工艺、材料、多种科学在内的综合技术。我们华为也需要能做这种小盒子的工程商人,而不是仅仅做出功能来的科学家。"

从关注技术方案到聚焦商业效益,华为工程师们在实践中不断成长。华为在引入IPD之前,缺乏市场需求分析,研发机会浪费严重,效率较低,产品问题不断;引入IPD后,以客户需求为驱动进行研发,华为的产品设计、制造优势逐渐凸显。

2012年初,华为的某战略客户要进行企业移动信息平台的招标测试,刚好华为完成了类似产品的第一个版本。于是华为带着产品奔向了客户,通过与客户交流发现,友商已经完成第一轮测试,而华为的产品与友商相比,还存在许多不足。尽管希望渺茫,华为人没有放弃,通过与客户长时间交流,组建了项目攻关团队,按客户需求快速实现关键功能。经过大家不分昼夜地攻关克难,几次测试过后,华为逐渐超过了友商。后来,客户说:"测试初期,你们对业务不懂,和友商没得比,一个在天上,一个在地下。但你们反应快,现场发现的问题,很快拿出方案并在产品上体现出来,到了后期,产品脱胎换骨,变成了你们在天上。"

华为提供满足客户需求的产品使其获得了商业成功。而我国很多企业重技术轻管理,往往忽视了客户需求。因此,企业要改变思维方式,以客户需求为导向进行产品研发,这样才更容易获得客户的认同,也才能在市场竞争中存活下来。

2.4.2 以奋斗者为本

与"以客户为中心"一样,华为还强调"以奋斗者为本"。所谓"以奋斗者为本",即以拥有卓越成效的奋斗者为根本,这是华为对待内部员工的一个基本理念,是在企业人力资源管理"以人为本"的基础上发展起来的一种更加公平公正的人才管理思维。奋斗者与通常所说的"劳动者"不同,劳动者只要付出了劳动,就要有回报;而奋斗者则要能为客户做出实际贡献,为公司创造出实际价值,强调的是为了最终结果而奋斗。

华为高度提倡"以奋斗者为本,不让奋斗者吃亏",也号召每一个华为员工都能发扬艰苦奋斗的精神。而事实上,华为在三十多年的发展史中,之所以能够涌现出一代代不辞辛苦,为客户和企业做出卓越贡献的华为人,与华为的这一价值理念有着十分密切的关系。华为建设绩效体系的根本目的就是要把每个华为人都引导成为为客户服务的奋斗者。

【管理思考】关于以奋斗者为本

为了充分体现华为对奋斗者的尊重与支持,并且引导员工积极地向奋斗者学习,任正非提出了以下几点主张:

第一,华为的员工分为三类:普通劳动者、一般的奋斗者、有成效的奋斗者。每一类员工根据贡献的不同,从华为获得的回报也是不同的。华为员工想要获得更多利益回报,就要向奋斗者学习,尤其是向有成效的奋斗者学习,为客户创造价值,为企业创造效益。

第二,华为坚持"三优先,三鼓励"原则,晋升机会等优先倾向于有成效的奋斗者，这也使得那些有岗位晋升要求的华为人必须充分重视"奋斗者"这三个字对于自身的职业意义。

第三，华为实行"一帮一，一对红"的导师制，大多由具备成功经验的奋斗者担当导师的角色，向弟子传授经验和智慧，帮助弟子获得成长。

第四，华为会在《华为人报》《管理优化报》、心声社区等内部刊物和各种会议、活动上对奋斗者事迹进行宣传，对奋斗者本人进行表彰和奖励，这也有利于员工明确自己的学习目标，能够为他们树立起一个又一个奋斗榜样。

在人力资源政策的引导下，华为人很好地传承和发展了公司的奋斗者文化，在公司需要之时，总有人能够勇敢地站出来，而且，他们所追求的已经不仅仅是绩效。

2.4.3 长期艰苦奋斗

2015年，华为的一则广告引起了公众的注意：一双醒目的脚，其中一只伤痕累累，另一只包裹在芭蕾舞鞋中，旁边配着一句话："我们的人生，痛并快乐着。"在这则广告中，华为使用了美国摄影艺术家亨利·路特威勒的摄影作品，目的是想传达一种"奋斗，坚持，奉献，快乐"的精神。

亨利·路特威勒跟踪记录了纽约芭蕾舞团成员四年来的工作与生活，其中涵盖了成员们从台前到幕后的点点滴滴。这些记录都只为告诉大众，优美的芭蕾舞背后有舞者许多辛苦的汗水，任何成功都是靠艰苦奋斗和不断努力换来的。

华为作为世界500强企业之一，是全球通信行业的领导者，可以将其看作那只穿着华美舞鞋的脚，但同时也是那只脱下舞鞋的脚，长期艰苦奋斗，饱经风霜。从创立之初到进军国际市场，再到做到行业领先，这其中有无数华为人辛苦的付出。如果没有华为人坚持艰苦奋斗的精神，华为难以取得今天的成就。

【管理思考】关于艰苦奋斗

我们没有任何稀缺的资源可以依赖，唯有艰苦奋斗才能赢得客户的尊重与信赖。奋斗体现在为客户创造价值的任何微小活动中，以及在劳动的准备过程中为充实提高自己而做的努力。我们坚持以奋斗者为本，使奋斗者得到合理的回报。

任正非说："我们除了比别人少喝咖啡、多干活，其实不比别人多什么长处。就是因为我们起步太晚，成长的年限太短，积累的东西太少，我们得比别人多吃点苦。所以我们有一只芭蕾脚，一只很烂的脚，我觉得那就是华为的人，痛并快乐着。华为就是那么一只烂脚，它解释了我们如何走向世界……"

1991年，华为将其全部资金和人力投入开发和生产华为品牌的新型用户程控交换机中。为了能够成功地研发出新产品，公司租了一幢工业大厦的三层供50多位研发人员工作和吃住。每一层楼分隔为四个工段，库房、厨房也在同一层，十几张床挨着墙边一溜排开，床不够，在泡沫板上加床垫代替。这就是后来人们所说的"垫子文化"。在研发期间，不仅是研发人员，也包括公司领导，都不分昼夜地工作。累了就趴在桌子上，或者随便在地上找块泡沫板、纸板睡一下，醒来再接着干。其中，有位研发人员累得连眼角膜都脱落了，不得不住院手术，才保住了视力。直到年底，设备测试成功，华为终于拥有了自己的产品。

这次的胜利让华为人明白了一个深刻的道理：公司要生存和发展，没有其他捷径，只能用别人认为很傻的办法，那就是艰苦奋斗。

曾经有一篇讲美国硅谷创业者们故事的文章，描述了硅谷之所以能够取得今天的成就，靠的就是许多优秀人才的不断付出与奋斗。当地的一位公司董事长说过："如果每当一年美国总统要花费你十年心血，那么在硅谷创业每年要花费你五年的生命。"这意味着在硅谷平静的外表下，创业者们处于难以想象的高压状态，他们都在为了争取财富和名誉而努力奋斗。硅谷完美地诠释了"勤奋孕育成功"这句话。

在华为，新员工的第一堂课就是学习艰苦奋斗的精神。在奋斗文化驱使下的华为人，不怕苦、不怕累，面对工作的艰苦和压力，用乐观、积极的心态去解决问题。

很多企业在发展到一定规模时，就会停止奋斗，这是很危险的。企业一旦丧失奋斗精神，员工将变得懒惰起来，繁荣也将变成落魄。就像任正非所说的："繁荣后不再艰苦奋斗，必然失去繁荣。"企业只有在繁荣中继续艰苦奋斗，才能在市场竞争中获取胜利，实现客户商业价值。

2.4.4 坚持自我批判

2008年，任正非在《只有自我批判才会成为强者——在核心网产品表彰大会上的讲话》中说道："没有昨天，就没有今天。在对错误、落后进行批判的同时，我们也自我陶冶，成长起一批雄壮的英雄队伍。我们必须坚持自我批判，只有强者才会自我批判，也只有自我批判才会成为强者。"在任正非看来，华为之所以要倡导自我批判，就是因为相互批判难以适度把握，容易造成团队成员之间相互攻击，但人们对于自我批判会手下留情，通过"鸡毛掸子"给自己掸掸灰，也能不断地完善自己，实现自身的成长。

【管理思考】关于自我批判

自我批判的目的是不断进步，不断改进，而不是自我否定。只有坚持自我批判，才能倾听、扬弃和持续超越，才能更尊重他人和与他人合作，实现客户、企业、团队和个人的共同发展。

回顾华为的发展历程，其中也存在不少败笔，但华为仍然一次次地实现了超越，成为通信行业的领头企业。从研发 HJD48 的模拟 PBX 交换机到 JK1000，再到 A 型机、B 型机等，华为都在原有错误、不足的基础上，不断进行自我批评、优化改进研发。

2008 年某地一线人员在一次偶然的机会中听到客户不经意地说了一句："我们的机房空间有限，却要安装你们三套网管系统，还要摆几台计算机。我不明白，都是华为的设备，为什么不能统一网管，而要搞得这么麻烦？"

当时由于华为的传送、接入、城域、IP 等产品领域各自为营，网管自然没有统一的解决方案，出现客户口中的有几类设备，就需要摆几台网络管理终端的情况。听到客户的抱怨后，华为的产品线决定开发统一网管解决方案，协助客户优化管理，从而为客户提供更好的产品和服务。但是在开发过程却出现了几类专家互相"打架"的局面：传送网管的技术专家坚持按"设备"管理方案；接入网管的专家坚持按"特性"管理方案……几方人员互不相让，讨论了十几轮，问题依然悬而未决。

这时，一位主管说："我们每个领域的专家不能只看到自己方案的优点，每个人都自我批判一下，看看别人的方案有没有出色的地方。"大家听完愧疚不已，开始心平气和地交流。最终方案融合各方设计，解决了架构难题。

正是因为华为的专家及时领悟到自我批判的重要性，转变了观念，以开放的心态来展开团队合作，才避免了团队之间产生更多的矛盾，也为客户提供了更好的服务。

任正非强调："只有有牺牲精神的人，才有可能最终成长为将军；只有长期坚持自我批判的人，才会有广阔的胸怀。将军如果不知道自己错在哪里，就永远不会成为将军。他知道过去什么错了，哪次错了什么，怎么错的，这就是宝贵财富。将军是不断从错误中总结，从自我批评中成长起来的。"华为坚定不移地坚持自我批判，不断反思、不断超越，从而实现了成功。其他企业在学习华为经验的时候，就要学习这种善于自我批判的精神，通过不断改进，使企业在市场竞争中赢得最终胜利。

2.5 确定战略意图

战略意图是企业中长期的目标和方向，包括愿景、使命、战略目标、近期目标。简言之，战略意图就是定位，即明确企业在未来的价值链格局或产业体系中所处的位置、扮演的角色。战略意图能够激发组织活力，美国战略管理专家哈默尔和普拉哈拉德为战略意图所下的定义是："一个雄心勃勃的宏伟梦想，它是企业的动力之源，它能够为企业带来情感和智能上的双重能量，借此企业才能迈上未来的成功之旅。"

2.5.1 清晰的愿景和使命

企业愿景是组织在未来所能达到的一种状态的蓝图，描述的是企业存在的最终目的。企业在制定愿景时，需要基于现实，但同时也要有一定的挑战性，它可以帮助企业占据行业领先和优势地位，获得长期的可持续的盈利能力。

【管理研究】企业愿景和使命的设定

企业愿景和使命的设定包括两个方面：

第一，确认企业目的。企业目的就是企业存在的理由，一般来说，有什么样的企业目的，就有什么样的企业理念。

第二，明确企业使命。企业使命是企业区别于其他类型组织而存在的原因或目的，它不是企业经营活动具体结果的表述，而是为企业提供了一种原则、方向和哲学。

清晰的愿景和使命在整个战略管理过程中发挥着重要的作用：第一，为企业发展指明了方向。企业愿景和使命一方面为企业员工理解企业的各种活动提供依据，保证企业内部达成共识；另一方面为企业树立良好的形象，使企业获得发展的信心和必要的支持。第二，是企业战略制定的前提。企业在制定战略的过程中，需要依据愿景和使命来确定战略活动的关键领域和行动顺序。第三，是企业战略的行动基础。明确的愿景和使命能够帮助企业正确合理地把有限的资源分配在关键经营活动上。

2018年5月5日，自媒体人潘乱在其公众号上发布了一篇题为《腾讯没有梦想》的文章，直指腾讯正在丧失产品能力和创业精神，变成一家投资公司。由于腾讯的愿景"做最受尊重的互联网企业"非常宏大、也非常虚，说不清楚这个愿景该如何实现，所以，潘乱认为，腾讯是一家没有愿景（或者说没有强烈梦想）的公司。

此文一出，迅速引爆网络，仅仅2小时后文章阅读数就突破10万次。从后来公开的情况看，包括马化腾、刘炽平等在内的腾讯高管均看到了这篇文章，虽然他们并未公开正面回应，但腾讯公关总监张军的回应传递出了腾讯的态度——"会吸纳，接受监督"。

国内很多企业没有清晰明确的愿景和使命，这使得他们在做什么和不做什么这些基本问题上缺少坚守。正如周鸿祎在一个节目中谈到百度时说，"你一个高科技公司就不该送外卖"，但在2020年国内众多互联网巨头却开始抢社区大妈卖菜的生意。试想一下，如果谷歌、亚马逊下沉到这样的业务场景中来，我们会有怎样的看法？

一家企业在描述愿景时，需要清楚回答三个问题：①企业的经营领域是什么？即哪些业务属于企业的业务范围，哪些不是？②企业在行业处于什么地位？③企业与利益相关者（外部客户、合作伙伴、内部员工、股东等）的关系如何？

【管理思考】华为的愿景和使命

华为在1998年出台的《华为公司基本法》中指出："华为的追求是在电子信息领域实现顾客的梦想，并且依靠点点滴滴、锲而不舍的艰苦追求，使我们成为世界级领先企业。为了使华为成为世界一流的设备供应商，我们将永不进入信息服务业。通过无依赖的市场压力传递，使内部机制永远处于激活状态。"同时在基本法里也清晰地强调了华为与员工的关系、与客户的关系及其社会责任等。

2020年，华为公司最新的愿景和使命是致力于把数字世界带入每个人、每个家庭、每个组织，构建万物互联的智能世界。即让无处不在的联结，成为人人平等的权利；为世界提供最强算力，让云无处不在，让智能无所不及；所有的行业和组织，因强大的数字平台而变得敏捷、高效、生机勃勃；通过AI重新定义体验，让消费者在家居、办公、出行等全场景获得极致的个性化体验。

华为高级管理顾问黄卫伟指出，华为在规模尚小的时候就已经把成为行业领导者的目标提出来了。1997年，任正非在珠海石景山会议中说道："我们必须在混沌中寻找战略方向。华为公司总有一天会走到悬崖边上。什么是走到悬崖边上？就是走到世界同行的前列，不再有人能够清楚地告诉我们未来会是什么，未来必须靠我们自己来开创。我们不走到悬崖边上是不可能的，而如果我们不想走到悬崖边上，也是没有出息的。"1997年，华为的营业收入大概只有41亿元，这个时候就提出了要做行业领导者的目标。

多年来，华为一直在通信设备领域耕耘，十几万人坚持聚焦主航道，抵制一切诱惑，拒绝机会主义，不走捷径，踏踏实实，长期投入，厚积薄发。技术的积累进步、产业的持续发展是实现伟大愿景的前提。华为把握通信和信息技术的发展机遇，聚焦联结、智能、体验、数字平台四个战略方向，压强投入、厚积薄发，打造核心竞争力，不断自我突破，推动了整个产业的进步。

战略意图是一种取与舍的博弈，每前进一步，企业都应向所有员工明确传达自己的"有所为"和"有所不为"。在战略上要锲而不舍、学会坚持，因为不管是哪一种战略选择，都会遇到想得到的和想不到的困难与障碍，如果为了完全避开障碍而改变战略选择，那么这种改变既没有意义，也没有尽头。

2.5.2　中长期目标与短期目标

企业的中长期目标是对企业经营活动取得的主要成果的期望值，也可以说它是企业愿景的具体化描述。在华为，中长期目标指的是未来五年的战略目标。

2012年9月22日，华为消费者业务总裁余承东在其微博中指出，华为消费者业务做出了一些调整：第一，从ODM（原始设计制造商）白牌运营商定制转向华为自有品牌；第二，手机要从低端市场向高端市场扩张；第三，放弃销量很大但不赚钱的功能手机；第四，启用华为自己的处理器和芯片；第五，要建设电商渠道；第六，在安卓基础上自主设计操作系统；第七，确定世界第一的目标。2018年，余承东对比六年前的微博，发现这些战略目标都实现了。

华为手机能够取得如此大的进步，很大程度上缘于华为的战略目标。

因为有了合理的战略目标，华为才能够提前进行资源配置，鼓励所有华为人努力奋斗。

1996年，华为决定在深圳龙岗区新建一个生产基地。1995年，华为的销售收入为5亿元，但是1996年，生产建设办公室是按照100亿元的产能规模来规划设计新的生产基地的。后来，1999年，华为生产线搬到龙岗区时，当时的产能就达到了100亿元。这就是战略目标的作用，它帮助华为提前构建产能，聚集资源。

战略目标驱使华为不断地扩大人员规模，聚集各种资源，让更多的人愿意为华为奋斗，帮助华为实现战略目标。企业在制定战略目标时，一方面要有高远的梦想，另一方面也要脚踏实地，不能完全脱离自身的能力。

企业的中长期目标通常是按阶段来完成的，也就是说很多个短期目标完成一段时间后，中长期目标才能够实现。华为经常会根据公司的发展方向来制定中长期目标，并且规定在每个阶段要完成的短期目标，最后在规定时间内实现中长期目标。

2005年，华为在利润率目标上设定了长期目标，即在未来三年内利润率要达到增长12%的目标。之后，华为又根据此长期目标设定了三个短期目标。第一个是2006年利润率提高7%，第二个是2007年利润率提高8%，第三个是2008年利润率提高12%。

事实证明，华为在完成短期目标的基础上，成功实现了长期目标。2006年利润率提高7%；2007年利润率提高10%，超额完成第二个短期目标；2008年利润率提高13%，超额完成了长期目标。

华为能够超额完成利润率目标，就在于短期目标的完成为长期目标的实现打下了坚实的基础。从中也可以看出，企业设立短期目标的目的就是帮助实现长期目标。企业要明白，战略目标的实现不是一蹴而就的，要有耐心，要依靠各级力量共同完成。

【管理研究】年度经营目标制定方法

企业制定年度经营目标的方法有两种：一种是营收增长率法，下一年度营收目标＝上年度营收目标×（1+营收增长率），其中营收增长率取企业近三年的平均销售额增长率；另一种是由下而上的目标制定法，各部门（分子公司）根据历史经营目标完成数据，预测下一年度经营目标数值，再采用逐级汇总的方式推算企业总体经营目标。

一般来说，我们通常会采用上述两种方式相结合的方式来核算企业经营目标。企业自上而下采用营收增长率法，确定企业经营目标，各部门（分子公司）根据历史情况完成经营目标预测与分析。再结合对市场政策环境、企业战略侧重、资源投入、组织变化、产品投入等要素分析，各部门（分子公司）进行目标比拼，重新梳理并制定企业最终的经营目标，然后下达给各部门（分子公司）。

在制定经营目标时，我们要注意的是，目标决策不能成为领导层的一家之言，而需要考虑多方情况。要评估企业所在行业的发展前景、竞争对手及自身产品的市场处境，分析企业近三年的销售业绩，找出增长或下降的原因，排除异常增长或下降因素，根据综合评估结果，制定合理的经营目标。

对于战略目标，企业不仅要能理性、科学地制定，还应当使已确定的战略目标在企业上下加以明确，使所有的管理者和员工既清楚知道战略是什么，又明白当下应该做什么去实现战略目标。

2.5.3 根据市场环境进行动态调整

战略意图并不是一成不变的，有时候需要企业根据市场发展趋势来进行动态调整。

随着互联网浪潮汹涌而至，一些企业纷纷转战互联网，这时任正非强调，华为要想一直活下去，就必须坚持走自己的路。2014年6月，任正非明确提出"互联网只是工具"的观点：

"互联网不是指网络，一定不要把互联网时代理解成网络时代。互联网已经成了人们的基本需求，网络只是一个承载工具，端到端连起来，老百姓也是互联网的组成部分。瓦特发明了蒸气机导致了英国的工业革命，使得英国强盛，但蒸气机不是基本需求，只代表水的动力发生转变，因此它只是一个工具。网络这个工具和蒸气机一样，会给整个世界带来生产方式的改变。"

当然，任正非并不是真的排斥互联网，其目的在于唤醒那些盲从互联网的华为人。随着互联网的发展，人工智能、大数据等互联网延伸技术给人类工作和生活带来了巨大的改变。所以任正非修正了自己的观点，鼓励华为人去那些未知的无人区探索。2016年7月，任正非不再对互联网进行精准定义。

"无线的未来是什么？其实我们根本没有定义清楚；网络的未来是什么？我们也没有定义清楚。因此，我们还根本不知道无人区在哪里。我们不要害怕颠覆，真正的挑战出现了，要敢于上去拥抱。人类社会要转型了，没有方向和实力的奋斗是没有价值的。小公司没有实力；有些大公司有实力，但是没有方向；华为既有实力，又在探索方向，怎么不能引领未来呢？"

但是，不管怎么调整，华为确定战略意图的指导思想是：聚焦主航道，有所为有所不为，只做自己最擅长的事，只进入最高附加值的领域。面对互联网浪潮，任正非给出的选择是"聚焦"，而非"固守"。这也意味着华为在选定战略领域后，并不会一味地因循守旧，而会为了使公司获得更有利的发展去细化甚至革新公司战略。

比如，华为的业务重点一度是运营商市场，但是运营商市场的发展潜力有限。华为消费者业务总裁余承东曾公开声称，运营商市场如果做到400亿美元，就已经基本达到极致了。尽管传统设备市场仍然有上升空间，但是蛋糕大小已经是有限的了，所以，"我们要拓展边界，从CT向ICT转变"。因此，从2010年开始，华为已经在云计算领域发力，并且面对未来的市场竞争，华为将云业务板块升级，从战略的高度对其重新定位，使其成为与运营商BG、企业BG、消费者BG相提并论的第四大BG。

除此之外，华为内部一直有"造车"的声音，任正非坚决表示华为不造车。随着ICT在各个产业的发展与应用，华为成立智能汽车解决方案BU，虽然进入汽车行业，但华为依然只是聚焦ICT，只做智能联网的增量部件，协助车企造好车。

总之，战略意图与市场洞察并没有完全的先后顺序，企业可以先确定大致的战略方向，再进行市场洞察，根据分析结果对战略意图进行修正。

第 3 章
市场洞察：从差距分析与市场中寻找机会

企业可以基于双差分析与市场洞察了解市场发展趋势，抓住市场机会，确定战略与业务发展重点和方向。一般情况下，市场洞察包含五个方面的内容：宏观分析、客户分析、竞争分析、企业自身分析及机会分析。

3.1 分析差距

所有战略都是由不满意引发的,如果企业对自己当前的发展状况很满意,就不需要讨论战略。所以,分析差距是战略管理的起点。

3.1.1 业绩差距与机会差距

在第 1 章中我们介绍过,在 BLM 模型中,市场是所有规划的起点,而弥补差距是这些规划的目标。具体来说,差距既包括业绩差距,也包括机会差距。业绩差距是现有经营结果和期望值之间差距的一种量化陈述,即制定的目标和实际执行结果之间的差距;机会差距则是现有经营结果和新的业务设计所能带来的经营结果之间差距的量化评估,即期待的目标和现有业务结构之间的差距(见图 3-1)。

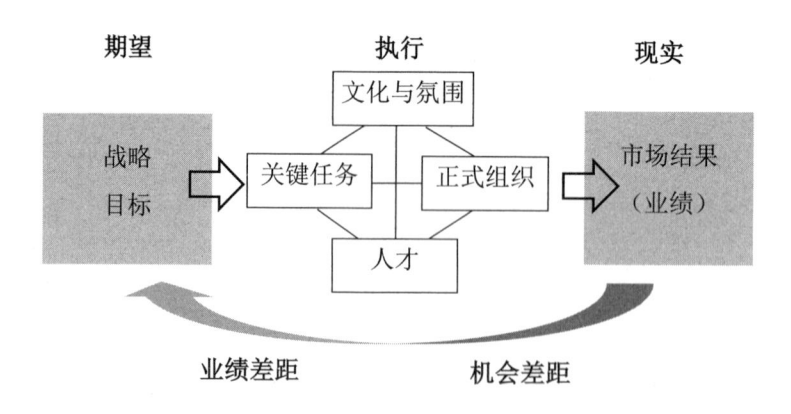

图 3-1 业绩差距与机会差距

业绩差距:公司年初制定的销售收入目标是 10 亿元,年末实际最终完成的销售收入是 8 亿元,其中,未完成的销售收入 2 亿元就是业绩差距。

机会差距:公司研发部发现了一个潜在的颠覆性技术,如果能在 6 个月内推出此项技术,就能够占领领先者的位置。但目前公司的产品开发周期需要 18～24 个月,要取得成功,就必须把产品开发周期缩短至 6 个月。

业绩差距与机会差距到底有什么区别?区别就在于业绩差距不用改变业务设计即可缩小,所谓业务设计就是产品结构、客户选择、差异化的定位等。一般的业绩差距可以在原有的业务框架下通过提高组织的执行能力、改善流程能力、加大激励力度等来弥补。但是机会差距不是通过提升执行能力等来解决的,它需要更新业务设计,包括重新选择客户、开发新的产品、更新组织能力等。

2010 年,华为销售收入为 1852 亿元。经过市场洞察,华为发现运营商设备市场容量有限,如果不发展其他业务,很可能在不久后会遇到增长瓶颈。于是,2011 年,华为进入了消费者业务和企业业务领域。2018 年,华为销售收入为 7212 亿元,其中运营商业务的销售收入为 2940 亿元。如果华为没有进入新的业务领域,就不可能实现现在这么高的销售收入。这就是机会差距,它需要通过新的业务设计来弥补。

通过差距分析,一方面能提高组织的执行能力,弥补业绩差距;另一方面能看到更多的能够牵引企业增长的市场机会,并在后续的战略制定中,用新产品、新的业务组合来满足新的客户的需求,把它落实成业务目标。

3.1.2　寻找差距产生的原因

在进行差距分析的时候,通常要经历这样的步骤:第一,确定标的。标的可以是企业的战略目标,例如,五年后企业销售收入要达到 100 亿元,利润为 15 亿元。标的也可以是行业内的主要竞争对手,通过对标优

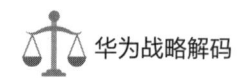

秀企业，找到企业自身的发展方向。第二，找出差距。将所有可以量化的差距都进行量化，不能量化的则先进行定性描述。第三，找出关键差距。第四，寻找关键差距产生的原因。通过这样的步骤，发现差距并找出原因，从而采取各种措施进行弥补。差距分析内容及输出结果如图3-2所示。

分析内容
- 我们设定的战略目标，在一些关键的绩效指标和财务指标上，是否存在差距？
- 与行业主要竞争对手相比，在哪些方面我们存在差距？
- 存在哪些市场机会（机会差距）？
- 哪些是最关键的差距（尽可能具体和量化）？其根本原因是什么？

输出结果
- 简要的差距描述
- 形成差距的根本原因
- 确定承担缩小差距责任的负责人

图3-2　差距分析内容及输出结果

其中，业绩差距分析主要聚集三个方面：一是与企业本身既定目标的差距；二是与行业发展速度的差距；三是与竞争对手增速的差距。机会差距分析主要聚焦两个方面：一是竞争对手做了但是我们自己没有做的；二是本来想到了但是因为其他原因没有做的。

3.2　分析行业机会与市场需求

企业外部宏观环境分析的主要目的是通过开展行业研究，明确未来用户市场的发展趋势，了解未来的客户需求，使企业从更广阔的背景来分析企业目前面临和将要面临的机会和威胁。

3.2.1 分析宏观环境

分析宏观环境主要是从政治、经济、社会等角度看宏观环境将会给行业带来什么样的变化、对企业产生的影响有多大，比如 GDP 增长率、政策稳定性、人均收入、诉讼、制裁等。

华为在宏观环境分析方向，主要采用的是 PESTEL 模型。PESTEL 模型是在 PEST（政治、经济、社会、技术）模型的基础上加上环境（Environmental）和法律（Legal）要素形成的，如表 3-1 所示。

表 3-1 外部宏观环境的构成要素

序号	要素	内涵	具体因素
1	政治要素	对组织经营活动具有实际与潜在影响的政治力量和有关的政策、法律及法规等	政治制度、特殊经济政策、政府的稳定性、外贸立法等
2	经济要素	组织外部的经济结构、产业布局、资源状况、经济发展水平及未来的经济走势等	GNP 的变化、货币供给、通货膨胀率、可任意支配收入等
3	社会要素	组织所在社会中成员的历史发展、文化传统、价值观念、教育水平及风俗习惯等	社会责任、收入差距、人口迁移、文化及亚文化等
4	技术要素	不仅包括那些引起革命性变化的发明，还包括与企业生产有关的新技术、新工艺、新材料的出现和发展趋势及其应用前景	国家研究开发支出及研究重点，新产品、专利保护等
5	环境要素	一个组织的活动、产品或服务中能与环境发生相互作用的要素	企业概况、媒体关注程度、可持续发展空间等
6	法律要素	组织外部的法律、法规、司法状况和公民法律意识所组成的综合系统	世界性公约及条款、基本法、行业竞争法、行业公约等

例如，对大部分电子行业的企业来说，近两年最大的问题是中美关系导致的供应链与市场的不稳定。此时企业在洞察宏观环境分析时，需要深入分析国际贸易环境、国家相关政策、供应链与市场的不稳定性等会给电子行业带来什么变化，这些变化是否正在发生，对企业会产生什么影响等；

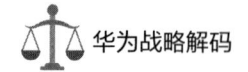

5G、AI和物联网等技术的发展会对企业有什么影响，企业是否已经做好准备；人口趋势的变化是个长期变量，在某个时期内是否有价值转移的趋势，等等。

对企业来说，宏观环境的变化会对其整体战略产生重大的影响。为了适应这些宏观环境的变化，企业需要采取涉及整体战略转变的行动。

3.2.2 关注行业趋势

看行业趋势就是针对企业所处行业，分析研究整个行业的发展趋势，洞悉未来的价值转移趋势。看趋势，不是简单地进行环境分析，而是要看这些趋势如何影响企业的客户市场，明确未来企业的客户市场将会发生什么样的变化，是否会发生利润转移，如果发生了利润转移，这些利润将流向何处。

【管理研究】行业趋势的分析角度

为了对未来行业发展趋势有更清楚的判断，企业可以从以下角度开展分析：

（1）客户偏好。行业中的客户偏好是否发生了变化？具体表现为什么？

（2）政策法规。行业相关的政策法规有哪些变化？对企业业务会带来哪些影响？

（3）行业技术。行业内有哪些新的技术？

（4）利润模式。行业中有哪些新的或者变化中的利润模式？

……

通过分析这些趋势，企业可以了解外部环境中的机会和威胁，进而采取应对措施。

简单来说，战略就是要闻到有钱味的地方。分析行业趋势是识别和发现利润区域的关键环节之一，确保企业能够及时抓住战略机会。

1930年，福特汽车公司的T型车风靡整个美国市场。福特公司采取成本领先战略，通过大规模生产标准化产品，以低成本获得了极大的成功。实施这种战略的前提是广大消费者的收入不高，低成本的低价产品让普通消费者也买得起。但是随着生活水平的提高，消费者不再满足于标准化产品，而愿意为产品的差异化付出更多的费用。市场需求的变化给美国汽车行业中的其他企业带来了新的发展机遇。通用公司看到了这个战略机会，果断采取差异化战略，以不同产品满足市场上的不同需求，从而一跃成为世界上最大的汽车公司。

当消费者消费能力发生变化时，市场需求也会随之改变，从而对企业甚至整个行业造成全局性的改变，这就是行业趋势给企业带来的机会和威胁。

3.2.3　分析市场与客户

人们常说："顾客就是上帝。"不管企业愿不愿意承认，这都是事实。客户需求代表了市场方向，企业需要迎合客户的需求来进行合理的业务规划，从而实现企业的战略目标。

看市场和客户就是以客户为中心，分析客户的当前需求与变化，发现战略机会。分析市场与客户主要从两个方面入手（见表3-2）。

1. 分析客户行为

包括对客户采购行为、客户交易行为和客户购买倾向进行变化分析。通过分析客户行为，企业可以决定选择哪个市场作为产品与服务的切入点。

表3-2　B市场与客户分析（A企业）

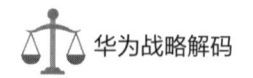

B市场	客户1消费量	客户2消费量	客户3消费量	客户4消费量	…
A企业					
竞争对手1					
竞争对手2					
…					
总计					
应对策略					
考虑因素					

注：消费量表示对应客户在B市场购买的产品与服务的数量。

2. 基于客户系统经济学去看客户和需求

客户和需求是在不断变化的。从客户系统经济学角度看，未来影响企业的最重要的五个问题是什么？对于2B行业，要看大客户、价值客户，看客户未来的发展和需求；对于2C行业，要看客户喜好的变化。

通过洞察市场和客户，企业能清晰地知道：客户有哪些？这些客户购买了自己的什么产品与服务？影响客户购买这些产品与服务的决定性因素是什么？在客户中是谁决定买企业的产品与服务，也就是客户内部的关键决策链是怎么样的？通过什么渠道来购买？……

华为在其董事会工作报告中明确提出："我们只要始终坚持以客户需求为导向，就最有可能适应规律，顺应市场，持续长期地健康发展。"随着生活水平的提高和技术的发展，客户需求变得多样化和个性化。为了实现可持续发展，华为坚持以客户需求为导向，为客户提供能真正满足他们需求的产品与服务。

【任正非观点】把握最终客户的真正需求

我们的客户应该是最终客户，而不仅仅是运营商。运营商的需求只是一个中间环节。我们真正要把握的是最终客户的需求。最终客户的需求到底是什么？怎么引导市场的需求，创造需求？不管企业、个人市场……真实需求就是你的希望。

客户是企业利润的最终来源，也是企业进行业务设计的关键依据。在客户洞察阶段，企业就是要从客户角度得出自身面对的机会与威胁。通过对客户及其需求的分析，了解客户未来的发展布局，判断客户在未来需要的产品和服务，企业就可以提前去储备未来几年为客户提供优质服务的资源和能力。

3.3 比较竞争对手与企业自身

战略管理的核心问题并不是简单地去制定一个目标，而是如何通过对竞争对手以及自身现有资源的识别，明确企业的竞争比较优势，并且能不断地维持和发展这种优势。

3.3.1 全方位分析竞争对手

分析竞争就是全方位分析主要竞争对手的所有要素，做到知己知彼、百战不殆。通过洞察竞争对手，企业可以更好地发掘自身的优势与弥补内在的不足。

20世纪80年代，微软开发出可视化操作系统时，其销售业绩在市场中排在第五名之后，缺乏市场竞争力。为了充分了解竞争对手情况，微软针对排名前五的竞争对手做了一次全方位的市场洞察，结果发现：这些排名靠前的公司都很"拽"，只愿意给它们的客户提供后端服务，而且费用还比较高昂。

了解到这些后，微软采取的第一步行动是选择做前端；第二步是利用自有的和战略伙伴的渠道做了大量低价销售宣传工作，并对盗版的系统"睁一只眼闭一只眼"，从而迅速打开了市场，战胜了所有对手。

微软之所以能够成功，关键之一就在于它对主要竞争对手进行了全方位分析，摸清了它们的情况，进而能针对性地制定策略，占据市场主动。

企业的竞争对手包括直接的竞争对手和潜在的竞争参与者、替代者。那些与自己同速增长或比自己增长快的竞争对手是企业需要密切关注的直接竞争对手，但是潜在的竞争参与者可能会因打破现有市场结构而损失惨重，因此潜在的竞争对手也可能存在巨大的威胁。行业内好的竞争对手可以加强而不是削弱企业的竞争地位。

【管理研究】行业内"好"竞争对手具有的特征[1]

（1）有信用和活力。有充分的手段和能力充当激励者，促使企业努力做出改进，提高顾客信赖度。

（2）有明显的自知性。了解自己的弱点，且知道这些弱点很难改变。

（3）通晓规则。明晰产业的竞争规则，并且愿意主动按规则行事，不会为了获得地位而破坏规则。

（4）有现实的假定。对自己在行业中的地位有现实的假定，不会过低或过高地估计自身的能力，而做出不合常理的行动。

（5）有改善产业结构的战略。有增加产业结构中合理因素的战略，如提高进入产业的障碍。

在进行竞争对手分析时，我们需要关注几个方面，具体如表3-3所示。

---

[1] 王方华. 企业战略管理 [M]. 2版. 上海：复旦大学出版社，2011.

表 3-3 竞争对手的分析维度及内容

维度	子项	具体说明	对公司的影响	对策
竞争识别	竞争对手识别	谁是主要的竞争对手？其规模、资源、市场份额是多少？提供的产品、定位是什么？未来目标是什么？客户购买或不购买的原因是什么？在细分市场中的优劣势是什么		
	对手策略预判	竞争对手在与企业的竞争中，会采用哪些策略		
	竞合策略选择	企业是否需要与相关对手/友商合作		
	潜在对手识别	识别并预判行业内的潜在竞争对手		
竞争格局	份额	对手在客户现有采购中的份额		
	网络格局	对手在客户现有网络中的位置		
产品态势评估	产品	对手具体的产品及其优劣势		
	服务	对手提供的服务的优劣势		
	客户关系	对手的客户关系布局及其优劣势		
从客户界面看竞争	供应商定位	各层级的客户对竞争对手的态度		
	供应商选择战略	客户端供应商选择战略中竞争对手所处的位置及可能的趋势		
	能力匹配度	对手对客户的要求与期望的匹配程度		

在收集竞争对手的信息时，我们可以重点关注如利润、市场份额及变化趋势、产品系列、产品质量、新产品上市计划、客户关系、成本与价格、市场增长策略、财务安全、供应链、产能、生态与合作、核心控制点及商业模式、组织结构、激励体系及措施、人才及文化氛围、投资并购、问题风险等方面。

在辨别和分析潜在的竞争对手时，可以分七个阶段来进行：

第一阶段筛选出那些在经营地域和经营范围上有较大冲突的企业。如果没有冲突或者只有轻微冲突，则可以忽略掉。

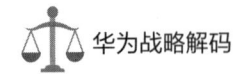

第二阶段对已筛选出的企业，根据它们主要产品的威胁进行二次筛选，保留那些中、高威胁程度的对手。

经过第一、二阶段的筛选，已经能大概筛选出主要的竞争对手。但是这显然还不够，需要对竞争对手进行更为深入的分析。

第三阶段，着重分析对手在研发、技术标准、产品质量等方面的实力，同样保留中、高威胁程度的对手。

第四阶段，侧重分析对手的组织结构、执行力、企业文化等方面的发展状况。分析组织结构是为了洞察对方的发展势头和动态；分析执行力是为了掌握对方的工作态度和竞争能力；分析企业文化是为了了解对方的竞争心理。

第五阶段，着重分析对手的财务状况。通过分析财务状况可以了解到该企业的资金实力，能为竞争提供多大的动力。

第六阶段，分析企业的供应链。供应链是许多企业都至关重要的一个部分，关系到企业的生死。每个企业的技术、服务、规模都是不同的，差距也比较大，但在这方面，每个企业都有自己独特的发展道路。

第七阶段，着重比较企业的管理理念。往往先进的管理理念能够创造更多的价值，在竞争中也会处于优势地位。

通过七个阶段的遴选和分析，竞争对手的真实状况就显现出来了。收集竞争对手信息的来源如表3-4所示。

表3-4　收集竞争对手信息的来源

序号	来源	获取信息
1	年度报告	企业的管理状况、财务状况、发展目标等
2	内部出版物	企业文化和价值观、产品和服务及重大战略行动等
3	广告	企业媒体选择偏好、特定战略的时间安排等
4	高层演讲	企业内部高级管理理念和战略意图等
5	客户	客户对企业产品和服务的评价及潜在需求等

续表

序号	来源	获取信息
6	供应商	竞争对手的投资计划、行动水平和效率等
7	外部专家	企业的战略偏好、过往历史、决策效率等

现代营销学之父菲利普·科特勒指出:"今天的企业既要注意顾客,也要注意竞争者。"华为消费者BG总裁余承东也说:"我们要比竞争对手站得更高、看得更远、看得更深,需要我们对整个行业和竞争对手有深刻的理解和洞察。"只有全方位地分析和了解竞争对手,企业管理者才能在此基础上做出正确的战略规划。

3.3.2 判断企业自身的能力

企业战略的制定和实施必须建立在自身的实力基础上,因此企业需要进行内部环境的战略分析,即通过识别自身现有的资源,对企业现有经营情况进行分析,从而判断企业是否具备相关能力来开展某些业务。

企业内部环境的战略分析包括经营能力分析、市场营销能力分析、财务分析、管理组织现状分析、生产管理分析等(见表3-5)。

表3-5 企业内部环境的战略分析

序号	分析维度	具体指标
1	经营能力	收益率、市场地位、生产力和技术水平、经营水平提高率、人员能力、战略目标和计划完成率等
2	市场营销能力	行业动向、产品的市场地位、产品的收益性与成长性、销售活动能力、新产品开发能力、市场决策能力等
3	财务	变现能力比率、资产管理比率、负债比率、盈利能力比率、市价比率等
4	管理组织现状	管理层次、管理幅度等分工状况;空间结构、时间结构、人员素质和数量的结构等管理效率
5	生产管理	生产能力、库存、劳动力、产品质量、加工工艺和流程等

企业在进行内部环境分析时，可以借助相关模型工具，如 SWOT 分析法等。它是一种战略分析方法，通过内部资源、外部环境有机结合来清晰地确定被分析对象的资源优势和缺陷，了解被分析对象所面临的机会和挑战，从而在战略与战术两个层面调整方法和资源，以保障被分析对象达到所要实现的目标。SWOT 分别代表：Strengths（优势）、Weaknesses（劣势）、Opportunities（机会）、Threats（威胁）。

通过开展宏观环境分析、行业研究、客户分析、竞争对手洞察、自身能力判断等一系列动作，企业可以从中发现很多战略机会，但是，如何才能把握战略机会和发展主动权对企业管理者来说更为关键。

3.4 把握战略机会

企业战略管理并不完全着眼于组织内部，而应结合内外部环境一起探讨。这意味着，在战略管理过程中，企业要结合外部环境的机会和威胁及内部的优势和劣势找出战略机会，在此基础上进行战略决策。既不能刚愎自用，仅凭自己的感觉做出相应的判断，也不能过多地让外部环境和形势的变化扰乱自己的判断。

3.4.1 战略机会助力企业成功

企业的成功，最大的助力就是战略机会。抓住战略机会，能够为企业创造巨额的利润，使得企业的发展更上一个台阶。而错失战略机会，很可能导致一个企业消亡，王安公司就是如此。

王安刚毕业时，想去 IBM 做实习生，结果他的华人身份在面试时被面试官讽刺了一通："IBM 是美国一流的企业，我们搞的是高科技，我看你还是到汽车修理厂去碰碰运气吧!"

王安听到这番话,觉得备受侮辱,于是决心成立自己的公司,其靠专利获得的第一桶金就成为 Wang Laboratories 的创业资本。随后,王安公司创造了许多发明,并于 1975 年发布了世界上第一台具有编辑、检索功能的文字处理机……王安公司由此进入全盛时期。

一段时间后,王安公司副总裁盖利诺提出个人电脑应该是未来的战略发展机会,公司应该着手研制个人电脑。但是处于胜利之中的王安,忽视了对未来客户需求的把握,"搞个人电脑,闻所未闻的荒唐事!"

而当时的 IBM 在个人电脑的研发上投入了大量的时间和成本,并且还开放相应的技术标准,一时间各种 PC 兼容机厂商迅速占领了市场。此后,市场需求完全转向了个人电脑,文字处理机瞬间就被大家遗忘了。

当 PC 机这个战略机会来临的时候,王安公司自以为是,错过了最好的发展机会。IBM 则认为 PC 机有着巨大的发展潜力,因此大力展开对 PC 机的研发,从而把握住了战略机会。

当 PC 机变得非常流行时,王安公司不得不进行 PC 机的研发,仅用几周的时间就研发出 PC 机,但是它的 PC 机却不能与 IBM 软件兼容——这是王安故意安排的,他坚信客户一旦购买了你的硬件,就必须购买你的软件,从而为企业创造更多的价值。然而,IBM 的做法与之完全相反,它的 PC 机可以运行多种软件,当然更受市场的欢迎。当王安公司决定生产兼容机时,市场已经几乎被 IBM 全部占领了。在错失一次次的战略机会后,王安公司没能把它的辉煌继续维持下去,王安电脑连同创始人瞬间销声匿迹。

通过对比王安公司和 IBM,我们可以发现战略机会对一个企业的重要性。当战略机会来临时,如果企业像王安公司一样不能牢牢把握住它,还一贯地自以为是,则只会一败涂地;相反,如果企业能够像 IBM 一样抓住关键的战略机会,就能把企业做得更大、更强。

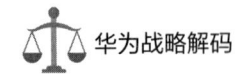

3.4.2 明确战略机会的优先级

通过前面对行业、客户、竞争对手、企业自身的分析，企业可以从中发现许多战略机会，但是，企业无法一次性抓住所有的战略机会，需要判断不同战略机会的大小，进而明确企业抓取战略机会的优先级。

华为主要是利用 SPAN（Strategy Positioning Analysis，战略定位分析）模型对战略机会进行优先级划分的。SPAN 模型从评估市场吸引力和企业的竞争地位出发，对各个业务机会进行深入分析，在此基础上提供决策依据。

【管理研究】SPAN 模型分析法

1. 评估市场吸引力

市场吸引力主要从市场规模、市场增长率、利润潜力和市场战略价值四个维度来评价。

2. 评估企业在市场中的竞争地位

企业在市场中的地位主要缘自产品差异化能力、成本优势、资本优势等，对于某些行业，可能还存在垄断性权利。

在具体操作过程中，我们首先要对每个评价维度，根据一定规则进行量化评价（每个企业可以根据行业特点确定具体评价指标和规则），接下来确定每个要素的权重系数。量化评价数据和权重系数相乘的结果之和就是某项业务的市场吸引力（或企业的竞争地位）得分。市场吸引力评估和企业的竞争地位评估如表 3-6、表 3-7 所示。

第 3 章 市场洞察：从差距分析与市场中寻找机会

表3-6 市场吸引力评估（示例）

评分指标		指标权重	评分标准					得分（分）
			5分	4分	3分	2分	1分	
市场规模	需求标准化程度							
	人为的贸易壁垒							
市场增长率	市场增长率							
利润潜力	供应商的议价能力							
	购买者的议价能力							
	潜在竞争者进入的能力							
	替代品的替代能力							
	行业内竞争者现在的竞争能力							
战略价值	战略价值							
总分								

表3-7 企业的竞争地位评估（示例）

评分指标	指标权重	评分标准					得分（分）
		5分	4分	3分	2分	1分	
技术							
市场份额							
品牌							
成本							

综合市场吸引力和企业的竞争地位的评估结果，企业可以把对各个业务机会的初步判断结果大致纳入四个象限，如图3-3所示。

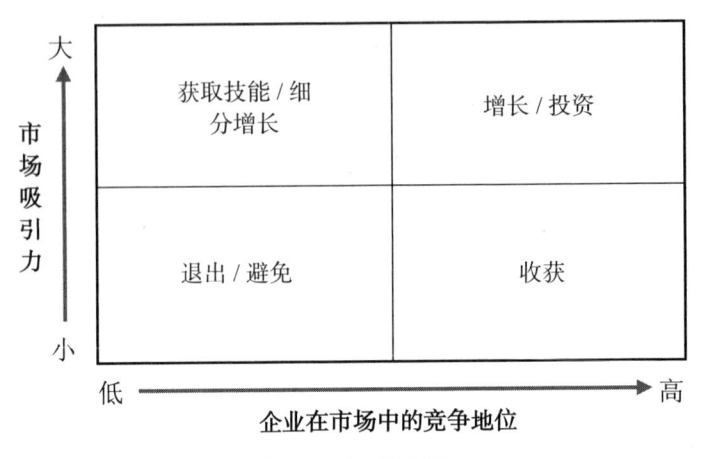

```
         大
         ↑
    ┌─────────────┬─────────────┐
    │             │             │
市  │  获取技能/细 │   增长/投资  │
场  │    分增长    │             │
吸  ├─────────────┼─────────────┤
引  │             │             │
力  │   退出/避免  │     收获    │
    │             │             │
    └─────────────┴─────────────┘
         小
         低 ─────────────────→ 高
            企业在市场中的竞争地位
```

图 3-3 SPAN 模型

如果某个业务机会处在 SPAN 图右上象限，则说明这个业务非常好，是应该争取的业务。但如果企业资源确实有限，那么就应该放弃或者创造机会去做，关键看企业如何合理地调配资源。华为要求 70% 的业务收入来自 SPAN 图右上象限的区域。

如果某个业务机会处在 SPAN 图右下象限，则说明这个业务处于收割阶段，以现金流为主，是要继续做下去的业务；但如果企业的业务都处于这个区域，则说明企业尽管很大，但是不强，缺少对未来的规划。

如果某个业务机会处在 SPAN 图左上象限，则说明虽然市场吸引力很大，但是竞争优势较弱，这个业务可能是企业未来增长的机会。

如果某个业务机会处在 SPAN 图左下象限，则说明这些业务不但没有市场吸引力，而且竞争优势较弱，因此，这些业务是要放弃的业务。

用好 SPAN 模型来分析业务机会的关键是要找市场吸引力大的区域内的业务，即处于 SPAN 图左上象限和右上象限。

3.4.3 将战略机会清晰化、准确化

战略机会是企业发展的动力，这个机会可以是等来的，但大多数时候

需要自己去创造。只有创造机会，才能引导市场。很多时候，抓住机会也要付出成本，但是相对于回报来说，成本的付出也是值得的。

只有把握机会，企业才能实现扩张，由小做到大，从而吸引更多人才来进行技术研发，创造新的产品，产品的成功又会给企业创造更多的发展机会。就在这种循环中，企业实现了逐步的发展与壮大。既然机会对于企业的发展如此重要，就应该在战略机会来临时，将战略机会清晰化、准确化，这样才能更好地把握战略机会，为客户提供高质量的产品和服务。

从2002年"小灵通事件"开始，在之后的发展时间里，华为几乎没有大的战略失误，反而是每一次都能识别并抓住了新的战略机会，占领了战略制高点。回顾华为抓住的战略机会，大的有无线的3G、4G，固网的宽带FTTx；小的则有光伏逆变器等。

华为是如何准确抓住大大小小的战略机会的呢？在一次采访中，任正非做出了解答：从长远的角度看，如果企业没能抓住某个战略机会，那么将来很可能不会再撞见这样的机会了，这对于企业的损失来说是巨大的。基于这样的动因，任正非告诫管理者和技术研发人员，从商业和技术两个角度，认真地、客观地分析需求到底是什么，当大家在某些开发的改进上看到希望时，就要想办法将希望变成现实。

华为的公司战略沙盘中，有几十个战略机会，面对这些机会，公司高管曾坦言他们心里其实是没有底的。但也正是这样的战略沙盘，让华为始终都处于居安思危的状态。如果没有这样的战略沙盘，华为很有可能陷入沾沾自喜，认为自己做得已经足够好了。但面对包含了那么多还未攻下的高地，华为才得以始终机警地将目光聚焦于公司有望触碰到的价值区域、价值资源和价值城市。

此外，华为还提倡不要笼统地看待战略高地，而要把这些高地分成很多个阵地，分别进行分析，并且拿出策划和措施，实事求是地争取获得成功。公司的各个层面都被要求聚焦于机会窗，并且鼓励自发地规划战略机会。

不难发现，华为在发现和攻下战略机会方面，不仅能做到"仰望星空"，不断拓宽自己的眼界，进行数以万计次的预演，还能做到"脚踏实地"，真正有效地在实际业务和研发中，让梦想变成现实。

华为创造机会，为企业的发展铺好路，可以说是在想方设法满足未来需求，也是在为华为的发展注入动力。为了让机会成为华为发展的驱动力，任正非指出："要从战略的角度看待当前公司的发展，发展需要发展成本，要看到明天、看到未来，这样就会有新的、不同的认识。该发展时必须抓住机会迅速发展。"

第 4 章
创新焦点：用创新满足未来业务组合需求

任正非强调，华为不在非战略机会上消耗战略竞争力量。因此，华为在战略制定的过程中，会结合自身的优势，匹配市场洞察中识别的机会，将资源投在关键创新点上，以此进行业务设计。

4.1 定义业务类型

麦肯锡公司通过对全球不同行业的 40 个处于高速增长的公司进行研究后，提出了企业业务构成的三个层面：第一层面是守卫和拓展核心业务，第二层面是建立即将涌现增长动力的业务，第三层面是创造有生命力的未来业务，抓住新兴机会。麦肯锡公司强调：企业要保持高速增长，就必须协调好三个层面业务的关系。

4.1.1 核心业务——收入与利润的主要来源

第一层面的业务是企业当前的核心业务，这一业务为企业带来大部分的营业收入、利润和现金流。因此，对于核心业务，企业关注的是利润、投入资本回报率（ROIC）、生产效率等指标。

运营商业务不仅是华为的传统业务，也是华为营业收入的主要来源。华为公布的年报数据显示，2013 年，华为运营商业务收入同比增长 6%，其中 3/4 的收入来自全球排名前 50 位的电信运营商。

过去，华为利用低成本优势，挤压竞争对手，帮助客户省钱，从而在激烈的市场竞争中取得了一次又一次的胜利，不仅超过了它的老对手中兴，更是打败了一些世界电信巨头，如阿尔卡特等。

但是，营业收入的增长并不意味着利润的增长。尽管市场份额在不断增加，但是利润增长率却在逐渐降低，华为意识到需要开拓新的市场，来维持利润的持续增长。为此，华为成立了运营商 BG，以便更好地与世界各地的运营商建立更为紧密的关系，为其提供合适的产品和服务，从而实现利润的持续增长。

企业在成长的过程中，都会遇到一个问题：追求利润还是追求增长？很多企业为了抢占市场份额，不惜牺牲很多利润，这样的做法在短期内是可取的，但是从企业的长远发展来看，如果不能创造合理的利润，就无法支撑企业的持续发展。因此，任正非强调："我们追求在一定利润率水平上的成长最大化。"

总之，在核心业务方面，企业的经营原则是尽可能地延伸、捍卫现有的业务，增加生产能力，扩大其利润贡献，确保企业可以继续参与市场竞争而不出局。

4.1.2　成长业务——市场增长和扩张机会的来源

第二层面的业务是已经经历了经营概念和经营模式探索的业务，基本确立了盈利模式，具有高成长性，并且已经产生了收入或利润，在不久的将来会像第一层面的业务一样带来稳定的盈利。对此，企业的经营原则是逐步扩大其规模，增加市场份额，将其培养成新的市场机会，使企业获得竞争优势地位。

相较于优势的运营商业务，华为企业业务还有很大的增长空间。华为公布的年报数据显示，2012年企业业务销售收入为19亿美元，只占华为总销售收入的5%。

在任正非看来，企业业务还具有非常广阔的增长空间。因此，华为将企业业务独立出来，使其成为华为三大业务之一。华为企业业务总裁徐文伟曾表示："根据华为的规划，其未来的增长，很大程度上要依赖企业市场。华为已经从关注设备，转为关注用户和体验，随着云计算、BYOD（携带自己设备）移动办公、大数据等的兴起，用户对于更大带宽、更大规模以太网的需求在提升，新的市场空间远高于电信网络市场。我们的重点客户将大量集中在企业园区内，同时包括政府、交通、金融、能源等行业

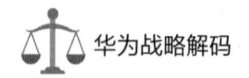

企业。"

经过不断努力,华为在企业业务市场的影响力与日俱增,取得了一系列令人瞩目的成绩,赢得了越来越多客户的信任,2020 年销售收入超过 1000 亿元。

华为通过在企业业务领域不断投入与努力,终于换来了一定的成果,而这也促使着华为持续在企业业务领域进行压强投入。同样,华为的消费者业务也属于成长业务。对于成长业务,企业关注的是收入的增长和投资回报,如销售收入增长、新客户/关键客户获取、市场份额增长、预期收益、净现值等。

任正非在消费者 BG 2015 年年中沟通大会上提出,华为手机的战略是:"低端产品围住山脚形成防火墙,高端产品攻克战略高地。"华为通过这种战略,既保住了低端市场,又攻克了高端市场,手机的市场份额不断提高。

【任正非观点】既要争夺高端市场,也不能放弃低端市场

我们现在用的是"针尖"战略,聚集全力往前攻。我很担心一点,"脑袋"钻进去了,"屁股"还露在外面。如果低端产品让别人占据了市场,有可能就培育了潜在的竞争对手,将来高端市场也会受到影响。华为就是从低端聚集了能量,才能进入高端的,别人怎么不能重复走我们的道路呢?

企业要始终做到以客户为中心,不是指专以某个客户群为中心,而是指高端客户群和低端客户群兼顾。低端产品在市场上有广泛的群众基础,如果企业在发展中放弃低端产品,或者放弃对低端产品的改造,不顾低端产品客户的体验,那么也将失去这一市场。

华为没有放弃低端产品,华为品牌在走向世界的同时,又分离出了荣耀品牌,定位年轻、时尚的客户群。这样一来,在整个手机终端的定位上,华为就在服务低端客户方面建立了一道防火墙,提防类似小米等新创企业的冲击。从低端产品开始，同时也用高质量的产品为低端市场提供服务，这就是华为一直推崇的"以客户为中心"。

4.1.3 新兴机会——未来长期增长的机会

第三层面的业务是处于探索阶段的未来业务，它们应当不仅是企业领导者的想法，而且是实质性运作或投资的小型项目，这些项目在将来有可能发展成第二层面业务，甚至成为第一层面业务。企业的经营原则是培养能力和价值，播种成长的机会，使企业改变现有的行业地位，获得颠覆性发展。

2010年11月，华为极为高调地发布了云计算战略及其端到端解决方案，同时启动"云帆计划2011"，这是华为战略重心发生转移的显著标志。2011年1月，华为在深圳举行的云计算大会上，正式发布"云帆计划2012"。在该计划中，华为首次明确了其云计算的三大战略：大平台，促进业务和应用的云化，开放共赢。为了保障该战略的有效实现，华为特别成立了IT产品线部门，下设云平台领域、服务器与存储领域、数据中心解决方案领域和媒体网络领域，进而以云计算为平台基础，重新打造IT产品。

2017年3月，华为正式宣布成立Cloud BU。五个月后，华为再次宣布将Cloud BU正式升级为公司的一级部门，其战略地位仅次于三大业务BG，以更好地支撑公司业务的发展。

2020年，任正非在华为内部会议上强调，要集中优势兵力做好华为云平台及其提供的云服务。华为云要在极致性价比、可用性、数据安全性等基础能力上构筑核心竞争力；同时针对所聚焦的行业、聚焦的场景做好使能层，构建好云生态体系，构筑有竞争力的获客能力。华为要打造领先的ICT基础设施，要在连接、计算与企业存储和华为云三方面都取得胜利。将连接、计算与企业存储和华为云有机融合，构筑面向所聚焦的行业场景的行业"智能体",全面推进华为的生态战略布局(见图4-1)。

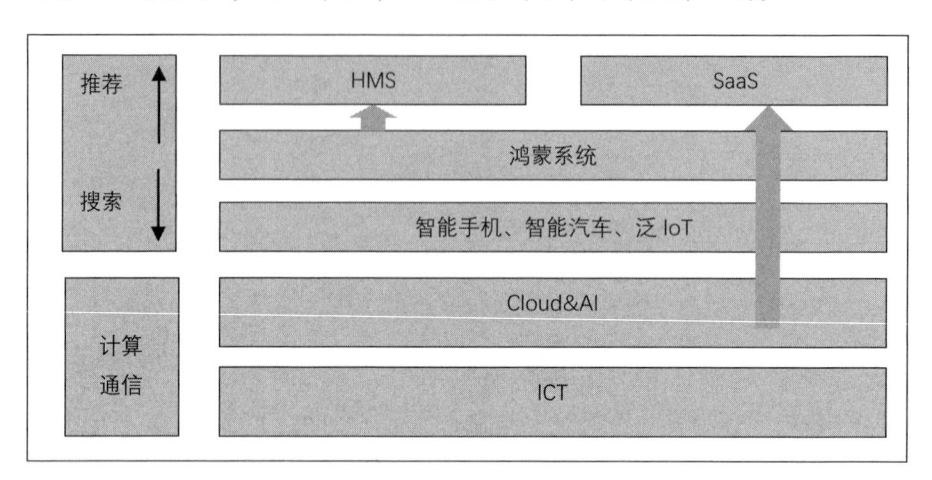

```
推荐↕搜索    |  HMS              |  SaaS
             |      ↑            |    ↑
             |       鸿蒙系统      |
             |  智能手机、智能汽车、泛IoT  |
计算通信     |       Cloud&AI     |
             |       ICT          |
```

图4-1 华为生态战略布局

在这个战略生态中,底层是ICT,这是华为起家的业务和根基;往上是云计算与AI业务,这一层提供数字基础设施能力;再上一层是华为手机等IoT设备,这些业务能将服务直接触达人;更上一层是鸿蒙系统,将生活、家居、车载、工作等场景互联;最后是华为的HMS和SaaS体系,聚集全球优秀的C和B端产品开发者,完善华为的各种服务。

2021年,余承东全面负责华为面向未来的智能手机、智能汽车、Cloud&AI三项核心业务。这一系列战略行动的背后,有着华为全新的战略考量,是华为加快推进战略生态布局的步骤。当然,华为无论是选择聚焦,还是选择革新,都是为了使企业不断发展、持续进步。

对于新兴机会,企业关注的是回报的多少和成功的可能性,如项目进展关键里程碑、机会的数量和回报评估、从创意到商用的成功率等。

近些年,华为在IMS(信息管理系统)市场一直注意抓住机会,进行技术变革。华为持续增加对NFV(网络功能虚拟化)新领域的投入,挖掘其在云化领域的市场潜力,使云化IMS的市场份额不断增长。

2015年，在华为的帮助下，沃达丰在意大利成功商用全球首个云化VoLTE网络，这也使华为荣获了2015年IMS世界论坛"最佳云化IMS解决方案"大奖。到2015年年底，华为已经在全球80多个国家获得了230多个IMS商用合同，而且VoLTE在全球也获得了至少68个商用合同。这些成功都是华为在云化解决方案上努力得来的，华为不仅创新了技术，并且用这些技术帮助客户实现了成功，而且还达到了世界领先水平。

之后，在全球知名分析机构HIS Infonetics发布的2015年度IMS供应商领导力调查报告中，华为因在市场表现和发展势头两个方面的出色表现，以综合排名第一的成绩，被评为IMS领域的市场领导者。

华为通过在云化领域的大力投入，不仅帮助客户实现了成功，而且也让企业获得了更多的价值，得到了客户的认可和信赖。

在华为轮值董事长郭平看来，在全连接时代，未来的竞争早已不是企业与企业之间的竞争，而是谁能主动与伙伴分享利益，团结更多的合作伙伴，实现多方共赢。

因此，随着数字化时代的到来，华为在巨大的市场空间面前，将主动与合作伙伴团结一心，共同分享利益。华为作为移动互联、云计算市场的最大受益者之一，未来想要在云业务领域赢得更多的利益，这也是华为面临的艰巨任务。

4.2 设计未来业务组合

企业需要对不同层面的业务类型进行组合管理，即确定未来的核心业务及为追求规模和盈利，需要为未来培育哪些业务，并使其在一定的时间内成为主力业务等。通过设计未来业务组合，一方面可以满足现有产品的运营要求，另一方面可以为企业培育未来的新兴战略机会。设计业务组合首先要分析现有业务组合并决定对哪些业务进行追加、维持、收缩或淘汰，然后要为业务组合中增添的新业务或新产品制定发展战略。

4.2.1 分析现有业务组合

业务组合是指组成企业的业务和产品的集合。分析现有业务组合的第一步是建立战略业务单位。战略业务单位是指具有单独的任务和目标，并且可以单独制订计划而不与其他业务发生牵连的一个业务，或者一条产品线、一个产品、一个品牌。一个理想的战略业务单位应该具有以下特征：

（1）它是一项或几项相关业务的集合；
（2）它有一个明确的任务和目标；
（3）它有自己的竞争对手；
（4）它能够从战略计划中获得收益；
（5）它有一位专职经理；
（6）它能够独立于其他业务单位，自主制订和执行计划。

第二步是对各战略业务单位做出评估，进而做出资源配置决策。一般来说，企业常用的业务组合评估模型包括波士顿咨询公司（BCG）模型、通用电气公司（GE）模型。

1. 波士顿咨询公司（BCG）模型

BCG模型又称"市场成长率—相对市场份额矩阵"的投资组合分析方法，它是多元化企业进行业务组合评估和资源分配的主要手段（见图4-2）。

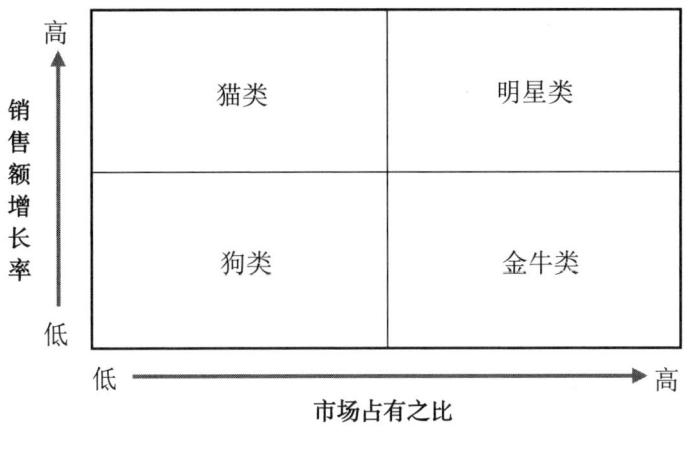

```
          高 ┌─────────────┬─────────────┐
            │             │             │
   销         │    猫类      │    明星类    │
   售         │             │             │
   额         │             │             │
   增         ├─────────────┼─────────────┤
   长         │             │             │
   率         │    狗类      │    金牛类    │
            │             │             │
          低 └─────────────┴─────────────┘
             低                          高
                     市场占有之比
```

图 4-2　BCG 模型

在 BCG 模型中，纵坐标表示市场成长率，用企业某项业务前后两年销售额增长率表示。通常以 10% 的平均增长率作为成长高低的界限，大于 10% 的增长率被认为是高的；反之，则被认为是低的。横坐标表示相对市场份额，用企业某项业务的市场份额与这个市场中最大竞争对手的市场份额之比，即市场占有比来表示。以 1.0 为分界线，划出高低两个区域。某项业务的相对市场份额高，则表示其竞争力强，在市场中处于领先地位；反之，则竞争力低，在市场中处于顺从地位。分属四个象限的各类业务，其特点各不相同。这一点我们在第 3 章中已经有过详细的阐述。

BCG 模型可以帮助企业分析其业务组合是否合理。如果企业没有金牛业务，说明在当前的发展中缺乏现金来源；如果没有明星业务，则说明在未来的发展中缺乏希望。在 BCG 模型中，狗类业务是企业需要放弃的业务，但是，这部分业务的客户群是否应该放弃需要企业管理者深思。

2. 通用电气公司（GE）模型

GE 模型是在 BCG 模型上发展而来的，它用市场吸引力和分类业务优势这两个变量来评定企业的各项业务，每个变量都分高、中、低三个等级，共划分出九个象限。GE 模型如图 4-3 所示。

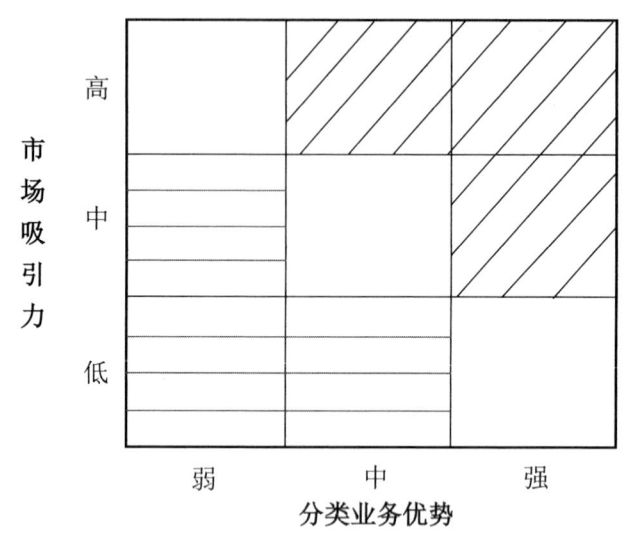

图 4-3　GE 模型

从矩阵中九个象限的分布来看，右上方的三个象限处于最佳区域，对于该区域内的战略业务单位，应采取增长或发展战略，即追加投资，促进其发展。左下方的三个象限则处于市场吸引力和分类业务优势都弱的区域，对于该区域内的战略业务单位，应采取收割或放弃的战略，不再追加投资或收回现有投资。对角线上的三个象限是中等区域，对于该区域内的战略业务单位，应采取维持或有选择地发展战略，保证原有的发展规模，同时调整其发展方向。

BCG 模型指标单一，销售增长率和市场占有比两个指标都偏向企业本身的成长和规模，是对企业业务单元或产品组横向的微观分析，对于一些产品组合或业务单元比较明确的中小企业来说，这样的分析更加简单有效。GE 模型从外部（市场吸引力）和内部（分类业务优势）这两个维度，找出多个评价指标，并且赋予不同程度以不同分值，进行组合式分析，考量因素多，分析起来复杂，可得到较为准确的结果，拥有多个业务单元、数十种产品的大型集团企业，比较适合用这样的分析。GE 模型比 BCG 模型更详细，可以更好地说明一个企业的业务组合状况，但是它不能有效地解释一些新的业务在新行业中发展的情况。

4.2.2 新业务的发展战略

通过分析现有业务组合,企业可能淘汰一些业务,这会给销售目标的达成带来一定的难度。为了弥补不足,企业必须发展新业务。一般来说,企业新业务的发展战略包括三种:密集型发展、一体化发展和多元化发展。

1. 密集型发展

如果企业现有产品和现有市场还有进一步开发的机会,企业就可以采取密集型发展战略。

鉴别密集型发展机会的有效工具是安索夫模型,该模型考虑现有产品、新产品、现有市场、新市场这四个因素,得出四种组合,即市场渗透、市场开发、产品开发和多样化发展,具体如图4-4所示。

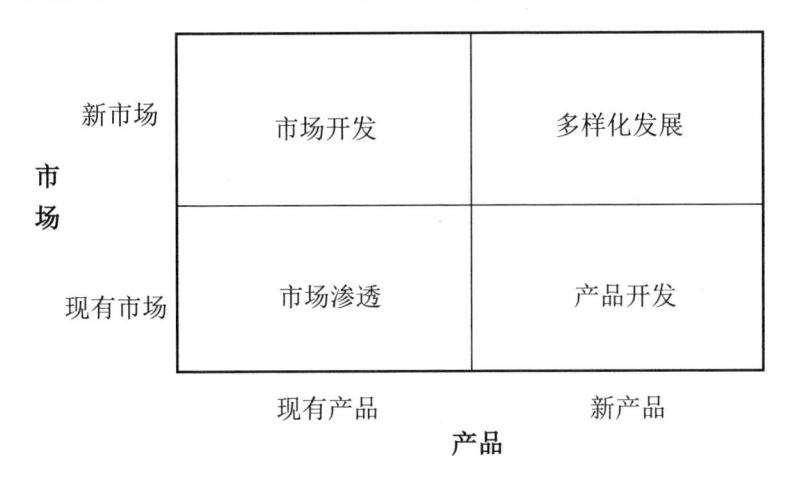

	现有产品	新产品
新市场	市场开发	多样化发展
现有市场	市场渗透	产品开发

图4-4 安索夫模型

其中,属于密集型发展机会的是市场渗透(在现有市场上通过减价、促销等拓展销售渠道,增加现有产品销售)、市场开发(为现有产品寻找新市场,以增加产品销售)、产品开发(向现有市场提供新产品,以提高市场份额)。

宝洁公司是一家美国公司，它的经营特点一是种类多，从香皂、牙刷、洗发精、护发素、洗涤剂到咖啡、橙汁、蛋糕粉，再到卫生巾、化妆纸、感冒药，横跨了清洁用品、食品、纸制品、药品等多种行业。二是许多产品大都是一种产品多个牌子。以洗衣粉为例，该公司推出的牌子就有汰渍、洗好、波特、世纪、欧喜朵等近十种品牌。在中国市场上，香皂用的是舒肤佳，牙膏用的是佳洁士，卫生巾用的是护舒宝，仅洗发精就有飘柔、潘婷、海飞丝三种品牌。要问世界上哪个公司的牌子最多，恐怕非宝洁公司莫属了。

保洁公司认为，不同的顾客希望从产品中获得不同利益的组合。有些人认为洗涤和漂洗能力最重要；有些人认为使织物柔软最重要；还有些人希望洗衣粉具有气味芬芳、碱性温和的特征。于是宝洁公司就采取了密集型发展战略，针对洗衣粉的九个细分市场，设计了九种不同的品牌。

2. 一体化发展

一体化发展是指企业利用与现有业务有直接联系的市场机会以获得发展，它包括后向一体化（收购或兼并若干供应商，以增加盈利或加强市场控制）、前向一体化（向销售系统发展，以控制渠道和扩大业务）、水平一体化（收购或兼并若干竞争对手，以提高自身的竞争地位）。

不同于淘宝和天猫的开放平台模式，京东采用的是价值链整合模式。价值链整合模式以产品流管理为战略核心，以现金流管理为系统支持，以信息流管理为资源的整合方法，形成纵向一体化的在线零售业态，具有业务闭环、平台开放和长期边际收益递增的特点。

京东通过自己建立仓储和物流配送系统，采取分布式库存管理，提前把各供应商库存汇集到各区域，订单产生后快速配送。在过去的十几年里，中国电商行业总体来说发展得还不太成熟，配套服务相对不完善，在这种情况下垂直一体化是保证成本、效率、体验的最佳方式。以物流服务为例，长期以来快递公司的物流配送速度难以保证，服务水准不尽如人意，成为阻碍电商发展的一大痛点。因此，京东坚持自建物流，通过一体化整合的模式来保证效率和用户体验。

3. 多元化发展

如果企业在现有业务范围以外的领域找到了发展机会，就可以采取多元化发展战略，它包括同心多元化（以现有技术和营销资源为中心，开发与之有协同关系的新业务）、水平多元化（采用新技术在现有市场上开发新业务）、跨行业多元化（开发与现有技术、产品或市场毫无关系的新业务）。

美团于2010年成立，2018年9月上市，是目前市值第三的中国互联网公司。创业十年，王兴带领美团从早期的团购业务到后期逐步扩展成一个包括互联网外卖、酒店、生鲜电商、共享单车与快驴进货等在内的本地生活服务生态，在多个细分领域位居国内第一。

2015年10月，美团与大众点评正式合并。合并两个月之后，王兴便将美团与大众点评原有的业务进行重新整合，设立到店餐饮事业群、到店综合事业群、外卖配送事业群、酒店旅游事业群、猫眼电影全资子公司与广告平台部等业务板块。

这次战略调整最核心的特征，就是按照到店餐饮、到店综合、外卖、酒旅与电影票五个垂直业务领域进行了明确的组织细分。之所以如此设计，是因为当时的美团点评除了在团购的到店餐饮领域具有领先优势，在到店综合、外卖、酒旅与电影票等领域都还面临着与对手的激烈竞争。比如，外卖领域有饿了么、百度外卖与淘点点；酒旅领域有携程与去哪儿网；电影票领域有微影与格瓦拉。

美团点评需要各个业务都能在各自战场集中精力，快速反应，打赢与竞争对手的天王山之战，所以王兴选择让各垂直业务相对独立，使它们在与竞争对手的决战中不受掣肘地各施其能。

多元化发展战略曾将国内外许多企业送进了世界 500 强，但是从 20 世纪 80 年代开始，多元化发展中的问题日渐突出，"坚持本业"的战略观念逐渐受到企业家的重视。无论企业选择哪种多元化发展战略，其前提条件都是市场吸引力足够大，且企业具备成功的各种业务力量。

综合来看，无论是现有业务，还是新业务，企业都要建立平衡的业务组合，即把增量业务和存量业务恰当地组合在一个体系里。

【管理思考】建立平衡的业务组合

华为高级管理顾问黄卫伟指出："华为的业务领域覆盖了运营商、企业和消费者三大广阔的市场，既具有很强的技术共享优势、规模经济及范围经济性，又形成了增量市场（运营商业务）和存量市场（企业业务和消费者业务）之间的互补。特别是近年来消费者业务和企业业务的快速增长，使华为有效地平衡了电信设备市场的周期性波动和整体投资下滑对企业增长和绩效的影响。"

从华为的业务组合来看，它是一种纵向的企业战略业务单元组合，与横向盲目扩展的多元化有着本质的区别，有效地避免了企业的经营风险。

4.3 明晰企业创新模式

任正非说："回顾华为的发展历程，我们体会到，没有创新，要在高科技行业中生存下去几乎是不可能的。在这个领域，没有喘息的机会，哪怕只落后一点点，就意味着逐渐死亡。"在知识经济时代，企业生存和发展的方式发生了根本性的变化，企业需要依靠不断创新来满足未来业务组合需求，以获得持续发展的机会。

4.3.1 企业创新的三种模式

一般来说，企业创新包括三种典型模式：一是产品、服务和市场创新，主要应用于聚焦客户和进入市场领域；二是业务模式创新，应用于重建和企业扩张；三是运营创新，用以改善核心职能领域的效能和效率。

1. 产品、服务和市场创新

产品创新是指创造某种新产品或对某一新的或老产品的功能进行创新；服务创新就是使潜在用户感受到不同于以前的崭新内容，是指新的设想、新的技术手段转变成新的或者改进的服务方式；市场创新是指通过产品创新、服务创新、价格创新等方式来开辟一个新的市场。

众所周知，瑞士曾数十年雄踞世界钟表业王座，无人能敌。1959 年，从第二次世界大战废墟中挣扎起来的日本精工舍企图向瑞士发起挑战，为此，它制定了一项"59A 计划"并向全球推出了石英钟表。精工舍通过不断改进产品，使石英表达到了小型化、薄型化、价格大众化的要求。因此，1980 年以后，精工石英表的销量在钟表行业中一直居世界首位，把钟表王国瑞士远远地抛在了后面。

把面向国际市场的新产品开发作为创新重点，是精工舍取得成功的重要原因之一。精工舍把目标定位在石英表的研制上，表明它不满足于仿制者、追随者的地位，而企图担当创新者、领导者的角色，企图创造新的市场机会。现代营销学之父菲利普·科特勒指出："创造出来的机会包含了在现存的广义市场进行竞争，或者建立起很快就要出现激烈竞争的新产品市场,这与'已经存在'的机会很不相同,后者的主要特点在于它能够避免竞争的冲击。"精工舍正是看到了这一点,才推出了比机械表走时更准确、寿命更长的石英表,从而在钟表业夺得了领先地位。

在加拿大有一家专门做运动服装的公司,叫Lululemon,2020年8月17日,它的市值大约是3300亿元,在全球服装行业中排名第二。很多人认为服装业是个很传统的行业,还能怎么创新呢?

Lululemon成立于2000年,其主要产品就是瑜伽服。Lululemon的创始人奇普·威尔逊一开始就想创办一家刺猬型的公司。在他看来,首先需要找到三件事情的交集:第一,对什么东西最有激情;第二,最擅长什么;第三,回报如何。这三件事情的交集就是威尔逊找到的业务领域,即女士的瑜伽服。

威尔逊通过亲身体验瑜伽课程,发现瑜伽服有一些特殊要求:衣服要有伸缩性,遮体又贴身;透气但不能透光;容易打理;吸汗性好。为了能够满足客户需求,Lululemon采用了很多技术来解决问题,甚至推出了科学家设计理念,消除了整个行业同类产品当中几乎没办法解决的痛点、麻烦。很多人表示穿上它的时候除了非常舒服,还很有技术感。

Lululemon的服装店对售货员的学历、长相、气质、身材等都有严格的要求。当消费者进店时,售货员所展现出来的个人魅力就会吸引消费者,让消费者感受到自己跟某个圈层、某些人群联系在一起。

Lululemon通过不断细化消费圈层,并满足客户的隐形需求,依靠单一爆款实现了快速成长。

产品、服务和市场创新的案例还有很多,比如,华为、大疆、特斯拉,这些都是典型的产品创新案例;星巴克、COSTCO、优衣库都是服务创新的典型案例;传音手机是典型的市场创新案例。

传音手机在国内鲜有人知，但是它在全球第二大手机市场——非洲，连续蝉联手机销量榜第一。

2006年，传音手机创始人竺兆江创立了传音控股公司，主做功能手机，主攻非洲市场。当时非洲手机市场占主流地位的是诺基亚手机，大家对传音手机并不热情。根据分析，传音发现，品牌手机大都不会在非洲市场投入很大的精力，以推出标准化、低价的低端手机产品为主。为此，传音的战略是聚焦消费者体验，创新本地化发展。

在功能方面，针对当地人的特殊需求，传音设计出诸如超长待机、优化深肤色拍照、本地化语言、双卡甚至四卡等；在价格方面，主打产品基本在100美元左右，最便宜的产品不超过10美元，主打机型大多售价在100美元左右；在服务方面，推出13个月保修并铺设大量维修点，让没有手机维修观念的非洲消费者养成了维修习惯，大大增强了用户黏性……传音不仅赢得了当地消费者的认可和欢迎，还全面带动了非洲通信产业发展。

2. 业务模式创新

业务模式创新是指企业对其以往的基本经营方法进行变革，包括改变盈利模式、改变企业模式和改变技术模式。

改变盈利模式要求企业重新定义用户需求，深刻理解用户购买产品或服务的根本目的，在此基础上确定新的用户价值定义，进行业务模式创新；改变企业模式就是改变一个企业在产业链中的位置和充当的角色。我们在第1章讲到，IBM从制造商到服务商转变的战略转型，即从出售个人电脑业务，到进入IT服务和咨询业，并同时扩展软件部门，这种战略思路就属于改变企业模式的业务模式创新；改变技术模式就是企业通过引进新的技术来主导自身的业务模式创新。作为国内快递企业的领头羊，顺丰采购并应用了首批AT200货运无人机，有效提升了顺丰物流的服务效率和品质，进一步夯实了顺丰在行业的领先优势。

在当前的市场环境中，任何存在盈利机会的地方，就一定会存在业务模式。通俗地讲，业务模式就是企业赚钱的方式。在任正非看来，华为终端的质量会大幅度提升，这棵桃子树上不能只结桃子这一种业务模式，一定要结出西瓜来。

在如何看待未来终端发展的问题上，任正非表示："未来可能是软件世界，你能抓一把在手上吗？所有人类的智慧显示在终端上（不仅指手机），因此终端未来的发展前景应该是方兴未艾的。我们并不完全知道，但有时人们会有一个阶段性的满足，可能又不断出现新的方法和台阶。终端是人类文明社会最需要的一个显示器，不会没有前途，只是目前我们投入还不够，还没有完全能把握人类社会发展的机会。

苹果公司很有钱，但是太保守了；我们没有钱，却装成有钱人疯狂投资。我们没钱，都敢干，苹果公司那么有钱，为什么不敢干呢？如果苹果公司继续领导人类社会往前走，我们可以跟着它走；如果苹果公司不敢投钱，就只能跟着我们，我们就会变得像苹果公司一样有钱。

相信有一天，我们一定会成功的，'桃子树上会结出西瓜'，虽然现在结的还只是'李子'。"

任正非的这个比喻是指从一种业务模式衍生出多种业务模式。华为原来只卖通信设备这一种产品，后来衍生出卖解决方案、手机、云服务等，不同的业务模式都为华为的利润增长做出了不少贡献。

华为 CloudCampus 云管理园区解决方案就是华为一个新的业务模式，它利用云管理技术实现了集中化和多租户的管理，使得一人监管多个网络成为现实。

另外，华为 CloudCampus 云管理园区平台还兼具大数据分析的功能，可以对商场的客流进行统计分析，从而指导商场的营销活动；可以对酒店入住客户的喜好进行分析，从而满足客户的个性化需求等。

在当前市场环境下，越来越多的企业倾向于用云的方式解决当前的难题。云服务可以使这些企业专注于主业务，提高企业的运作效率。云服务是一种创新的业务模式，它开辟了新的市场增加点，为更多企业带来丰厚的利润。

管理大师彼得·德鲁克强调："当今企业之间的竞争，不是产品之间的竞争，而是业务模式之间的竞争。"就像华为一样，企业不应局限于一种业务模式，在不同的市场环境中，要用创新的业务模式来实现企业的商业价值。

3. 运营创新

华为的 IPD 变革、供应链变革、集成财务变革等，都属于运营创新，通过理顺流程，简化工作程序，公司的运作效率不断得到提升。

华为从 1999 年开始开展集成供应链的变革管理工作。ISC（集成供应链）管理通过设计、规划和控制供应链中的物流、信息流和资金流，不仅可以降低供应链的运营成本，而且能够为客户提供更为满意的产品和服务。对于华为的 ISC 变革，任正非曾说："集成供应链解决了，公司的管理问题基本上就全部解决了。"

华为的 ISC 变革以 SCOR（Supply Chain Operations Reference，供应链运作参考模型）模型为基础，对流程和 IT 系统重新进行设计，使得供应链初步在流程上有了一定的基础。经过不断改进和推行，2003 年，华为基本完成了国内整个集成供应链的业务建设，整体交付能力得到了很大的提升。

在国内供应链变革项目取得成功后，为了保障海外项目的及时交付，2005 年，华为开始了全球供应链业务的建设工作。在整个全球供应链的项目里，难点有很多，包括全球需求计划管理、集成销售与运作计划以及全球订单管理和物流管理等。到了 2008 年，华为在全球基本已经形成了网络化的供应链。

华为的 ISC 变革，不仅有效提高了公司项目的交付能力，而且使得公司的业务发展得到了更好的支持。通过不断改进服务和交付管理，华为高质量和及时地交付服务已经发展成为公司赢得市场竞争的有效手段。

4.3.2　华为四大创新机制

通常我们使用研发人员数量和研发投入资金来衡量一个高科技企业的创新能力，但对于许多企业而言，投入与产出并不成正比。究其原因，关键就在于创新机制。

在华为轮值董事长胡厚崑看来，华为能够成为行业的领军企业，是因为它的四大创新机制为其提供了源源不断的核心竞争力。

（1）持续的、巨大的研发投入。华为在研发投入上非常"阔气"。2017年研发费用达 764 亿元，占销售收入的 14.6%。与之对应的是国内其他许多企业研发投入不足 1%。而华为之所以能够取得今天的成就，离不开它在研发上的这种高投入。华为轮值董事长胡厚崑认为："研发不是短跑，而是马拉松，身在跑道就必须一直跑下去。"

（2）全球化的研发策略。在任正非看来，研发要"一杯咖啡吸引宇宙的能量"，与全世界的科学家交流。华为在全球建立了多个研发中心，这些独立研发中心，为全球科学家、专家提供了一个良好的科研平台，目的是实现技术领域的突破。

（3）全球化的合作。华为在创新上一直坚持开放与合作。华为与世界各地的客户、合作伙伴成立了联合创新中心，目的就是通过整合全球资源来赢得市场。

（4）尊重和保护知识产权。胡厚崑表示："科技创新者只有对创新成果拥有知识产权并获得合理回报，他们创新的积极性才能得到保护，创新的动力才可持续。保护知识产权是维护市场秩序、促进企业深度投资的必要手段。"一方面,华为通过支付专利许可费用来获得知识产权;另一方面,华为积极保护自己的知识产权,以维护自己的合法权益。

华为利用这四大创新机制提升了其核心竞争力,促进了公司的不断发展与壮大。同时,华为在其创新实践中还遵循了一定的原则。

【管理思考】华为的创新原则
第一,鼓励创新,但反对盲目创新。
第二,技术突破和商业市场是驱动创新的两个轮子。
第三,在继承的基础上进行创新。
第四,"一杯咖啡吸收宇宙能量",强调开放与合作。
第五,能够宽容失败,勇于冒险,允许风险。
第六,保护核心技术知识产权。

企业要想实现永续经营,就必须构建和提高自身的核心竞争力,而核心竞争力的构建来自持续创新。

4.4 创新驱动持续成长

任正非说:"华为跟着人跑的'机会主义'高速度,会逐步慢下来,创立引导理论的责任已经到来。我们公司如果不能扛起重大的社会责任,坚持创新,迟早会被颠覆。"为此,华为在获得一定成功后仍然投入大量的资源不断地进行创新,以保持其领先地位。

4.4.1 持续创新，保持领先

管理大师彼得·德鲁克说："创新是企业家的标志。创新不仅可以令企业取得成功，也可以推动社会经济发展。"创立初期的华为，为了追赶世界电信巨头，赢得市场竞争的胜利，在研发创新上投入了巨多的时间和精力。任正非的经营理念是："华为知道自己的实力不足，不能全方位地追赶，而应紧紧围绕核心网络技术的进步，投注全部力量……要紧紧抓住核心网络中软件与硬件的关键中的关键，形成自己的核心技术。"在这种理念领导下的华为，始终在技术领域保持着领先。

1993年，任正非的美国之行让他更加确定了先进技术对于企业的重要性。因此，华为集中所有的资源进行程控交换机技术的研发。为了表明对于这次研发的态度，任正非许下了研发不成功就跳楼的誓言。在任正非的激励下，全体员工众志成城地在研发战场中拼搏。在倾尽一切资源、集中所有力量的战斗中，华为最终成功地研发出了C&C08程控交换机。这款产品的问世，使得华为成功地超越了国内的竞争对手，拉近了与国外竞争对手的距离，也让华为人意识到只有先进的技术才能让企业走得更远。

接下来，华为进行了光传输设备的研发。华为将程控交换机赚取的利润全部投入光传输设备的研发中，当产品推向市场并获得认可后，又将在光传输设备上赚取的利润投入数据通信和无线产品的研发中。华为在多年的发展过程中，一直坚持投入大量资源进行各项技术的研发。

为了在技术上保持领先，华为坚持加大研发投入力度。当然，华为所处行业的性质也决定了它必须加大研发投入力度，毕竟信息产业的风险无处不在，企业的兴起与衰落几乎是顷刻之间的事情。任正非意识到这一点，认为华为要想在激烈的市场中站稳脚跟，就要持续不断地投入，保持一定的规模。只有持续加大投资力度，华为才能缩短与世界先进企业的差距。

为此，华为每年都会拿出上年销售额的 10% 作为研发经费（2020 年达到 1418.93 亿元，占华为全年销售收入的 15.9%，超过百度、阿里、腾讯、京东这四家企业 2020 年研发投入的总和），追求在一定利润上的成长最大化。如今，在华为的人才梯队中，研发人员所占的比重一直保持在 40% 左右，研发部门成为华为最大的部门之一，而且对研发部门的投入，也成为华为最大的一项投资。对于研发的执着投入，使得华为取得了不错的成绩。

华为通过产品线的创新、技术领域的突破，不断满足客户需求，从而获得了成功。企业如果不能像华为一样，持续创新，很可能就会在市场上逐渐消亡。历史上有许多企业就败在满足于当前技术，而没有进行创新。

亨利·福特对机械的兴趣让他成功研制出了汽车，由于缺乏管理经验，福特在经营方面总是失败。1903 年，福特与别人合作成立了汽车公司，从此将汽车带入了人类生活。

福特公司陆续生产了多款车型，如 A 型、R 型等性能稳定的车型，每款新的车型都受到了用户的一致好评。后来，福特公司专门针对美国农村市场，设计了一款 T 型车，该款车型简单、耐用、低价，一经面世就迅速在市场中成为爆品。

福特持续推动创新，为公司带来了巨大的利润。然而，到了 20 世纪 20 年代，市场需求已经越来越多元化了，T 型车不仅不能满足市场的个性化需求，而且还不环保。而老福特依旧坚持他的 T 型车，甚至劈毁了儿子推出的豪华型轿车。最终，在石油危机中，福特汽车濒临破产。

在这场危机中，福特汽车创始人亨利·福特感慨道："不创新，就灭亡。"

在激烈的市场竞争环境中，创新是影响企业生存的关键因素，它为企业发展提供前进的动力。企业只有通过不断创新，才能在市场竞争中保持主动，立于不败之地。

4.4.2 从有限宽度到全面创新

华为在全球范围内搜索符合自己商业价值的目标，并且使其成为公司的研发任务。过去，任正非一直强调创新是有边界的。

"产品创新一定要围绕商业需要。对于产品的创新是有约束的，不准胡乱创新。贝尔实验室为什么最后垮了？电子显微镜是贝尔实验室发明的，但它的本职是做通信的，它为了满足科学家的个人愿望就发明了电子显微镜。发明后成果丢到外面划不来，就成立了电子显微镜的组织作为商业的承载。所以无边界的技术创新有可能误导公司战略。"

因此，华为在创新上坚持只做自己有优势的部分，别的部分更多是与其他企业进行合作的，也就是在有限的宽度内创新。技术研发需要大量的投入，在别人成就的基础上进行创新比从零开始要划算得多。正如任正非所说的："如果别人合理收取我们一点知识产权费，其实相对更便宜，狭隘的自主创新才是贵的。"

前几年，美国经济泡沫破灭后，不少公司难以维持经营，纷纷破产。有些公司在某一领域掌握着世界上最先进的技术，认为破产后将这些技术放弃太可惜了，因此，这些公司将技术拿出来拍卖，希望有实力的公司能够买下来，继续进行研究。华为公司抓住了这次机会，通过拍卖会购买了高端 DWDM（密集型光波复用）技术，而购买此项技术的花费其实只占了原始研发资金的 1%。华为的这种做法极大地节约了研发成本，也使自己在这项技术上达到了世界领先水平。

华为通过购买先进的技术，既节约了研发资金，也获得了自己在短时间内无法研发出的重要技术资源。

随着公司的发展、市场环境的变化及基于个人的忧患意识，任正非改变了其"创新应有边界"的观点，不再谈创新要围绕商业需要，而是鼓励大家主动开拓，不要担心失败。他说：

"华为现在的水平尚停留在工程学、物理算法等工程科学的创新层面，尚未真正进入基础理论研究。随着逐步逼近香农定理、摩尔定律的极限，而对大流量、低时延的理论还未创造出来，华为已感到前途茫茫、找不到方向。华为已前进在迷航中。重大创新是无人区的生存法则，没有理论突破，没有技术突破，没有大量的技术积累，是不可能产生爆发性创新的。

过去华为公司都是跟随别人的，我们节省了很多开路费；走到今天，我们必须自己来开路了。开路，就难免会走错路。以后我们不能随便使用'失败'这个名词，而要使用'探索'这个名词，因为'成也英雄，败也英雄'。在任何不走错路的关闭项目中，去分析项目的成功经验或失败原因，即使告诉我们此路不通，也是一种探索。"

华为的创新是从有边界到无边界，从强调结果到允许失败的。也就是说华为从创新 1.0 走向了创新 2.0。

创新 2.0 的核心思想理念是"开放式创新，包容式发展"。开放式创新就是共享能力，利用全球的资源，包括大学的资源和华为的资源，聚集科学家和其他伙伴共同来研究。包容式发展就是分享成果，即创新的成果或研究的成果是为全人类、全社会所共享的。

华为还专门成立了战略研究院，专门负责规划公司未来 5～10 年的技术研究。也就是说，华为从原来关注客户需求的工程技术和解决方案的创新，到更多地关注基础理论的研究和基础技术的发明。基础理论的研究和技术的发明，核心是与大学合作。华为通过与大学分享一些世界级的难题和行业、公司面临的挑战，并资助给大学一些研究经费，与大学联合进行长期的研究。

具体来说，华为与大学合作的模式主要有三种：一是通过人才基金，帮助大学引进某个领域里在全球范围内拔尖的专家；二是针对未来一些关键技术领域，为大学提供研究资金；三是开展项目合作，华为和大学教授双方对感兴趣的创新技术共同进行研究，事前明确知识产权的权益分配。

华为战略研究院院长徐文伟也指出，华为强调的开放式创新，一定是做一个全球化的标准，而不仅仅是中国标准。

4.4.3 与客户共建联合创新中心

华为在创新的过程中，不仅充分发挥了公司内部的智慧，还与客户展开了多方面的交流与合作，如共建联合创新中心，以链接多方的智慧，共同推动行业向前发展。

2006年10月，华为与沃达丰集团在西班牙成立了第一个联合创新中心——移动联合创新中心MIC。华为与客户建立联合创新中心的目的在于，通过强强联手，充分发挥各自的优势，探索出新的商业模式，并且进行技术创新，从而使用户享受到更优质的产品和服务，同时也给公司和合作伙伴创造更多的商业价值。

经过十多年的发展，华为和全球合作伙伴，包括中国、欧洲等多个国家和地区的电信运营商，共同建立了36个联合创新中心。在大家的共同努力下，华为与这些合作伙伴已经成功合作了100多个重要创新项目。

华为作为一家通信设备制造商，在固定网络、IP、移动网络领域都处于领先地位。目前，通信行业的趋势是向"终端"和"云"延伸，在此延伸领域中，华为具有更加明显的创新优势。最初，华为的联合创新中心主要承担无线接入侧的技术研究。随着联合创新中心数量的增多、技术的不断发展，联合创新中心的技术研究领域已经扩展到能源、业务支撑系统、网络通信技术等多个领域，而且每个联合创新中心都有自己的专业研究领域。

为了使联合创新中心能够有好的产出结果，华为和各个合作伙伴都对其投入了许多优秀的专家人才。不同领域的专家通过思想上的交流和碰撞，激发出创新潜能，不断提出新的创意和思路，最终形成一套完整的创新型解决方案。将这套新的解决方案在创新中心进行快速实践后，及时地投放市场，以满足用户的需求，并以此推动行业技术的发展。

从推出至今，华为联合创新中心有许多非常有价值的创新成果已经在实践中得到了应用，如融合计费平台、IP微波、SingleRAN等，这些创新成果的应用，不仅使各大运营商节省了大量的成本，同时也为用户提供了更好、更优质的通信服务。

实践证明，联合创新是通信行业的最佳合作方式之一，联合创新中心已经成为持续提升华为与合作伙伴技术实力的重要载体，通过联合创新的方式，可以实现华为与合作伙伴的互利共赢。

2016年，华为与南非邮电部成立联合创新中心，这是华为在非洲的第一家信息通信技术创新体验中心。该创新中心将面向用户提供ICT产品和解决方案，同时它也是华为推动非洲信息通信技术产业发展的重要平台。

华为东南非地区部总裁李鹏表示："创新体验中心的成立是华为加大对非洲区域投资的又一重要体现。中心将帮助政府、企业客户和合作伙伴更清晰、更直观地了解华为发展非洲数字经济的最新产品和技术方案，华为将基于此平台与非洲政府、科研机构、高校、运营商、企业等一起面向未来进行创新。华为长期投资ICT创新，厚积薄发，在过去的十年内，研发

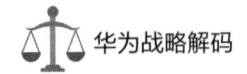

投入总计超过370亿美元。我们很高兴将这些成果通过创新体验中心引进非洲，帮助非洲消除数字鸿沟。"

南非邮电部部长Siyabonga Cwele博士表示："非常感谢华为为南非的ICT发展做出的重要贡献，我们很高兴和华为加强合作，以实现南非数字化转型。今天ICT合作协议的签署是南非邮电部与华为合作，更好地消除南非数字鸿沟的新起点。"

与客户、政府部门等共同建立联合创新中心，不仅是实现双方商业价值的重要方式，同时它也在华为成功进入海外市场，赢得海外客户的信任和认可的过程中扮演着重要的角色。因此，国内互联网企业在拓展海外市场的过程中，可以学习华为这种建立联合创新中心的方式。当然，在学习的过程中，也要结合企业自身的实际情况和市场状况进行综合考虑。

第 5 章
业务设计：明确企业实现战略目标的方式

战略制定的落脚点是业务设计，即企业实现战略目标的方式。业务设计包含六个战略要素：客户选择、价值主张、价值获取、业务范围、战略控制与风险管理，其中，重要的方法就是价值设计和价值驱动。

5.1 确定目标客户

客户市场很大，企业不可能满足每个客户的需求。因此，企业需要确定选择客户的标准和优先级，以及在该细分市场下，客户的特定需求是什么，在此基础上有针对性地进行产品设计和定位。

5.1.1 明确选择客户的标准及优先级

有效的客户选择建立在目标市场选择的基础上，而在此之前还需要进行市场细分。市场细分是根据市场需求的差异，将市场划分为若干购买者群体。进行市场细分是为了选择有吸引力的目标市场。

> 【管理研究】细分市场的特点
>
> 为了保证市场细分的有效性，细分市场必须具备如下特点：
> （1）可行动性。企业能够为细分市场设计出有效的营销计划。
> （2）可进入性。企业能够进入该细分市场并为之服务。
> （3）可衡量性。细分市场的规模、购买力等是明确且可衡量的。
> （4）可接受性。企业为细分市场制定的业务组合可以获得足够的利润。

市场细分之后是目标市场选择，即通过评价各细分市场，找出企业要服务的细分市场。在评价各细分市场时，企业需要考虑以下三个因素：市场容量和发展潜力、市场吸引力、与企业目标和资源能力的匹配度。通过对各细分市场的综合评价，企业可以确定其目标市场。

客户选择是基于目标市场中不同消费者群体的价值差异，只选择高价值的客户，为企业创造更高的绩效。对此，华为消费者业务总裁余承东表示:"消费者其实是千人千面的,再大众的情人也不能俘获所有人的芳心,因此华为该做的是找到我们的核心消费群体,尽最大可能满足他们的需求。"

宝洁公司通常在推出新产品前,都会准确定位目标客户群体,并且将客户群分为几类。宝洁首先关注的就是最核心的客户群,因为在它看来,这是要全力赢得的。宝洁还分类出策略性目标人群,这个人群目前游走在外,可能有机会赢得他们。宝洁依靠这样的目标客户分析思路,在最短的时间内,找出对自己有用的客户,匹配相应的销售策略。

事实证明,这一招成果显著。宝洁曾推出一款新的美白产品,将产品定位为中档价位,认为最核心目标客户群为年龄在20~28岁,月收入在3000~5000元的人。那些更年轻的女性则被作为策略性目标人群,这个群体的消费水平虽然目前还不足以消费此款美白产品,但这个群体对此关注度高,可能不久的将来就会成为下一个核心目标群体。定位目标客户群体,并进行分类后,宝洁对核心客户群的消费习惯和偏好进行了了解,通过针对性的营销宣传,对策略性的目标群体进行"投资",促进了产品的销售。

由此可见核心客户群体对营销的重要性。华为把客户分成四类:S类客户、A类客户、B类客户和C类客户。S类客户是战略客户,A类客户是伙伴型客户,这两类是公司的重点客户,也是华为资源投入的重点方向。在事业发展初期,华为的目标客户选择的就是乡镇的邮电局,避开大城市国际通信设备巨头的锋芒;在华为走向国际市场时,它的目标客户已经从农村乡镇邮电局、国内电信运营商转变为国际先进的电信运营商。

根据价值规模确定投资规模,是华为的一贯作风。任正非曾强调:"优质资源要向优质客户倾斜,客户能给我们提供多少空间,我们就在客户那儿投入多少资源,然后提高客户满意度。"

2015年，华为消费者BG宣布："华为在西欧的新增订货总金额已超过20亿美元，华为消费者业务在西欧取得快速发展，预计销售收入同比增长将超过45%。"

统计数据显示，2015年，华为的智能手机在意大利占有10%的市场份额，在西班牙则占有13.8%的市场份额，华为已经成为西欧五大国的第二大安卓手机品牌。华为在西欧不仅销量得到了很大的提升，而且品牌知名度也增长了不少。相关调研机构的数据显示，2015年，华为终端在西欧的品牌知名度为64%，同比增长超过30%。

华为消费者业务CEO余承东表示："西欧业务的快速增长激励我们继续在全球推行主攻中高端手机这一业务战略。西欧是华为最重要的市场之一，随着华为在西欧品牌知名度和美誉度的不断上升，华为开始成长为一个真正为消费者喜爱的全球品牌。"

西欧作为华为认定的优质市场，华为会继续集中资源主攻西欧市场，凭借其在电信及智能终端软硬件方面的经验与知识积累持续扩大在西欧的市场份额以及中高端产品占比，以此来打造华为的品牌知名度和美誉度，争取得到西欧所有市场的认可与赞扬。

尽管华为坚持优先选择高价值的客户和市场，但是华为在市场布局上仍然坚持"任何国家和地区都是主战场，不能放弃"。

对此，任正非解释道："如果能放弃第一个小国，我们就会放弃第二个小国，又可以放弃第三个小国……这样就会把全世界的小国都放弃掉，我们的'防线'也会不断往后退，退到哪里呢？退到中国。紧接着在中国，我们可以退掉西藏、云南、贵州，再退掉新疆、青海……最后可能就只剩北京、上海了。北京、上海最赚钱，但当我们的'阵地'只剩下北京和上海，我们还能守得住吗？守不住的，因为别人一围，我们就死掉了。所以为了活下去，每个'阵地'对公司来说都很重要，都具有战略意义。"

基于"每个区域都很重要"的前提，华为又主张要对客户有所选择，并不是有需求就是华为的客户，只有付款买需要的东西，又能让华为赚到钱的，才算华为的客户。每一个客户都是需要消耗资源的，如果为了服务几个低价值客户，而把优质客户的价格都拉下来了，是不值得的。

因此，华为在选择客户时，坚持"聚焦"，在分布广泛、大大小小的"阵地"上，聚焦在少量有价值的客户上，聚焦在少量有竞争力的产品上。

5.1.2 找准细分市场客户的特定需求

为了获得优质客户的认可，企业需要满足客户的特定需求。因此，我们应该有灵敏的市场嗅觉，即要对客户的需求有敏锐的洞察力，通过满足客户的特定需求，提高客户对企业的满意度，提升企业产品的市场竞争力。

那么，这种市场洞察力来源于哪里？任正非说："坚持与客户进行交流，听一听客户的心声，我们就能了解客户的好多想法。我们今天之所以有进步，就是客户教我们的。不断地与客户进行沟通，就是让客户不断帮助我们进步。如果嘴上讲365天都想着产品、想着市场，实际上市场人员连客户的名字和电话号码都记不住，还有什么用？"

V运营商是B国三大运营商之一，是华为的重要客户之一。代表处负责人在一次与本地员工喝咖啡时，了解到B国南部一个小镇，有一个最重要的节"Gramado电影节"。小镇人口仅3万人，每年8月14日到8月19日举办南美洲最有名的电影节，届时旅游人数将大增，这也是V运营商在商用GSM网络后的第一个电影节。这位代表处负责人意识到这是一个潜在的客户需求，项目组人员制订了一份详细的"计划书"。当代表处负责人把这份电影节网络保障计划和建议书放在客户总监桌子上时，客户总监十分惊讶，他当时还看到了原有CDMA网络在电影节期间的通话量数据，客户总监说，他看到了一份"商机"。华为建议召开一个小型的媒体宣传会，很快被客户采纳了。电影节后，V运营商的用户数在南部几大城市超越了其他老牌运营商。

如果这位负责人只是坐在办公室里打打电话，可能永远也不会有这样的机会。就像著名营销大师杰克·特劳特说的那样，销售说到底是一场感知需求的战争。坐在办公室里无论怎样讨论、分析，都不可能感知到客户的真正需求。因此，只有多与客户沟通，拉近与客户的距离，才能更清楚地了解客户真正的需求点。

企业在进行业务设计时，应该站在客户的角度，换位思考，分析客户在他特定的经营环境里真正需要的是什么。用这样的思考方式，不仅可以了解客户的真实需求，而且还能锻炼员工自身的思维能力和解决问题的能力，在追求客户利益最大化的同时，也会给企业带来意想不到的价值。

5.2 传递价值主张

基于对客户及其需求的洞察，企业可以确定自身的价值主张。价值主张是客户可以感知到的独特的价值，企业通过各类品牌宣传推广、商业论坛等活动，持续不断地将价值主张传递给客户。

5.2.1 一切以客户需求为导向

管理大师彼得·德鲁克说过："一个人花钱购买一双鞋子，不是为了支付制鞋商所期望获得的利润，而是为了得到一双漂亮大方又舒适的鞋子。"也就是说，客户的价值来源于他的需求，只要能够积极响应并满足客户的需求就能创造价值。

【任正非观点】坚持以客户需求为导向

我们强调，要坚持以客户需求为导向。这个客户需求导向，是指理性的、没有歧变、没有压力的导向，代表着市场的真理。有压力的、有歧变的、有政策行为导致的需求，就不是真正的需求。我们一定要区分真正的需求和机会主义的需求。一棵小草，如果上面压着一块石头，它会怎么长？只能斜着长。但是把石头搬走，它肯定会直着长。如果因为石头压着两年，我们就做两年的需求计划，两年后，小草长直了，我们的需求计划也要改变。因此，我们要永远抱着理性的客户需求导向不动摇，不排除在不同时间内采用不同的策略。

在产品技术创新上，任正非认为要保持技术领先，但只能领先对手半步，领先三步就会成为"先烈"。因而，华为的产品研发都是基于客户需求分析，制定出相应的解决方案，在其引导下得以开发出低成本、高增值的产品的。

1998年，华为在中国联通CDMA项目招标中落选了。导致华为这次招标出局最根本的原因就是华为过于追求技术领先，而忽略了客户需求。据华为公司无线品牌管理部品牌经理李斌回忆，"当时CDMA产品包括两个版本，一个是窄带IS95版，与GSM是同类型的；另一个是2000版，属于3G产品类型。任正非认为，尽管IS95版较2000版在性能上会稳定一些，但它终究只会是一款过渡产品，市场的最终需求还是2000版。因此，在追求技术领先的战略驱动下，华为没有进行IS95版的研发，而是投入全部精力来研发2000版"。由于当时2000版的芯片刚研究出来，性能尚不稳定，结合其他因素，联通最终决定CDMA网络一期采用IS95版，而不是华为认为的技术较先进的2000版。

事后，任正非在反思中发现，失败的根本原因就是产品开发没有考虑

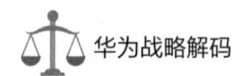

客户需求。管理大师彼得·德鲁克说过:"企业的创新必须永远以市场为焦点。如果只是把焦点放在产品上,虽然能创造出'技术的奇迹',但只会得到一个令人失望的报酬。"

【任正非观点】客户需要什么,我们就做什么

我们公司以前也是盲目创新的公司,也是非常崇拜技术的公司,我们从来不管客户需求,研究出好东西就反复给客户介绍,客户说的话根本听不进去,所以曾在中国市场上被赶出局。后来,我们认识到自己错了,及时调整追赶,现在已经追赶上了。过去一味像崇拜宗教一样崇拜技术,导致了很多公司全面破产。那么,技术在哪一个阶段是最有效、最有作用的呢?我们就是要去看清客户的需求,客户需要什么,我们就做什么。卖得出去的东西,或略微抢先一点市场的产品,才是客户真正需求的。超前太多的技术,当然也是人类的瑰宝,但必须牺牲自己来完成。

产品要想满足客户的需求,产品的创新就要既不滞后,又不超出客户的需求范围。如果超出客户能够接受的范围,即便技术再领先,也无法占领市场,还会造成企业人力、财力的浪费。引领世界潮流的,不一定能笑到最后,笑到最后的一定是那些以客户需求为导向的企业。

华为在创立的早期还没有能力把产品质量做到完美,在激烈的竞争压力之下,华为为了能够抢占一定的市场,不得不加快速度在短时间内就推出产品,并且为了能够尽快打开市场,选取了低价换取高性价比的方式,以较为低廉的价格进入市场。及时的服务与实惠的价格曾经让华为迅速发展壮大,但是仍以低价追求性价比这个理念不再适用于高速发展的华为,华为逐渐向国际化大企业转身的同时,战略上也调整为优质优价,即用产品的高品质获得合理的价格,稳固华为的市场地位。

任正非认为企业的价值主张应该由客户的价值主张决定,他曾说:"客户的价值主张归根结底就是要质量好、服务好、价格低、速度快,这是客户朴素的价值观。它决定了华为的价值观。"华为逐渐迈向更大舞台的同时,将资源和力量集中投到优质客户身上,这些客户对产品的要求越来越高,意味着华为对产品和服务的要求也越来越高,于是华为调整了作战计划,将价值主张由性价比转向优质优价。

5.2.2 提供可感知的独特价值

在市场营销学中有一个著名的"痛点营销"理论,"痛点"指的就是个体原有期望没得到满足而造成心理落差,比如,个体所期待的产品或服务与现实中得到的产品和服务之间产生差距,导致个体的心智模式中形成负面情绪,这种情绪不断发酵,让个体感觉到痛。这种心理落差就是个体的痛点。

任正非针对"痛点营销"曾做出这样的解读:"我们要搞清楚客户的痛点在哪里,我们怎么帮助客户解决他的痛点。只有抓住客户的痛点进行表达,才能打动客户,让客户认可我们。我们要让客户认识到华为才是他真正的盟友。"要想获得客户信任,就要发掘客户痛点在哪里,然后针对痛点进行研究和分析,向客户提供可感知的独特价值,最终赢得市场。

汉庭酒店的创始人认为酒店行业客户的需求包括价格、安静和卫生度、床铺质量、室内装修、房间大小、服务质量、大堂空间、休闲娱乐等项目,这些项目五星级酒店都是最好的。那么作为普通酒店的汉庭,应该如何确定自己的价值主张呢?

通过对客户的洞察,他发现客户最关注的是床铺质量、安静和卫生度这三项。所以,汉庭酒店的卫生状况是按照比五星级酒店还高的要求来设计的,床铺质量和安静程度略低于五星级酒店,在服务质量和建筑美观上比普通的酒店要高,在大堂空间、休闲娱乐方面没有投入很高的成本。通过这样的设计,汉庭酒店传递的价值主张就真正体现了其独特性,也使它成为这些年扩张最好的商旅型、经济型酒店品牌。

显而易见，企业产品和服务的独特价值是客户感知到的，而非企业自己感知到的。因此，企业在确定价值主张时，要让一线业务人员参与进来，将企业内部的声音与来自客户的声音进行有效结合。要融合识别到的战略机会、企业核心价值观及客户期望的核心价值，建立起差异化的价值主张，使得企业的产品和服务有别于竞争对手。

让客户感受到企业提供的产品和服务的独特性，就应该在客户感知和给客户直观感受上做文章。比如，很多企业将自己的产品分为不同的品牌，这些品牌各有特点，分别针对不同的客户群。

欧莱雅是一家知名化妆品公司，在各大品牌纷纷推出新产品之际，为了体现出自己产品的差异性，欧莱雅制定出多品牌的销售策略。欧莱雅将旗下的产品分为三个层级，兰蔻等品牌是高消费产品，体现的是高贵和时尚，销售渠道主要是一些大型百货商场和香水店；欧莱雅品牌是中端消费产品，体现的是专业和时尚，最开始主要通过设计精美的专柜和专业美容顾问向客户展示；美宝莲等则是低端消费产品，为大众品牌，体现的是奔放、时尚等个性特点。

在宣传上，欧莱雅也将不同消费层级的品牌独立宣传，而不是随着欧莱雅这个企业品牌一起宣传。这样一来，欧莱雅的产品就有了不同的受众，也能根据不同客户群的消费能力、喜好突出产品特点。

华为终端产品也采用了类似的战略，针对不同的客户群体，划分出好几个品牌。通过明确产品定位，采用不同的渠道销售，华为手机在短短几年内就跻身世界前列。

明确产品的定位固然很重要，但如果产品功能不够好，无法满足客户的基本需求，那么即便产品定位再准确，也无法打动客户，使其愿意购买产品。因此，在准确定位产品的基础上，还得在功能或服务上比对手做得更出色。

【管理思考】客户购买的关注点

华为曾经总结了客户购买产品主要关注的五个方面：产品质量好，运行可靠稳定；产品功能全面，价格要有竞争力；技术先进，全面满足需求；能够帮助公司实现可持续发展；售后服务及时。

华为紧紧围绕着客户关注的五个方面，努力使产品尽可能地满足客户这五项要求。实际上，许多时候可能比竞争对手多满足客户一两个方面，便足以让客户选择华为的产品。但华为知道，市场的竞争是不能停下脚步的，不能仅仅满足于领先对手一点点，而要全面领先对手。

在任正非看来，吃透客户需求，超出客户期望就要在产品和服务上都做到领先业界，并且这种领先是符合客户当下需求的。只有这样，才能体现产品和服务的价值，收获更多客户的信任和认可。

【任正非观点】华为的标准就是产品的标准

如果我们将产品质量提升到别人达不到的高度，将来华为的标准，就是产品的标准。越南遭遇史上最强台风，其他公司的铁塔都倒了，就华为的铁塔还在。这就是我们的优势，这就是我们的核心竞争力。

近年来，全球数字化浪潮涌动，华为敏锐地发现了客户需求的变化，客户越来越关注解决方案能带来多少价值，能否真正解决问题。对此，华为服务将自身定位为运营商商业问题的解决方案提供商。华为全球服务市场与解决方案销售部总裁盛凯在接受媒体采访时表示："华为的成功缘于客户的成功。华为服务的定位非常清晰，就是帮助我们的客户解决问题，助力客户实现数字化转型。"

5.2.3 帮助客户实现增值和收益

企业在为客户提供产品和服务的过程中，要为客户持续创造价值，帮助客户在激烈的市场竞争中获得胜利。只有客户实现了商业价值，才能更好地证明企业提供的产品和服务是优质的，从而吸引更多的客户。

华为便是这样一家企业，它意识到客户的胜利便是企业的胜利，因此华为坚持以客户利益为先，尽最大的可能帮助客户实现商业成功。

2006年，波兰电信市场出现了一家新的运营商——P4，它希望用3G来打开市场，这与华为想要在欧美拓展3G业务的战略是一致的。因此两家公司进行了接洽。然而，这家新运营商却因为"家境贫寒"而难以进行融资。刚好，这时国家开发银行与华为签订了战略合作协议，为P4融资提供了一个好机会。

由于P4的融资需求太大，华为对该项目的风险进行了全面的评估，最终决定开展此次合作。2006年10月，华为、国家开发银行、P4三方签署了首期商务合同以及融资协议，开始快速布网。2007年3月，P4网络投入商用，用时不到一年，便在波兰电信市场占有超过3%的市场份额。这次融资不仅让P4顺利打开了波兰电信市场，更使得华为实现了在欧洲3G市场"零"的突破。

接着P4提出了更具雄心的计划——要做市场第一，这也意味着新的巨额融资需求。经过多轮反复谈判和沟通，三方再次签订了新的融资协议。

2013年底，P4在波兰电信市场占有超过15%的市场份额，并于2014年初还清了国家开发银行的全部贷款。

在与华为、国家开发银行的融资合作下，如今，P4已是波兰第二大移动运营商，与市场第一的差距越来越小。而通过与P4合作，华为进入了欧洲3G市场，并且表现也越来越好。这也说明了，企业的成功与客户的成功是密不可分的，成就客户，就是成就自己。

帮助客户获得成功，就要做到帮助客户实现利益最大化，而且是长期利益最大化。只有这样，企业才能在不断变化的市场环境中找准发展的方向，为客户提供满意的产品和服务。

1998年，华为主动提出要与泰国的AIS公司合作。当时这家公司还只是一个小移动运营商，但是华为认为这家公司有很大的发展潜力，通过双方的努力一定能将这家公司做大、做强。

AIS公司与华为达成了合作协议。此后，华为向该公司提供了高质量的预付费网络产品和快速响应的服务，并在不到60天的时间内完成了设备的安装和测试工作。

不仅如此，华为还专门为AIS公司开发了80项业务拓展所需的服务，先后8次对设备进行建设、扩容。华为提供的优质产品和服务，帮助AIS公司击败了此前最大的竞争对手，一举成为泰国当时最大的移动网络运营商。多年过去了，此公司依然是泰国三大移动运营商之一。与此同时，华为也获得了商业上的成功，如今仍然是AIS公司最大的战略合作伙伴。

这个案例告诉我们，帮助客户实现利益最大化，不仅能够获得客户的认可与信任，而且将会与客户形成长期的良好合作关系。企业通过与客户保持良好的关系，为企业赢得更多的利润，实现企业的成功。

5.3 明确价值获取方式

业务设计的第三个战略要素就是明确价值获取方式。过去，企业可以直接从产品销售中获取大量利润，但是如今市场环境已经发生了巨大的变化，企业获得利润的途径还有很多其他方式。因此。对企业而言，清晰地了解自己的盈利模式非常重要。

5.3.1 明确企业的盈利模式

盈利模式是指企业到底通过什么样的方式去赚钱，如有的企业通过规模销售产品来获取利润。时任美世人力资源咨询公司的全球副总裁亚德里安·斯莱沃斯基总结出企业获取利润的36种模式，分为产品模式、客户模式、价值链模式、渠道模式、组织模式、资源模式、知识模式和巨型模式八大类别。

1. 产品模式

与产品有关的盈利模式包括从产品到品牌模式、卖座大片模式、利润乘数模式、产品金字塔模式、客户解决方案模式、速度创新模式和售后利润模式。产品模式的分类如表5-1所示。

表5-1 产品模式的分类

序号	类型	具体含义	举例
1	从产品到品牌模式	将产品在质量、服务等方面的优势转化为品牌优势，从而树立企业自己的品牌，获得更多利润	海尔品牌化发展战略
2	卖座大片模式	选择少数几个有竞争力的产品，扩大其销售规模，使企业在细分市场取得领先地位	通用电气削减不赚钱产品线
3	利润乘数模式	从某一产品、商标到服务，重复地收获利润	迪士尼公司米老鼠形象
4	产品金字塔模式	建立一个多层次的产品体系，满足不同收入层次的客户的需求	华为终端
5	客户解决方案模式	为客户提供完整的解决方案，而不仅仅是产品，从而获取更高的利润水平	IBM成为IT解决方案提供商
6	速度创新模式	不断地创新，占据先行优势，从而获取超额回报	英特尔公司芯片创新
7	售后利润模式	为客户提供辅助配件、维修等售后服务来获得利润	喷墨打印机公司的墨盒

任何产品想建立起自己的品牌优势都逃不过质量关。1985年，电冰箱市场处于爆炸式增长时期，当时国内各家电厂家都在关注产品产量，而海尔公司提出"为用户提供高质量产品"的发展目标，将品牌上升为企业发展战略。"砸冰箱"事件，唤醒了员工的质量意识，也让海尔树立了良好的企业形象和信誉。在国内取得成功后，海尔开始了国际化品牌战略——以缝隙产品进入国外主流市场，以主流产品进入当地主流渠道，让高端产品成为当地主流品牌。接着，海尔开始了它的全球化品牌战略，以本土化设计、制造与营销，满足当地用户的个性化需求。2019年，海尔智家海外业务收入达到了933.19亿元，同比增长21.71%，这也是连续第十年海尔智家的海外业务收入保持向上突破。

2. 客户模式

客户是企业利润的来源，围绕客户的盈利模式主要包括客户转移模式、微型分割模式、权利转移模式、重新定位模式。客户模式的分类如表5-2所示。

表5-2 客户模式的分类

序号	类型	具体含义	举例
1	客户转移模式	将无利可图的客户引向竞争对手，如出售无法实现盈利的业务	360公司
2	微型分割模式	对产品进行改进，以便更好地满足不同客户群体的需求，占领更多的市场份额	宝洁公司
3	权利转移模式	通过持续创新等手段，掌握市场关系中的主动权，让客户不得不支付额外费用为企业创造利润	电商企业与快递企业之间的博弈
4	重新定位模式	放弃现有的客户，重新找到理想的客户，为价值增加创造新的机会	智能汽车的迭代

特斯拉之所以成为新能源汽车行业的"霸主"，与马斯克本人、公司战略和团队执行力有着非常重要的联系。特斯拉最初的创业团队主要来自硅谷，用IT理念来造汽车，而不是以底特律为代表的传统汽车厂

商思路。因此，特斯拉造电动车，常常被看作一个硅谷小子大战底特律巨头。

截至 2021 年 1 月 1 日，特斯拉市值高达 6689 亿美元，成为全球市值最高的车企，而去年同期其市值还只是 800.3 亿美元。丰田汽车作为全球公认的第一车企，其市值遥遥领先其他车企，然而在 2020 年，这种情况却发生了改变，"异军突起"的特斯拉市值超过三个丰田（丰田同期市值为 2157 亿美元）。

在最近十年左右的时间里，特斯拉是鲜有的没有陷入零和游戏的汽车制造商。华尔街知名投行杰富瑞（Jefferies）董事总经理菲利普·侯乔伊（Philippe Houchoi）认为，这是导致特斯拉与其他汽车制造商估值产生差距的一个重要原因。

特斯拉为什么这么牛气？这与马斯克推崇的"第一性原理"息息相关。我们运用第一性原理，而不是比较思维去思考问题是非常重要的。我们在生活中总是倾向于比较，对别人已经做过或者正在做的事情我们也都去做，这样发展的结果只能产生细小的迭代进步。而第一原理思维和比较思维截然不同，它的思维方式是，如果这件事情在物理层面上是行得通的，我为什么不能试一试？

马斯克坚信，在创新的路上，历史不重要，同行也不重要，自然规律最重要。

3. 价值链模式

不同企业在价值链不同环节的能力布局的差异，形成了不同的盈利模式，包括价值链分拆模式、价值链挤压模式、价值链修补模式、价值链重新整合模式。价值链模式的分类如表 5-3 所示。

表 5-3 价值链模式的分类

序号	类型	具体含义	举例
1	价值链分拆模式	不再对价值链进行全过程控制，而是将资源和能力聚焦到价值链的关键环节，以获得更大的竞争优势	华为聚焦芯片研发与设计
2	价值链挤压模式	由于技术进步和信息化等的推动，削减价值链上低效和不必要的环节，从而形成更精简高效的价值链	苹果手机将制造外包
3	价值链修补模式	对价值链上阻碍企业发展的薄弱环节进行修补，如建立战略合作伙伴关系等	京东自建物流
4	价值链重新整合模式	在一个完整的价值链中的多家企业，各自发挥自己的最大优势，共同完成价值链的全过程，以实现更高的增值效益	滴滴出行

在滴滴出行的价值链上，司机和乘客是两个核心端。滴滴出行通过创造出连接双方的平台，一方面改变了传统打车市场格局，走出了传统打车信息不对称的困境，节约了司机与乘客之间的沟通成本；另一方面满足了不同用户的出行需求，优化了乘客的打车体验。通过重新整合价值链，滴滴出行创造出了新的价值获取方式。

4. 渠道模式

与渠道相关的盈利模式包括渠道倍增模式、渠道集中模式、渠道压缩模式、配电盘模式、区域领先模式。渠道模式的分类如表 5-4 所示。

表 5-4 渠道模式的分类

序号	类型	具体含义	举例
1	渠道倍增模式	利用渠道的多元化，选择与消费者消费偏好一致的渠道模式，实现销量的倍增	小米手机线上销售
2	渠道集中模式	将零散的销售网点进行整合，形成更大的销售单位，降低消费者的购买成本，为消费者提供更大的便利	连锁超市整合小卖部
3	渠道压缩模式	将传统的分销渠道加以压缩或无中间商化，与消费者建立更为直接的关系	戴尔公司电脑直销
4	配电盘模式	搭建一个交易平台或场所，通过为买家和卖家提供增值服务来获取收益	淘宝/天猫
5	区域领先模式	充分利用区域优势，减少供应链成本、物流仓储成本等，使其成为本区域的领先企业	啤酒企业

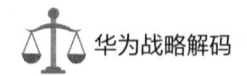

与传统手机厂商不同，小米在一开始就选择线上销售渠道，借助移动互联网平台，开设线上销售网站，以迎合互联网新生代用户的消费偏好。小米手机依靠电商营销取得了巨大成功，创下了一个又一个的销售纪录。2020年，小米智能手机销售收入达到1522亿元，智能手机销量达到1.46亿台。

5. 组织模式

与组织相关的盈利模式包括技能转移模式、从金字塔到网络模式、基石建设模式、数字化业务设计模式。组织模式的分类如表5-5所示。

表5-5 组织模式的分类

序号	类型	具体含义	举例
1	技能转移模式	企业根据外部环境的变化，及时调整经营策略，并改变组织模式，在这个过程中就发生了技能的改变和转移	IBM从制造商转为服务商
2	从金字塔到网络模式	从金字塔式的组织结构逐渐向扁平化的组织结构转型，使组织更灵活、更简单	ABB公司构建利润中心
3	基石建设模式	从某个竞争优势开始，围绕这个竞争优势，不断地增强这个竞争优势，从而促进企业发展与壮大	特斯拉的电池管理能力
4	数字化业务设计模式	将信息技术、现代管理技术与制造技术相结合，提升企业产品开发能力、经营管理水平和生产制造能力	大数据营销

电动车用户对于电池续航能力、使用寿命、安全性能等比较关注。因此特斯拉围绕这些方面进行了自主研发和引进，并持续迭代领先。基于这样的战略思考，特斯拉在自有动力电池技术方面推进战略性布局：2015年开始与达尔豪斯大学合作；2019年收购Maxwell和加拿大设备公司Hibar Systems；2020年宣布在加州弗里蒙特建设一条试点电池生产线……通过这些战略性措施，以期解决动力电池带来的生产经营难题，扩大竞争优势。

6. 资源模式

掌握和整合某些特殊的资源能为企业带来超额的利润，与资源相关的盈利模式包括稀缺资源占有模式、寄居蟹模式、资源整合模式、创业家模式。资源模式的分类如表5-6所示。

表5-6 资源模式的分类

序号	类型	具体含义	举例
1	稀缺资源占有模式	利用稀缺资源，开发独有产品，将竞争对手排除在市场之外，使企业赢得更多的利润	鄂尔多斯羊绒产品
2	寄居蟹模式	主动与有共同利益的大企业进行结盟，借船出海，有效弥补自身的不足	挂靠经营、连锁店
3	资源整合模式	对资源进行识别、配置、激活和融合，从而创造出新的更具价值性的资源	各类专业市场
4	创业家模式	与创业阶段相比，企业的竞争力逐渐下降，因此需要新的创业家来管理企业，使企业重新具有巨大的盈利能力	乔布斯重回苹果公司

华强方特文化科技集团开发原创动漫、电影，并且通过主题公园利用其来进行品牌传播和销售。如创作的《熊出没》系列动漫深受观众喜爱，因此公司积极将《熊出没》的元素植入方特主题公园中，还原动漫场景、设置动漫舞台剧等。华强方特因此成为国内独有的"创、研、产、销一体化"的全产业链文化闭环企业，形成了自己独特的竞争优势。2019年，华强方特实现营业收入53.42亿元，同比增长23.16%。

7. 知识模式

与知识相关的盈利模式包括经验曲线模式、从产品到客户知识模式、从经营到知识模式、从知识到产品模式。知识模式的分类如表5-7所示。

表5-7 知识模式的分类

序号	类型	具体含义	举例
1	经验曲线模式	通过对生产经营中的各种知识进行挖掘、优化等，最大限度地发挥知识的价值，以降低企业成本，提升竞争力	通用电气六西格玛模式
2	从产品到客户知识模式	从"以产品为中心"转向"以客户为中心"，增强企业在客户端的知识	沃尔玛按消费者习性开发精确销售模式

续表

序号	类型	具体含义	举例
3	从经营到知识模式	总结和提炼企业的经营管理经验，构建可复制的经营管理体系，为企业带来更多的收益	麦当劳、肯德基
4	从知识到产品模式	将无形的知识变为有形的产品，如书籍出版、课程制作、软件开发等	达索系统公司

法国达索公司是一家军用飞机制造商，拥有丰富的飞机产品研发经验。20世纪80年代末，达索公司专门成立了达索系统公司，利用之前的经验开发了一款3D设计软件，一举占领了航空、航天、汽车等工业领域的市场份额。

8. 巨型模式

世界上一些巨无霸企业选择的盈利模式包括走为上模式、趋同模式、行业标准模式、技术改变格局模式。巨型模式的分类如表5-8所示。

表5-8　巨型模式的分类

序号	类型	具体含义	举例
1	走为上模式	在无法取得竞争优势的情况下，放弃与竞争对手的拼杀，保存实力	英特尔退出芯片制造
2	趋同模式	推倒行业的竞争壁垒，分属不同行业的竞争者采用不同的竞争手段对同一客户展开争夺	计算机、电视、电讯行业争夺客户
3	行业标准模式	成为行业标准的制定者，通过提高行业门槛、制定标准等来限制其他企业的准入，赢得领先优势	微软、思科
4	技术改变格局模式	通过引入新技术改进产品功能、降低成本、提升便捷度等，改变行业竞争格局	微信小程序

小程序是基于微信开发出来的，用户不需要下载安装应用，只需要在微信里面点击对应的小程序，就可以使用了。对用户而言，小程序使用起来既便捷，又能节省手机空间，还不受手机系统的限制。对企业而言，它的出现带来了更多的发展机会。

华为的运营商业务采用的是"直销+集成"的盈利模式，即以自身产品为中心，广泛集成合作伙伴的产品和服务，为客户提供完整的解决方案；企业业务采用的是"分销+被集成"的盈利模式，即让合作伙伴直接面对客户，向客户提供完整的解决方案，同时将华为的产品集成到合作伙伴的解决方案中。

明确地表述和设计企业的盈利模式是一种关键的战略技能。盈利模式表明了企业获取利润的方式，如果某种盈利模式不能为企业带来利润，即使可以为客户增加价值，它也不是合适的。

5.3.2 追求企业长期有效增长

早在1999年，华为就强调"企业的首要责任是活着"，作为企业经营者，面对诱惑，要保持战略聚焦，保持企业的持续生存与发展。

在《华为的冬天》讲话中，任正非强调："我现在想的不是如何去实现利润最大化，而是考虑公司怎么活下去，如何提高核心竞争力。经营公司当然要赚钱，但是首先要做到的可能不是赚钱，而是避免亏钱。因为人一亏钱气就短，心里就发毛，就很容易乱阵脚，活下去就会出问题。所以为了活着，公司必须确定一个最低的利润率，以满足三方面的需要：一是冲销在已发生的经营过程中产生的成本；二是抵挡创新可能发生的损失；三是上缴税收。"

利润最大化不是企业的经营目标，在企业的发展过程中，要有长远的眼光，对于短期利益和非战略机遇可以主动放弃。为此，华为对于利润追求一直保持着清醒的头脑，在保持合理利润的基础上，通过坚持做战略投入，增强土壤肥力，提升公司整体核心竞争力。

华为强调，保持有效规模是公司活下去的基础，规模是一个公司保持核心竞争力的前提。但如果盲目扩张，会不利于公司的发展。

华为公司的通信设备和数据中心需要配套电源，如果将此项业务交给外包商、供应商去做，可能达不到华为的要求，成本也高。因此，华为成立了一个配套的能源业务，为数据中心和通信设备配套电源。最初这项业务叫能源基础设施。

该业务逐渐做起来以后，开始不满足于仅为华为的设备配套电源，出现了盲目扩张。任正非很快就发现了这个问题，为了防止力量分散及降低效益，决定对非主航道业务，只考核利润，不要规模，这样就限制了非主航道业务的盲目扩张。该业务最后的定位也更为清晰和具体了，不再定位为能源基础设施，而是"以比特控制瓦特"。

经过重新定义后的该业务，在技术上发挥出了优势，效益也提高了，每年对华为公司的利润贡献很大。即便现在仍想扩张，也不会像之前那样盲目了。

2009年，任正非意识到华为不能再以规模为中心，开始将目光转向了利润。

【任正非观点】实现有效增长

我们公司在前面20年是以规模为中心的，因为那个时候的市场潜在空间很大，利润还比较丰厚，只要抢到规模就一定会有利润。但是现在我们正在发生改变，我们强调每个代表处、每个地区部、每条产品线，都必须以正的现金流、正的利润和正的人均效益增长为中心做进一步考核。如果继续以规模为中心，公司会陷入疯狂。因此我们的经营要从过往的盲目追求规模，转向注重效益、效率和质量上来，真正实现有效增长。

华为一直坚持不追求利润最大化，如果也不追求规模的最大化，那么如何平衡两者的关系呢？对此，华为提出了"一定利润率水平上成长最大化"概念。获得合理的利润增长是企业保持长远发展的条件，没有合理的利润增长就无法支撑企业的发展。获得利润并不是追求利润最大化，而是要做到合理增长，能够做到在一定的利润水平上持续增长是最为理想的。

很多企业喜欢谈利润、快速发展，但很少关注企业如何长远生存下去。对于企业来说，获得长期的生存和发展才是最重要的。华为一直以长远的眼光经营公司，在合理的利润率水平上实现长期有效增长。

通过任正非等的讲话，我们发现长期有效增长包括六个方面的内涵：

第一，追求有利润的收入，有现金流的利润，不重资产化。华为要求"经营结果必须稳健、均衡，这样才能支撑起公司的长期生存和发展"。

第二，不断提升公司核心竞争力。华为主要从两方面来提升核心竞争力：一是加大前瞻性、战略性投入，构筑公司面向未来的技术优势，引领行业发展；二是以技术创新和管理变革双轮驱动。

第三，构建良好的商业生态环境。任正非强调："长期有效增长，短期看财务指标；中期看财务指标背后的能力提升；长期看格局，以及商业生态环境的健康、产业的可持续发展等。"

第四，追求公司长期价值。"价值表现为公司现实的获利能力和未来潜在获利机会的货币化。"

第五，利益分享。追求长期有效的增长，必须平衡各方的利益。

第六，激活组织。通过将"市场竞争压力层层传递到每一道流程、每一个人，激活组织"，从而驱动公司实现持续增长。

企业应"不在非战略点上浪费自己的竞争力"。因此，任正非强调，华为要坚守自己的理想和目标，钱不是最重要的，理想和目标才是最重要的。

5.4 选择经营范围

业务设计的第四个部分就是选择经营范围，对企业而言，在产业链上做什么与不做什么是非常关键的。每个企业都生存在一条庞大的产业链甚至多条产业链中，选择经营范围就是要全面审视企业所在的整个产业链条，明确与企业相关的产业链成员的经营状态，确定与产业链成员的合作策略。哪些业务是可以自己做的，哪些必须要通过合作来完成，这些都需要做出清晰的选择。

5.4.1 确定经营活动中的角色和范围

由于社会化分工越来越细，出现了越来越多的轻资产公司，新创业的很多公司基本都不用做制造环节，因为制造本身变成一种平台服务业，有富士康集团、伟创力、比亚迪等公司，因此电子方面的创业公司可以选择轻资产模式。除此之外，其他行业也都在发生类似的一些分工。在选择经营范围时，每个公司只需要选择自己最擅长的关键环节就好了。

企业在确定经营活动中的角色和范围时，需要考虑以下问题：

企业在价值链上处于什么位置？
企业在整个产业链中的优势是什么？劣势是什么？
哪些业务是需要自己完成的？
哪些业务是适合交给产业链上下游的合作伙伴的？
对合作伙伴（如渠道和供应商）的依赖性有多大？
企业应该采取一种什么样的合作模式？
……

同样是手机产业，苹果的经营范围就是手机研发和营销及关键零部件的供应链管理，而华为的经营范围是研发设计、营销和核心制造。这两者的区别在于华为是有制造的，苹果是没有的，这就是经营范围的不同选择。到底应该做出什么样的选择，取决于企业自己的战略。

对华为来说，为什么一定要有自己的核心制造呢？原因在于华为的理念是保证产品的高质量。一方面，华为掌握了核心制造技术，可以保证产品的质量；另一方面，华为通过富士康等公司生产的手机，还需要通过华为的工艺验证后才能面向市场，没有经过工艺验证的产品，华为不会对外发售。

传统的创新企业模式有两种：第一种是起源于硅谷的经典科技型企业的创新领袖模式，这类企业通常凭借创新领袖的个人领导力实现了成功，如苹果公司依靠乔布斯成为世界一流的企业。但是这样的模式也因浓厚的个人色彩让公司隐藏着风险。第二种是以索尼和三星为代表的日韩模式，它们通过参与纵深的产业链，形成巨大的规模，从而占据了其所在领域的绝大部分利润。但这种模式的缺点就在于规模过大、阵线过长，导致企业反应速度跟不上，甚至当终端产品发展趋缓时影响上游产业布局。

这两种模式都不适合华为，因此华为试图寻找第三种创新企业模式——蜂巢型企业模式。

华为终端前CMO张晓云表示："不同于这些传统的模式，华为另辟蹊径独创了蜂巢型企业模式。蜂巢结构是严密的六角柱形体，可以用最少耗材制成最大的菱形容器。华为创始人任正非坚信公司的成功必须依循损耗最低、效用最大的原则。为此，华为将公司管理的重点放在了团队分工与协作上。华为建立高度统一的目标，以此激发团队的动力，集思广益，最终实现创新。同时，华为选择主攻简单而高度集中的产品，并且力求在简单中实现精准和卓越。"

蜂巢型企业创新模式不仅为华为带来了内部驱动力，提高了创新效率，同时在这种创新模式下的华为，通过与其他行业的企业达成合作，实现了利益共享。

5.4.2　开展跨界合作，满足消费者更多需求

近年来，华为在消费者业务领域，与时尚、汽车、家电等行业的国际领先品牌在智能手机、智能手表、智能家居、车联网等领域进行合作与联合创新，将各领域的前沿科技及完美的产品体验带给全球消费者，华为品牌也得到了持续发展，赢得了全球各类顶级品牌的青睐。

2014年，华为与软件巨头SAP成为战略伙伴关系。第二年，双方的合作扩展至工业4.0等领域，并于同年6月，在华为总部成立联合创新中心。双方的一系列合作都是为了通过优势互补，帮助客户应对转型挑战，提升运营效率。

2016年，华为与著名奢侈品品牌施华洛世奇在拉斯维加斯的消费类电子产品展上，联合推出了全球首款女性Android Wear智能手表HUAWEI WATCH Jewel and Elegant。这是一款将高端技术与时尚完美结合的女性智能手表，一经推出就受到广大消费者喜爱。

如今的商业模式与传统的商业模式相比，已经发生了重大改变，各行各业紧密相连，企业要用开放的眼光来看待商业的发展。企业虽然有自己的研发团队、市场团队等，但是与外界的技术、商业交流仍是必不可少的。通过与不同商业圈子的人交流，可以对最近的信息更迅速地掌握，以便企业及时调整自己的产品或服务。

在当前的市场环境下，消费者的个性化需求越来越多，企业可以通过与其他行业内的公司开展合作，制造出更多富有创意的产品，从而获得更多消费者的青睐。

2016年，华为推出P9手机，这款手机采用了与德国百年光学厂商徕卡联合设计的"彩色+黑白"双1200万摄像头，主镜头为彩色RGB镜头。这种高配置的摄像头成为P9手机的一大亮点。

对此次的合作，华为想在客户一直十分关心的拍照上实现突破，带给客户更好的拍照体验，因为摄像头的选择很重要。徕卡照相机一直是高端相机领域的佼佼者，面对越来越多人喜欢用手机拍照，徕卡也希望探索新的可能。如今，徕卡的光学性能、图像技术等先进拍照技术与华为在手机领域的先进技术结合起来，让智能手机的拍照效果有了质的飞跃。

对于华为来说，这次合作可以使P9手机更加符合客户需求，提高市场占有率；对于徕卡来说，其虽然有着百年的发展历史，但是在中国的知名度不高，此举不仅可以扩大其品牌影响力，也是其在不同领域新的尝试，双方都是受益者。当然，双方合作最大的受益者还是客户。

华为通过与世界顶尖相机企业合作，让自己的手机市场越做越大，并且又进一步满足了客户需求。这种跨界合作就是广交朋友，开展合作的典型。企业要积极走出自己所在的圈子，交往新的朋友，为自己的发展寻找最佳的伙伴，共同实现成功。

2016年，华为消费者业务CEO余承东与美的集团董事长方洪波共同签署了《战略合作框架协议》，这意味着华为将与美的通过强强联合的方式，共同构建智能家居整体解决方案，给大家带来全方位的智能家居体验。

此次合作主要是为了实现华为消费者业务全系列产品和美的智能家电互联互通。华为HiLink的相关解决方案将入驻美的的线下体验店，而美的的智能家居产品将在华为的线上商城进行展示与销售。两家公司均表示，未来双方还将在数据挖掘、人工智能等方面展开联合研发与业务合作。

华为近些年的跨界合作，充分说明了如今的市场不是仅靠一家企业的力量就能完全满足客户需求的。合作的目的就是希望各领域内的优秀技术等能够被综合起来为客户服务，这也是以客户为中心宗旨的体现。

在广交朋友时，企业也要本着共同成功的原则选择合作伙伴，不仅自己要获益，也要使合作伙伴获益。在合作中，要主动多分担困难，营造良好的合作环境。最好能够与有些伙伴建立起长期的战略合作关系，不能在企业获得成功后，就将伙伴抛弃。

5.4.3 建立开放的体系，打造良性的生态系统

在新经济时代，信息更新快，技术更迭快，企业依靠单打独斗已经不行了，只有善于与他人合作，提升资源整合能力，才能在激烈的市场竞争中获取胜利。

因此，为了促进企业良性发展，一些行业的头部企业致力于通过并购、联盟、协作、开放、融合等形式，构建一个产业生态系统，从而推动整个产业的进步。

新能源汽车是近两年非常火的一个行业，在这个行业中，传统车企、电池等核心零部件、锂矿资源等生产企业可以形成一个良性的生态系统，实现相互连接与共赢。其中，比亚迪很早就在新能源汽车领域提前布局，高度整合产业上中下游资源，形成了产业生态闭环。

比亚迪与青海省政府签署锂电池合作协议，借助青海丰富的资源全力发展新能源产业；与国内唯一实现汽车智能芯片前装量产的地平线开展合作，共同推动汽车产业智能化转型；与工业电器龙头企业正泰集团达成共识，集中优势资源，共同开拓全球新能源发电及配套储能项目……

华为也一直强调，作为产业引领者，要构建良性的产业生态系统，实现共赢比竞争更重要。2016年，时任华为轮值CEO的郭平在中国移动全

球合作伙伴大会上阐述了华为对未来生态建设的看法。

华为轮值CEO郭平说:"华为在云时代的第一条生态理念是:做大蛋糕、做大产业、做大市场,比做大我们自己的份额更加重要。这既是华为要构建未来生态优势的必由之路,也是作为产业引领者的责任。过去二十多年,华为的贡献,就是辅助中国移动等运营商,把象牙塔里面少数人享受到的服务,推广成为全世界的普遍服务。未来,我们要做的事情是,创新驱动下的数字化转型。华为愿意支持、协同中国移动等战略合作伙伴,一起把数字化转型的蛋糕越做越大。

华为在云时代的第二条生态理念是:管理合作比管理竞争更重要。竞合时代,竞争是激烈的,不出众就出局,但合作又是必需的,合作必须面向客户,发挥各自优势,交付价值。在具体的商业场景中,华为力争扮演的是生态中"土壤和能量"的角色,我们坚持管道战略,不与合作伙伴争利。以中国移动浙江台州公司的行业视频解决方案为例,平台需要不同的能力模块,由不同的角色来完成,如视频监控、行为模式识别模块,更需要有专业的ISV(独立软件开发商)来做。对于华为来说,我们提供的整体平台是基于OpenStack的开放式平台,我们能做的是:客户信任的模块就由自己做,做不到的或者不够优秀的,就由伙伴们提供,它们可以使用华为的开放接口。"

在一个开放的时代,如果企业故步自封,很快就会被市场淘汰。因此,面对未来的不确定性,华为希望通过建设完善的生态圈,与合作伙伴进行利益分享,从而共同实现双方的商业价值。因此,华为提倡建立开放的体系,打造良性的生态系统,与合作伙伴一起实现商业成功。

华为协同上下游产业链展开智能驾驶、智能座舱、智能网联和计算与通信架构等领域的联合创新,加快汽车智能化和电动化产业进程;积极推动智能驾驶人才培养，发起高校智能驾驶人才培养计划，与超过20所高校建立合作；积极参与长沙、武汉、深圳、上海等多个智能网联示范区建设；广泛地与国内外车企、软硬件零部件供应商、开发者、行业组织等超过100个生态伙伴展开合作，使智能网联汽车创新进入快车道，推进智能网联汽车产业蓬勃发展[1]。

华为不做独行侠，而是建立一个开放的体系，致力于与各行各业的伙伴一起发展，实现多方共赢。

5.5　构建战略控制点

华为战略管理中最核心的关键活动是什么？任正非表示："其中一项是'设计与构建战略控制点'。"战略控制就是面向未来找到整个产业链和产业链发展演变趋势中那些最为关键的价值点，也就是竞争壁垒。企业必须建立起自己的竞争堡垒和"护城河"，避免竞争对手对企业产生冲击，保护自己的地盘不会被竞争对手侵蚀掉。

5.5.1　不同的战略控制手段

巴菲特曾经说过："一家真正称得上伟大的企业，必须拥有一条能够持久不衰的'护城河'，从而保护企业享有很高的投资收益率。市场经济的竞争机制导致竞争对手们必定持续不断地攻击任何一家收益率很高的企业的'城堡'。因此，企业要想持续不断地取得成功，至关重要的是要拥有一个让竞争对手非常畏惧的难以攻克的竞争堡垒。"

企业的战略控制手段有很多，如树立品牌、维护客户关系、构建行业

---

[1] 资料来源于华为2020年年度报告。

标准、获得成本优势等，具体如表 5-9 所示。

表 5-9 企业战略控制手段的类型

序号	战略控制手段	案例
1	生产商品	无数
2	建设渠道	叮咚买菜
3	获得 10%～20% 的成本优势	富士康
4	技术领先一年	英特尔
5	树立品牌	阿玛尼、苹果
6	维护客户关系	哈雷·戴维森
7	占据领导地位	腾讯、可口可乐
8	控制价值链	阿里巴巴、戴尔
9	构建行业标准或拥有专利组合	微软、甲骨文

同一行业的不同企业可以选择不同的战略控制手段，企业由于经营状况和特点等的不同，都有适合其自身的战略控制手段。这些战略控制手段对利润保护的强弱程度不一，企业在构建战略控制点时，要识别战略控制手段的强弱程度。同时，还要注意的是，一个企业可以同时选择多种战略控制手段，以构建自身强大的竞争堡垒。"生产商品"这个战略控制点对企业的利润保护程度为零，这里就不再详细阐述了。

1. 建设渠道

最简单的战略控制手段是"建设渠道"。使用这一战略控制手段的典型企业有叮咚买菜。

叮咚买菜以"品质确定、时间确定、品类确定"为核心指导原则，在渠道方面，采用"成批采购＋社区前置仓"模式，同时构建了自己的物流体系。

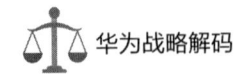

在采购端，难以长途运输的生鲜产品，如蔬菜、水产等，叮咚买菜以成批采购模式为主，从而降低冷链配送成本，保持产品价格稳定；肉类产品则以品牌供应商直供为主，以保障产品的品质和安全性。

在配送端，叮咚买菜将前置仓建在社区周边一千米内，中心仓统一加工后的商品会运至前置仓，当客户下单后，自建物流团队会将商品在29分钟内配送到家。单个库存仓的日订单如果达到1500单以上，就会裂变成两个库存仓，以保障配送效率，更好地满足消费者的需求。

2. 获得10%～20%的成本优势

比较简单的战略控制手段是"获得10%～20%的成本优势"。使用这一战略控制手段的典型企业有很多，比如富士康。获得成本优势不是富士康获得强有力竞争地位的唯一战略控制手段，但确实是其很强大的一个战略控制手段，它帮助富士康在很长时间内得以维系其竞争地位。

富士康是专业从事计算机、通信、消费电子等3C产品研发制造，广泛涉足汽车组件、通路、云计算服务及新能源、新材料开发应用等领域的高新科技企业。富士康的成本优势战略包括：建立有效规模的生产设施；狠抓成本与管理费用的控制，最大限度地减少研究开发、服务等方面的成本费用。富士康以成本领先为导向的管理体系，使其在激烈竞争的行业中始终保持向上快速发展的优势。

3. 技术领先一年

比产品领先更强的战略控制手段是技术领先一年。使用这一战略控制手段的典型企业有英特尔，同时，树立品牌、控制价值链等也是英特尔的战略控制手段。

内存和存储是近年来数据中心技术创新最活跃的领域之一。云计算、人工智能、大数据等相关应用的蓬勃发展，驱动着以SCM（Storage Class Memory，存储类存储器）和大容量闪存为代表的新技术加速在数据中心中的部署与应用。在众多厂商中，英特尔无疑是内存和存储领域走在最前沿的公司之一。

业界众多伙伴如三星、东芝等公司都致力于通过SCM来解决内存和闪存之间性能的鸿沟，但是英特尔跳出了传统NAND架构，走出了另一条技术路线，并且在产品化层面大幅领先。英特尔在SCM领域绝对处于业界领先，在业界最早推出了商用SCM产品——傲腾数据中心级持久内存。

4. 树立品牌

比技术领先更强的战略控制手段是树立品牌。麦肯锡公司始终认为，品牌是企业的一种无形资产，它代表了消费者对一个企业及其产品、售后服务、文化价值的认可和评价。品牌也是企业声誉的一部分，它代表着企业的特色。品牌，说到底，承载着一家企业的文化内涵和市场地位。

从麦肯锡公司的分析报告来看，世界上100个顶级品牌的价值预测在15亿元到700亿元不等，我们所熟知的阿玛尼、可口可乐、万宝路、苹果、奔驰、宝马、妮维雅、阿迪达斯等品牌都包括在内。其中，许多公司的品牌价值就占据了总市值的一大半。正因为品牌价值的存在，同样的商品、同样的生产工艺却因为品牌的差异拥有不同的价值。品牌让这些公司实现了战略成功，因此，麦肯锡建议，企业的管理层必须重视品牌和品牌核心价值，精心维护品牌的良好形象，为企业战略的成功实施铺好路。

5. 维护客户关系

比树立品牌更强的战略控制手段是维护客户关系。从本质上来说，客户关系就是客户对企业的忠诚度和依赖关系。浅层次的客户关系维护是为客户做好点滴服务，让客户感觉企业提供的产品和服务是舒适的；中等层次的客户关系维护是企业帮助客户创造价值；最高层次的客户关系维护是企业文化与客户诉求完全匹配。与客户构建良好的关系，能够帮助企业销售出更多的产品，提高企业的市场份额。

哈雷·戴维森公司从首席执行官到销售人员都与客户保持着良好的私人关系，通过持续了解客户需求，不断满足客户不断变化的心理预期和体验；赞助 HOG（由公司赞助的哈雷·戴维森车主会和骑行俱乐部）开展各类活动，让会员感受到品牌的情谊；积极与年轻的消费者在社交媒体上保持沟通，提升年轻人对哈雷品牌的拥护度；为潜在消费者提供一次免费体验的机会，建立互动联系……一系列措施让哈雷·戴维森公司收获了丰厚的商业价值。

6. 占据领导地位

比维护客户关系更强的战略控制手段是占据领导地位，即占据绝对的市场份额。一旦企业占据了领导地位，就能够把竞争对手迅速消灭掉。目前，互联网行业使用这一战略控制手段的典型企业比较多，如腾讯。

微信是腾讯公司于 2011 年 1 月 21 日推出的一个为智能终端提供即时通信服务的免费应用程序。由于其功能相对 QQ 来说更为简单，因而迅速获得了众多用户的认可。目前，微信不仅成为亲朋好友间的社交聊天工具，与客户的沟通交流、企业内部的业务交流也都可以通过微信来开展。腾讯公布的业绩报告显示，2020 年第三季度末，微信及 WeChat 的合并月活跃账户数达 12.128 亿个。

7. 控制价值链

比占据领导地位更强的战略控制手段是控制价值链。使用这一战略控制手段的典型企业有戴尔、阿里巴巴。

阿里巴巴集团经营多元化的互联网业务，致力于为全球所有人创造便捷的交易渠道。其基本商业活动就是提供实时有效的基本供需信息服务。阿里巴巴通过建立一个良好的模式，令两个彼此有需求的企业/用户得到沟通，并且相互获利。

8. 构建行业标准或拥有专利组合

最高级别的战略控制手段是构建行业标准或拥有专利组合。使用这一战略控制手段的典型企业有微软、甲骨文。

对于使用数据库的客户来说，安全性是其关键痛点之一。甲骨文公司抓住大多数客户的这一痛点，构建了高安全性的数据库。即使甲骨文提供的数据库价格相对较高，但是由于客户无法承担购买低安全性数据库的风险，还是会选择甲骨文公司的产品。这一手段让客户建立起对甲骨文公司的高忠诚度和依赖关系。

对于外部业绩评估而言，企业战略控制手段的强度越高，业绩的可预测性也就越高。为了使企业获得持续的利润增长，构建战略控制点是非常有必要的。但是从本质上讲，没有任何一种战略控制手段是坚不可摧的。除了战略控制手段，管理体系与组织活力也是促使企业真正实现长期生存发展的重要因素。

5.5.2 华为构建战略控制点的方式

就华为目前的情况来看,其构建战略控制点的方式主要是"专利组合＋客户关系"。

在专利组合方面,华为长久以来通过精准的市场洞察及持续不断的科技创新逐渐取得了一些成果。

截至 2019 年 12 月 31 日,华为在全球持有有效授权专利 85 000 多件,其中中国有效授权专利 30 000 多件,中国以外国家有效授权专利 50 000 多件,其中 90% 以上专利为发明专利。华为在 4G、5G 等领域是具有领先地位的,掌握了很多核心专利。因此,国外一些公司也要向华为缴纳专利费。其中仅 2017 年,华为就向苹果公司出售了 700 多件专利授权,收取了苹果公司上亿美元的专利费用。三星曾经想投机取巧不缴专利费,引发了华为和三星的知识产权纠纷,结果三星败诉,向华为补缴了 8000 万元专利费,超过 20 款产品还被禁售。

维护客户关系是华为构建战略控制点的另一有效方式。以客户为中心是华为核心价值观之一,华为从创立至今,始终坚持这一点不动摇,并已经深入华为人的心中。华为全心全意为客户服务,赢得了客户的信任和认可,让客户对华为产生了忠诚度和依赖性。

华为开始是卖电信设备及配套附件的,这是简单的一次性交易。到 2002 年左右,华为开始给客户做整体解决方案,即"交钥匙工程",就是给客户构建整个网络,包括基础建设、引路引电引光纤、选址等,最终交付到客户手上的是一个完整的可运营网络。最初,华为卖设备的时候,只接触到客户的采购经理或技术经理。而在提供整体解决方案时,华为可以接触到客户的市场总监、技术总监等,这些人在客户的决策体系中占有重要的位置。华为通过深入客户决策体系，大大提高了产品销售的成功率。

后来，华为又为客户提供代维、代运营服务，客户只需要将它的带宽卖出去，无线网络的运营和管理全部由华为来完成，华为帮助客户解决设备维护、运营等难题。这样一来，客户即使要新建网络，也必须依靠华为，因为只有华为才知道整个网络的实际情况。这就是通过客户关系构建的一个非常强的战略控制点。

华为善于抓住客户的痛点和诉求来设计和构建战略控制点，从而实现公司的战略目标，赢得客户的认可和信任。

不同行业的企业，符合市场环境和自身资源条件的战略控制点可能不一样。企业要设计和构建符合自身条件的战略控制点，通过抓住战略控制点来实现企业的战略目标。

5.5.3 战略控制点的博弈

我们强调，战略控制点是企业的中长期竞争力来源，其主要特点是不易被构建、不易被模仿以及不易被超越。

企业在构建战略控制点时需要注意两点：

（1）企业所认为的"护城河"要能够产生商业结果。如果只是在技术上领先，而不能变现成企业的利润流，那么这个战略控制点也是失效的。

柔宇科技自2012年成立后，获得了国内外各大风险投资机构的资金注入。2018年E轮融资完成后，柔宇科技的估值约为50亿美元。2021年2月9日，柔宇科技"主动"撤回上市申请。

从经营战略来看，柔宇科技是典型的"技工贸"企业。在研发投入方面，2017年至2020年上半年，柔宇科技研发支出合计18.17亿元，且逐年增长。

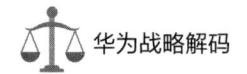

在专利技术方面，截至 2020 年 11 月 30 日，已获得国内外专利 1102 项。在技术成果方面，柔宇科技凭借独家柔性屏幕技术——超低温非硅制程集成技术（ULT-NSSP），2014 年打破了超薄彩色柔性显示屏世界纪录；2018 年，全球首条柔性显示屏量产线在深圳投产；2020 年 3 月发布的"第三代蝉翼全柔性屏"，反应时间达到 0.4ms。

但是，柔宇科技的产品并没有获得市场的买单与认可。在 C 端，柔宇科技自己做手机，2018 年就推出了折叠屏手机，但市场反响平平。从手机产品研发迭代到产业链上下游的打通，柔宇科技在这些方面缺少经验和实力。因此，其手机销售所带来的收益和投入相比，简直不值一提。在 B 端，其核心产品 OLED 柔性屏也没有获得主流手机品牌厂商的买单与认可。三星、华为、小米相继推出了折叠屏手机，但是都没有采用柔宇科技的柔性折叠屏。公开承认合作的只有中兴，但中兴何时推出折叠屏手机还是个未知数。

柔宇科技的招股书中显示，公司虽掌握业内领先技术，但目前尚需扩大生产规模以占据更大的市场份额和满足客户对于大规模量产的需求。大客户对于产能的规模有一定要求，导致公司难以取得部分大客户的认可。

（2）企业在构建战略控制点时不能破坏良好的产业生态系统。前面我们说到，专利、行业标准等是很好的战略控制手段，能够为企业持续创造价值，但是企业不能一味地收取高额专利费来破坏商业生态环境。

作为全球最大的芯片厂商，高通绝大部分的净利润都来源于专利许可费。一般来说，收取专利费的方式是以专利涉及的专利部分作为计算比例的基数，而高通不一样，只要用了它的芯片，都要收取产品价格的 5% 作为专利费。这种蛮横的方式导致各国政府频繁开展对高通的反垄断调查，高通也因此背上了大大小小的官司。

作为一家商业化图片网站的视觉中国曾经也因收取版权费而被大家抨击。

2019年4月10日,"事件视界望远镜"(EHT)项目发布了人类历史上首张黑洞照片。11日上午,视觉中国网站上出现了这张照片,并打上了"视觉中国"水印。图片旁边的基本信息栏注明"此图为编辑图片,如用于商业用途,请致电或咨询客户代表"。这难免被大众理解为一旦使用"黑洞"图片就要付费给视觉中国。而专家表示人类史上首张黑洞照片是由200多位科研人员组成的团队完成的科研成果,全世界都可以使用,只要标注是哪里来的就可以。

不仅如此,视觉中国对图片"版权"的控制力度频频出现越界争议,国旗国徽等也被标上版权和价格。

随后,网友开始纷纷声讨视觉中国。有人总结其商业模式为从作者处获得版权再销售获利。很多自媒体新人都被告知,用图时一定要关注有没有视觉中国的水印,一旦用了它的图片,视觉中国都只接受"赔偿"而不是删图道歉。视觉中国甚至自行研发了鹰眼(图像版权网络追踪系统),自动抓取互联网上图片侵权的公司,甚至可以对企业微博账号进行筛选。

通过对专利、版权的大肆占位,形成巨大的商业池,然后向使用者索取高额费用,这种战略控制手段是不利于商业生态的良性发展的。

企业要想能够持续创造价值,选择和采取合适的战略控制手段是至关重要的,它能够保护业务带来的利润流,使其免受竞争对手和客户势力的影响。如果没有,就像航行的船舱底有个漏洞,会让船沉没的。

5.6 做好风险管理

战略规划就是面向未来进行提前布局，因此它存在很大的不确定性，企业需要进行风险研究，梳理可能的风险点，评估这些风险因素的影响程度，并提前制定好应对策略。

5.6.1 识别影响业务的风险因素

企业在经营活动过程中，可能面对的风险包括两大类：一是行业风险，二是经营风险。行业风险是指在特定行业中与经营相关的风险，其中的影响因素包括生命周期阶段、波动性和集中程度。经营风险是指由于企业采用的战略不当、资源不足、经济环境发生变化等原因导致企业无法实现既定战略目标的风险，它包括市场风险、法律风险、操作风险、政治风险、环境风险、产品风险、信用风险、流动性风险等。

华为基于COSO模型，参考ISO 31000风险管理标准，结合自身组织架构和运作模式设计建立了企业风险管理体系，发布了企业风险管理政策及管理流程，持续完善企业风险管理组织和运作机制，推进风险管理测评。董事会负责批准事关公司的重大风险和重大危机的管理方案，并管理重大突发事件；各业务主管是所负责业务领域风险管理的第一责任人，主动识别和管理风险，将风险控制在可接受范围内。

《华为投资控股有限公司2020年度报告》指出，重大风险要素是指会对整个公司的竞争格局、声誉、财务状况、经营结果和长远利益产生重大影响的风险要素。以下为重大风险要素的部分摘录。

1. 战略风险

未来二三十年人类社会必然走进智能社会。数字技术正在重塑世界，我们要让所有人从中受益，确保全面的数字包容。随着5G、云计算、

AI、区块链等新技术的成熟商用，行业数字化正进入快速发展期，用数字技术使能各个行业，发展潜力巨大。但外部环境持续动荡、更趋复杂，全球新冠肺炎疫情正在改变人们的生活方式，对航空、物流等行业形成极大冲击，世界经济面临艰难的局面，全球化秩序面临重大挑战，我们将长期在美国对领先技术持续打压的逆境中求生存、谋发展。

2. 外部风险

宏观环境：预计全球经济将在2021年逐步恢复增长，但在新冠肺炎疫情得到控制之前仍须保持对经济活动的限制，因此全球的复苏将不均衡。贸易摩擦和地缘政治紧张局势将继续对商业信心和投资产生不利影响。

法律风险：华为长期致力于严格遵守业务所在国所有适用的法律法规，但在一些国家和地区，法律环境的复杂性如法律的明确及透明度、司法和执法的尺度等，仍有可能对华为业务产生不利影响。

贸易风险：未来全球贸易政策仍然存在很大的不确定性。

自然灾害：地震、水灾、疫病等自然灾害的出现可能影响华为某些业务环节运作，进而影响网络运行。

当地国家风险：由于国际经济及政治形势纷繁复杂，在不同国家开展业务会涉及一定的特有风险，例如，经济和政治不稳定、外汇市场波动、主权债务有风险等。

3. 运营风险

业务连续性：华为的采购、制造、物流及全球技术服务等业务都不可避免地依赖与第三方厂商或专业机构的广泛合作，它们的业务中断将直接或间接地对华为的业务和运营结果造成不利影响。

信息安全及知识产权：不能完全防止其他厂商采用各种手段不正当使用华为的信息或专利，尽管可通过知识产权诉讼进行保护，仍可能会导致华为损失。

4. 财务风险

流动性风险：持续优化资本架构和短期流动性规划及预算和预测体

系，评估公司中长期资金需求及短期资金缺口，同时采取多种稳健的财务措施保障公司业务发展的资金需求。

信用风险：制定和实施全球统一的信用管理政策制度、流程、IT系统和风险量化评估工具，建立专门的信用管理组织；利用风险量化模型，评定客户信用等级，确定客户授信额度，量化交易风险；预测可能损失，计提相应的坏账准备，对于已经或可能出险的客户会启动风险处理机制。

销售融资：严格控制融资风险敞口，仅针对部分项目与相关金融机构进行风险分担，并计量和确认相应的风险敞口，以确保业务风险可控。

华为在战略规划和业务计划的制订流程中嵌入风险管理要素——通过战略规划，各领域与区域系统识别、评估各自的风险；在年度业务计划中各领域与区域制定风险应对方案，并以管理重点工作的方式实现日常运营中的风险监控和报告。在战略决策与规划中明确重大风险要素，在业务计划与执行中控制风险，为华为的持续经营提供有效保障。

5.6.2 制定不同的风险应对策略

在风险识别和分析的基础上，企业应该结合实际情况，选择合适的风险应对策略。华为的风险应对策略有五种：规避、承受、利用、减小和分担，具体如表 5-10 所示。

表 5-10 华为的风险应对策略

序号	应对策略	举例说明
1	规避	严格管控业务组合中风险显著高于其他部分的业务
2	承受	重新对产品和服务进行定价，使之能对风险部分进行补偿
3	利用	通过专业人员和流程管理，发现风险中蕴藏的发展机会
4	减小	启动危机管理机制以降低风险发生时带来的冲击
5	分担	将缺乏竞争力的业务外包以转移风险

在选择风险应对策略时，首先要看看识别出的风险的发生概率，根据可能性的大小，判断应该选择何种风险应对策略。

华为所处的行业是一个高度变动的行业，不确定性非常大，要管理好这种不确定性，就要看未来五年的机会和风险。很多人都好奇为什么华为在面对美国制裁的时候能够迅速地交出备份方案，原因就在于华为管理层的战略眼光。

华为的计划部门管理从销售计划、生产计划到工程计划的全流程，还有财务预算连接的一个综合性的计划部门，它需要考虑公司的供应连续性。当时，华为管理层认为将来有一天美国可能制裁华为，就让计划部门做了两件事：一是，从2007年开始储备依赖美国的关键零部件，给了5亿美元的额度，这5亿美元是不考核库存周转的，否则大家有绩效指标考核，就不愿意去储备零部件了。这件事从那时候一直执行到现在，2008年之后储备额度在逐渐地增加；二是，华为让当时的海思半导体制订一个"去A计划"，其中A就是American（美国），去A计划就是找替代品。由于产品的替代关系与计划采购有非常密切的联系，海思负责人每三个月到计划委员会来汇报一次替代进展，一两年之后，就不再汇报了，变成一年通报一次替代进展。计划部门在采购认证的时候，就逐渐开始用国内的一些器件。

华为通过洞察中长期的战略机会，预判可能发生的风险并采取针对性的防范措施，才能在美国发动制裁时不受其影响。

为了避免合作伙伴的业务中断对华为业务造成的风险，华为的风险管理部门专门制定了一个流程叫业务连续性管理（BCM），这个流程每年都要从头到尾演练一遍。

《华为投资控股有限公司2020年度报告》指出，经过多年的持续建设，华为已在采购、制造、物流及全球技术服务等领域建立了从供应商到华为、从华为到客户的端到端业务连续性管理体系，并通过建立管理组织、流程和 IT 平台，制订业务连续性计划及突发事件应急预案，开展员工 BCM 培训及演练，提升各组织 BCM 意识和应对突发事件的能力，确保对日常业务风险的有效管理。

研发和采购阶段采取的关键举措如下：

（1）多元化供应。在新产品设计阶段，从原材料级、单板级到产品级支持多元化供应方案，避免独家供应或单一地区供应风险，保障产品的可供应性。

（2）分场景储备。在量产阶段，为应对需求波动和供应行情变化，建立从原材料、半成品到成品的合理安全库存。

（3）供需能力可视。与供应商深度协同，通过 IT 系统实现需求预测、采购订单、供应商库存可视化，确保需求的快速传递和供应的快速反应能力。

制造供应和备件储备方面采取的关键举措如下：

（1）制造供应能力备份。华为坚持自制与外包并重，与多家电子制造服务商（EMS）建立了战略伙伴关系，形成华为和 EMS、各 EMS 之间可相互备份单板制造供应能力；在全球建立了深圳供应中心、欧洲供应中心、拉美供应中心、迪拜供应中心，四个供应中心之间均可相互备份整机制造供应能力。

（2）全生命周期备件储备。在产品停产之前，按照市场需求与历史用量滚动进行备件储备；在产品停产之后，按全生命周期预测一次性做足备件储备，确保客户现网设备运行的连续性。

事实上，近十年来在全球，许多重大自然灾害、政治、经济、贸易、冲突、战争等风险事件发生后，尤其在全球新冠肺炎疫情蔓延的情况下，华为仍然能够持续保障供应连续性和对客户产品与服务的及时交付，这充分表明华为建立的 BCM 业务连续性管理体系和管理机制是行之有效的。

当完成业务设计模块后，整个战略规划部分就完成了。具体来说，这个部分的逻辑过程就是通过研究发现未来的市场机会，明确企业自身的定位和角色及与产业链上其他企业的关系，找准企业的目标客户及其需求，确定价值获取方式，构建能获取持续价值的战略控制点，并对其中的风险进行识别和防范。

战略规划是研究做正确的事情的方法，后面部分讲述的战略执行就是研究正确地做事的方法。

第 6 章
战略解码：将战略有效分解到组织与个人

战略制定后，需要经过解码，让每个员工理解，并且去执行。华为将 SP（战略规划）转化为年度 BP（业务计划），再将 BP 从上到下地分解到各大业务部门、产品线、区域，各部门的目标要支撑公司目标，各部门的关键举措和工作任务要支撑公司的战略举措和工作任务，逐层进行分解，一直分解到每个人，通过这样的过程把公司的战略与每个员工的工作连通，这整个过程就是战略解码。

6.1 战略解码的原则与工具

任何一家企业都有其战略，但是这些战略能否执行到位才是衡量一家企业能否成功的关键所在。战略解码就是帮助企业将战略执行到位的。

6.1.1 战略解码遵循的基本原则

战略解码是指通过可视化的方式，将组织的战略转化为全体员工可理解、可执行的行为的过程。战略解码的过程就是将企业的战略规划分解到产品线、销售线（行业或客户），再分解到企业各个部门的过程。换句话说就是，把企业的战略目标分解成不同子目标，落实到各个单元，让各个单元去实现。通过战略解码，企业可以划分清楚各部门、各岗位职责边界，以此确定部门考核、员工个人考核的指标，促使企业绩效管理以战略目标为导向，助力企业战略的有效实施。

华为通过对公司战略进行自上而下的垂直分解，层层解码，从公司到产品线，到部门，再到岗位，找到关键的成功因素和重点任务，并且将它们落实到相关组织（部门或岗位）的 KPI（关键绩效指标），甚至主管的 PBC（个人业务承诺）（见图 6-1），以确保战略规划落地。

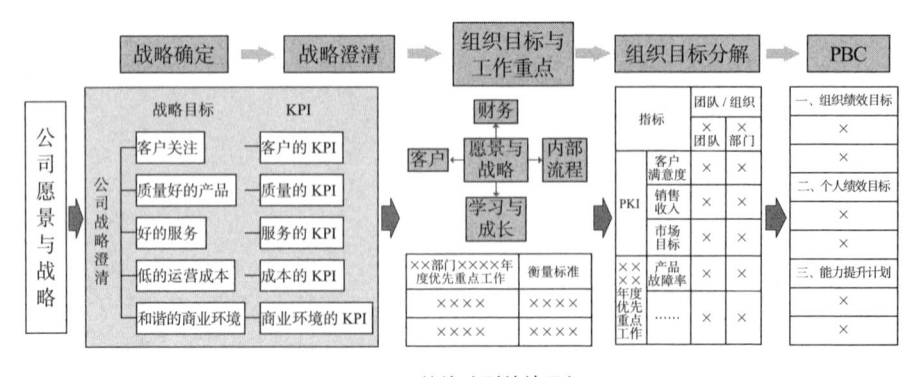

图 6-1 从战略到绩效目标

华为在进行战略解码时，遵循一定的原则，如图 6-2 所示。

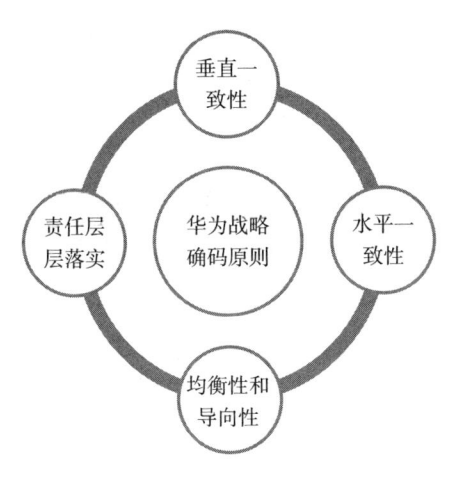

图 6-2 华为战略解码遵循的原则

（1）垂直一致性。所谓垂直一致性是指上下目标要一致，以公司战略和部门业务目标为基础，自上而下垂直分解目标，从公司到各部门再到各个岗位，保证目标的纵向承接一致性。而且下面的目标要大于上面的目标，这样公司的目标才能够实现。

（2）水平一致性。公司价值链上的各个环节都是互相关联的，战略解码需要以公司端到端流程为基础，建立起各部门间的连带责任和协作关系，保证横向一致性。

【任正非观点】各部门一定不能孤立地去建立 KPI

华为现在制定的 KPI 要围绕华为公司总的战略目标来分解和贯彻，各部门一定不能孤立地去建立 KPI。每个部门与产品的覆盖率、占有率、增长率都要有一定的关系。只有在战略目标引导下的管理与服务目标分解，才会起到"力出一孔"的作用。

（3）均衡性和导向性。公司每年都有管理重点，都有优先发展的业务。在解码的时候，需要考虑均衡性、导向性，如今年重点要发展哪个业务，要重点提升哪个能力，相应地加大其指标权重。

（4）责任层层落实。建立KPI指标责任分解矩阵，落实部门对上级目标的承接和责任，为个人绩效考核的确定提供依据。

战略解码的工具有很多，包括：①BEM（业务执行力模型），它强调战略和策略的合理性以及前后的逻辑性；②平衡计分卡，强调均衡性，有效解决了制定战略和实施战略脱节的问题，堵住了"执行漏斗"，能够在直观的图表中显示部门职责、工作任务与承接关系等，层次分明、简单明了；③鱼骨图，适用于职能平台的战略解码。这里我们将对BEM和平衡计分卡进行详细解读。

6.1.2 战略解码工具——BEM

华为将六西格玛质量方法融入战略执行领域，创新性形成华为战略解码工具——BEM（业务执行力模型）。BEM通过对战略逐层逻辑解码，用数据说话，导出可衡量和管理战略的KPI，以及可执行的重点工作和改进项目。

如图6-3所示，华为各级组织会将公司战略依次分层解读。

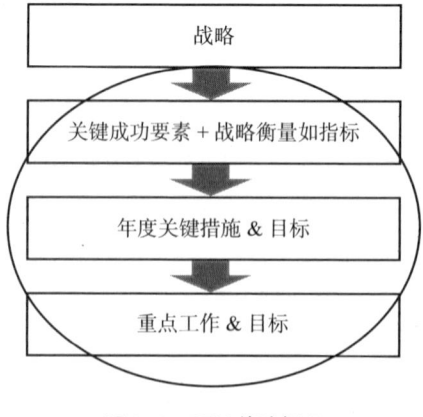

图6-3 BEM战略解码

第一步：华为的战略解码团队（包括人力资源部门、战略规划团队及各个业务部门相关的人员）由总的战略导出达成该战略所需的关键成功要素和战略衡量指标，并选择战略衡量指标加入 KPI，从而牵引 KPI 对齐战略。其中，关键成功要素是指一些特性、准则或能力，如果能够适当且持续地维持和管理，就能对公司在特定产业中竞争成功产生显著的影响。

第二步：对齐关键成功要素，导出年度关键措施和目标（CTQ-Y），并进一步分解形成 CTQ-Y 树。

第三步：基于 CTQ-Y 树，按照工作相关性原则进行识别和组合，从而形成各部门的年度重点工作。

第四步：对重点工作所包含的关键措施，识别导出重点工作子项目。

华为价值逻辑一直是这样的，即帮助公司创造更多收入的行为一定是价值创造行为，将这种行为分解下去就是公司战略和行动计划。而公司战略可以分解成许多行动计划，每个行动计划都对应相应的价值创造行为，每种价值创造行为又有着对应的关键绩效指标（KPI）。华为战略解码的核心工作就是设计 KPI 集合，即制定华为整体的考核指标集。

6.1.3 战略指标体系——平衡计分卡

华为目前采用的战略指标体系是平衡计分卡，现在也在引入 OKR（目标与关键成果）法等其他方式，但仍然以平衡计分卡为主。平衡计分卡包括财务、客户、内部运营、学习与成长四个维度，其中财务层面包括收入、利润、现金流、成本、费用等，客户层面包括市场份额、客户满意度等，内部运营层面包括流程能力、管理能力，学习与成长层面包括组织与人才，如图 6-4 所示。

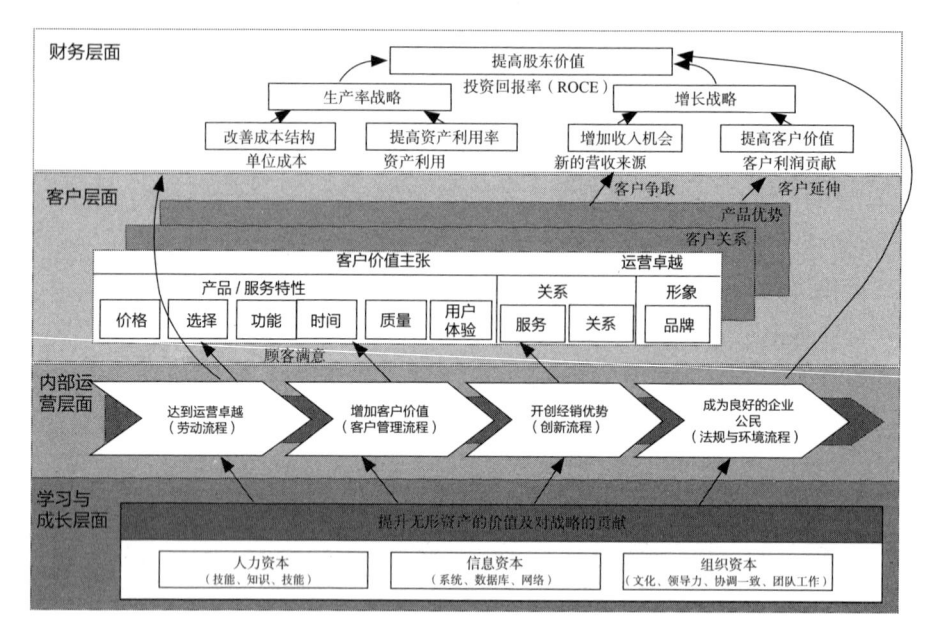

图 6-4 平衡计分卡

运用平衡计分卡进行战略解码的具体过程是：

（1）在财务层面，公司需要通过相关的财务术语描述战略的有形成果，解码后的主要体现有基本的财务关键成功因素和相关的财务指标。

目的：提供组织成功的最终定义，表明战略实施和执行是否对盈余改进有所助力。

确定原则：财务策略目标应体现部门的责任和责任中心定位，应支撑战略目标的达成，且必须有利于组织可持续发展。

确定方法：基于部门的责任和责任中心定位确定能够为公司做出的财务方面的贡献（如规模增长、收入增加、风险控制等），基于战略目标识别重点财务策略。

（2）在客户层面，公司需要对公司目标客户及价值主张进行明确描述，如价格有吸引力，用户体验良好，服务周到，品牌形象好等。

目的：通过对公司目标客户的界定，并对目标客户的价值主张/诉求进行识别，为下一步确定实现客户价值主张的核心流程提供目标。

确定原则：明确目标，细分客户并识别其价值主张，而不是满足所有客户的需求；不同类型的目标客户应分别识别不同的价值主张。对部门而言，客户不仅包含外部客户，还包括内部客户；对内部客户来说，价值增长应描述服务的结果，过程性要求放在内部运营层面。客户价值主张的实现应对财务层面有支撑作用，应能够对目标客户创造差异化、可持续的价值。

确定方法：对客户进行细分，确定目标客户；分析目标客户的价值主张；确定客户层面的目标（针对目标客户的策略目标，形成差异化的价值主张）。

（3）在内部运营层面，公司要对战略产生比较重要影响的相关关键流程进行描述。例如，市场/行销管理中的产品销售，运营管理中的持续向客户提供服务，客户管理中的建立并利用客户关系，创新管理中的开发新产品/服务/流程，以及研发管理中的持续研发项目管理。

目的：实现两个关键的公司战略要素，即为客户创造价值并传递价值主张，以及为财务层面的生产率要素改善流程并降低成本，它们是下一步识别战略人力资源/信息/组织资本的前提。

确定原则：应支撑财务层面和客户层面目标的实现；应为传递差异化价值主张和提高生产率的最重要的少数核心管理，而不是简单的流程汇总。

确定方法：确定能够对客户层面的目标实现起决定性作用的要素；确定能够对财务层面的目标实现起决定性作用的要素；对筛选出的关键要素加以归类。

（4）学习与成长层面，公司需要描述如何将人力、技术、组织氛围结合起来支持战略。例如，人力资本（战略能力）：执行战略活动所要求的技能、才干、技术诀窍等。信息资本（战略信息）：支持战略所要求的信息系统、知识运用和基础设施。组织资本（战略环境）：执行战略所要求的动员和维持变革流程的组织能力。

目的：通过无形资产驱动内部业务流程绩效的提高，在向客户、股东和社区传递价值时发挥最大的杠杆作用。

确定原则：无形资产应关注支撑内部层面确定的关键流程运作所需的特殊能力和特征（人力/组织/信息资本）。

确定方法：确定为有效支撑核心流程运作，在团队、员工能力提升方面的关键策略；确定为有效支撑核心流程运作，在信息基础设施及信息系统建设方面的关键策略；确定为保证战略有效实施，在文化、领导力、协调一致、团队工作等方面的关键策略。

平衡计分卡通过四个维度把战略目标分解并转化成一套指标体系，再从上到下分解成组织绩效。因此，平衡计分卡是将组织战略落实为可操作性的衡量指标和目标值的一种新型绩效管理体系。

6.2 设计组织 KPI 的集合

战略解码的过程是从企业战略洞察到战略分解到组织 KPI 体系，再到确定各个部门的 KPI，然后到个人的 PBC。将战略导出成组织 KPI，包括三个步骤：一是明确战略方向及其运营定义；二是识别 CSF（关键成功要素），制定战略地图；三是基于战略地图，导出战略 KPI。

6.2.1 明确战略方向及其运营定义

战略方向是对牵引组织达成战略目标的一系列行动给出的方向性指引，一般采用一个含义明确的短语进行描述，比如，有效增长、卓越经营、引领行业。而战略方向的运营定义是指对战略方向的具体化、可衡量的描述，目的是保障战略方向的范围、内涵得到准确、一致的定义，以避免对战略方向理解的偏差（见表6-1）。

表 6-1 战略方向及其运营定义（示例）

战略方向	战略方向的运营定义
有效增长	·通过为客户提供创新和集成的解决方案，持续提升客户满意度，实现差异化、精细化的格局管理。 ·打造中、欧两个本土市场，亚非拉成熟市场做厚，浅开发市场快速增长。 ·收入增速达到行业 × 倍，收入年增长 ×%，贡献利润率 ××%
卓越运营	·通过流程集成，加大对一线的授权及授权后的管理与监督，完善管控模式，促进组织间协同，优化区域组织结构，健全全球整合型组织，提升合同质量，促进契约化交付，实现 2017 年 SG&A（坏账率，交付成本率）达到 ××%。 ·通过"赋"与"促动"，创造一个能让员工相互协作、自主解决问题的轻松环境，激发员工勇于担责。
引领行业	·通过打造管理操作系统，分几段投入，构筑未来控制点和领先优势。 ·优化与客户做生意的方式，将价值构筑在软件与服务上，把软件和服务打造成核心竞争力。 ·主动开展产业链管理，构建有效竞争及利益分配的商业生态环境。通过影响频谱、国家宽带等产业政策，帮助运营商做大蛋糕。

明确战略方向及其运营定义的目的在于清晰战略方向，达成战略共识。为什么要对战略方向达成共识呢？我们可以借助一个矩阵来进行理解，如图 6-5 所示。

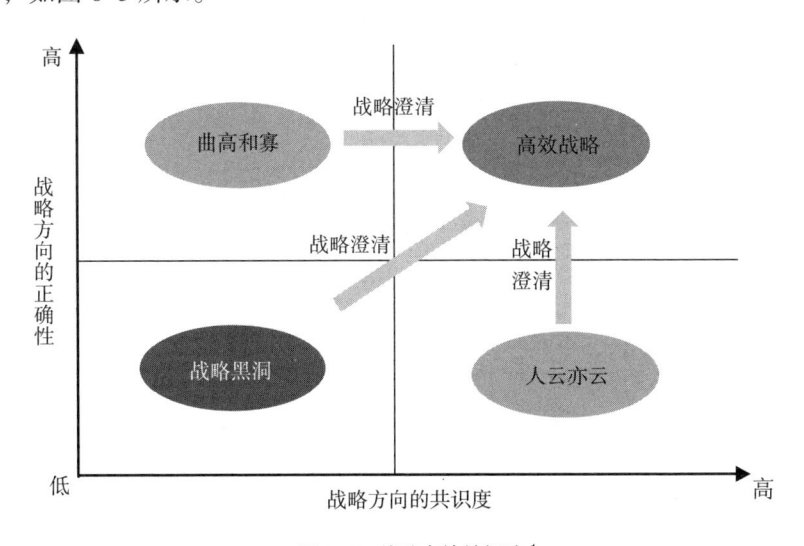

图 6-5 战略有效性矩阵[1]

---

[1] 王钺. 战略三环：规划、解码、执行 [M]. 北京：机械工业出版社，2020.

如果一家企业的战略既缺乏正确性,也没有对战略达成共识,那么这家企业可以说完全没有进行战略管理;如果战略方向是正确的,但没有对战略方向达成共识,这样的战略是无法有效落地的;如果大家对战略方向达成高度共识,但是战略却无法帮助获得竞争优势,这样的战略只能是人云亦云的。只有战略方向正确并达成高度共识,才能称得上是高效战略。

6.2.2 识别 CSF,制定战略地图

在明确战略方向后,接下来就是识别关键成功因素,制定战略地图。关键成功因素(Critical Success Factors,CSF)就是为达成企业愿景和战略目标而需要组织重点管理的,以确保竞争优势的差别化的核心要素(见表6-2)。而这些 CSF 则全部是按照平衡计分卡的方法,从财务、客户、内部运营和学习与成长四个维度进行提炼的,将它们之间的因果关系进行绘制,即可得到战略地图。

表6-2 CSF(示例)

维度	内容				
财务	增大企业价值	利润最大化	增大销售	降低成本	资产利润率最大化
客户	提升市场份额	产品价值最大化	提升品牌形象	构建与客户/渠道商的亲密关系	提升品质
内部运营	符合客户需求的新产品	建立高品质柔性的市场机制	采购流畅效率化	改善交期管理	优化 SCM
学习与成长	培养人才	构建先进的企业文化	管理知识	构建技术壁垒	扩大 IT 基础

战略地图的绘制步骤如下:

(1)确定股东/利益相关者的价值差距。例如,股东期望三年之后营业收入能达到10亿元,但是公司只达到3亿元,距离股东的价值预期还差7亿元,这个差距7亿元就是企业的总体目标。

（2）调整客户价值主张。要弥补股东价值差距，要实现 7 亿元营收的增长，对现有的客户进行分析，调整企业的客户价值主张。客户价值主张主要有四种：第一种是总成本最低，第二种强调产品创新和领导，第三种是强调提供全面客户解决方案，第四种是系统锁定。

（3）规划价值提升的时间表。针对五年实现 7 亿元股东价值差距的目标，要确定推进表：第一年提升多少，第二年、第三年分别是多少。

（4）确定战略主题和关键的流程。确定企业短期、中期、长期做什么事。有四个关键内部流程：运营管理流程、客户管理流程、创新流程和社会流程。

（5）确定和协调无形资产，也就是提升战略准备度。分析企业现有无形资产的战略准备度，确定是否具备支撑关键流程的能力。如不具备，找出办法来予以提升。企业无形资产分为三类：人力资本、信息资本和组织资本。

（6）形成执行战略所要求的行动方案。

通过战略地图可以明确财务、客户、内部运营和学习与成长四个层面之间的因果关系，达成企业的战略共识。

战略地图可以用来描述组织如何创造价值，为战略制定和战略执行之间的鸿沟搭起一座桥梁。同时它也能用来检验 CSF 的恰当性，即从平衡计分卡的维度检测 CSF 之间的均衡性，确认各 CSF 之间的因果关系及其是否能够最终支撑战略目标的实现。如果 CSF 间存在不均衡，或存在独立的 CSF，或 CSF 间缺乏因果关系时，则需重新审视 CSF。

对于提炼出来的 CSF，麻省理工学院教授约翰·罗卡特认为，在一个公司的运营管理中，若是能掌握少数几个领域，便能确保该公司具有相当的竞争力；若是能在少数几个关键领域保持好的绩效，该组织便能够成长；而若在关键领域的表现很差，该组织便会在这期间陷于运营困境。

6.2.3 基于战略地图，导出战略 KPI

有了战略地图，则要进一步围绕确定的战略主题展开，基于战略主题提炼出关键成功因素，找到关键成功因素的主要驱动因素，对驱动因素进行量化就构成了战略 KPI。

战略 KPI 是指衡量战略是否达到的 KPI 指标，与考核 KPI 有所区别（可选取部分战略 KPI 纳入考核）。战略 KPI 需要从战略相关性、可测量性、可控性、可激发性四个方面评价和筛选，并且综合考虑其平衡性（见表 6-3）。

表 6-3 战略 KPI 的评价和筛选依据

序号	评价维度	具体说明
1	战略相关性	·绩效指标与战略方向与战略目标强相关； ·最适合组织业务特性且能代表战略目标
2	可测量性	·能收集到测量的基础数据（采集来源）； ·能明确测量基数，且能做到客观预测； ·能设定具体的测量指标值
3	可控性	·该类绩效真值表通过组织努力具有可控性； ·受不可抗力影响小
4	可激发性	·该类指标能用于牵引改善绩效的行动； ·组织内全员愿意付出努力来改善指标

战略 KPI 的导出步骤：

（1）要正确理解 CSF。CSF 很明确时可以直接导出战略 KPI。

（2）当 CSF 不明确时，第一步，分析构成 CSF 的流程后导出 CSF 构成要素（采用 IPOOC 方法）；第二步，根据 CSF 构成要素导出备选指标；第三步，通过评价标准确定战略 KPI，如图 6-6 所示。

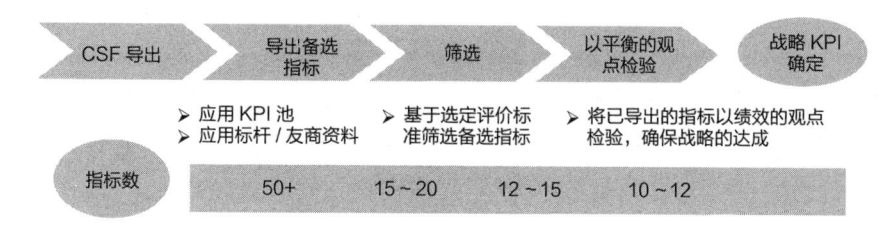

第 6 章 战略解码：将战略有效分解到组织与个人

```
CSF 导出  →  导出备选指标  →  筛选  →  以平衡的观点检验  →  战略 KPI 确定
              ▸ 应用 KPI 池      ▸ 基于选定评价      ▸ 将已导出的指标以绩效的观点
              ▸ 应用标杆/友商资料   准筛选备选指标      检验，确保战略的达成

指标数         50+        15~20        12~15         10~12
```

图 6-6　战略 KPI 的导出步骤

IPOOC 方法指从 Input（输入）、Process（过程）、Output（输出）、Outcome（收益）四个维度对 CSF 展开，其中 Input 一般指资源；Process 指从战略的角度看，影响 CSF 达成的关键活动过程是什么；Output 指从流程视角看直接输出的什么，如产品制度或客户满意度；Outcome 指从内部视角看收益，如经济结果、客户感受、品牌增值等。

用 IPOOC 方法导出 CSF 的构成要素本质上是更细颗粒度的 CSF，一般有几个要求：一是尽量采取动宾短语表达，如"构建商业解决方案专家能力知识体系"；二是构成要素要具有方向性（如提升××、缩短××、构建××等）；三是财务维度 CSF 一般由收益导出构成要素，客户维度 CSF 一般由输出、收益导出构成要素，内部业务与学习成长维度 CSF 一般要从输入、过程、输出和收益四个方面导出构成要素；四是 CSF 对应的构成要素数量不能太多，要保证颗粒度（一个 CSF 的构成要素五个以内为宜，要从总经理视角考虑）（见表 6-4）。

表 6-4　战略 KPI、CSF 及 IPOOC（示例）

战略方向	战略方向的运营定义	CSF	IPOOC	CSF 构成要素	备选 KPI	评价标准			分数（分）
						战略相关性	可测量性	可控性	可激发性
			输入	匹配客户需求的解决方案	客户需求包满意率	3	3	3	9	18
					技术标准名	3	3	1	3	10
				专业的服务拓展人员到位	专家到位率	1	9	3	3	16

续表

战略方向	战略方向的运营定义	CSF	IPOOC	CSF 构成要素	备选 KPI	评价标准			分数（分）
						战略相关性	可测量性	可控性	可激发性	
有效增长	中国、中东、非洲、南太、西欧服务格局形成	提升价值市场份额	过程	规范项目运作管理	过程符合度	1	3	9	3	16
				改善客户关系	客户满意度	1	3	1	3	8
			输出	获取的价值客户合同	签单率	3	9	3	3	18
				竞争项目的胜利	战略、山头目标完成率	9	3	3	9	24
			收益	价值市场份额提升	价值市场份额占比	9	3	3	3	24
				订货增加	订货	1	9	3	1	18
				利润改善	销售毛利率	3	9	3	1	18

对华为而言，战略 KPI 每一年都要刷新。战略的调整、客户需求的变化等因素，都会对指标产生影响。

6.3　战略解码到各个部门

将战略解码到各个部门可以有效解决如何对齐企业目标、部门与个人目标并落地实施的问题。

6.3.1　提炼组织年度业务关键任务

关键任务是指实现企业战略目标所需要的策略和行动，它主要包括业务增长举措和能力建设举措，涵盖的内容有客户关系管理、营销管理、研发管理、交付管理、平台建设、能力建设等。

华为要实现云管端一体化，进入消费者业务和企业业务市场，其关键任务有什么？第一项任务是要构建适合消费者业务和企业业务的管理体系，包括流程、IT体系；第二项任务是要逐步搭建支撑消费者未来目标的市场营销体系，包括在欧洲、亚洲、中国等各个国家和区域搭建市场营销体系；第三项任务是要补齐渠道管理能力和消费者洞察能力；第四项任务是要针对消费者的市场，设立不同的手机产品线、不同的系列等。

在提炼关键任务时，我们需要注意以下几点：

首先，关键任务要能够支持业务设计，特别是要支持价值主张的实现。因为竞争来自独特性，来自差异化，所以关键任务一定要能支撑差异化的实现，支撑业务设计的价值主张。在过去几年里，华为终端有专门研究照相、续航、半导体、芯片的团队，有了这些重点任务，就能支撑华为手机的独特性。

其次，关键任务要包含重要的流程设计。对华为来说，过去运营商业务领域形成的管理体系，有些能用的留下，不能用的看看能不能修改一下使用，没有的要补上。现在，华为成立一个新的业务部门，会先界定业务部门的流程范围，并将部门执行流程写到任命公文里。

2019年，华为公司成立智能汽车解决方案BU，这是华为成立的第五个业务部门，任命公文中在部门职责之后，就明确写了该部门执行哪些流程。华为给它界定执行流程，其实就是在界定业务范围，界定这个部门做什么，不做什么。要执行这个流程，不适合它的业务就要做裁剪和调整。

最后，关键任务是年度的，但是也能够按照季度来进行测量的。例如，华为成立消费者BG之后，首先建立适应消费者BG的供应链和流程

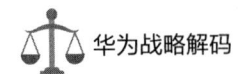

IT 系统，然后对具体的任务制订工作计划：第一年先做 ERP 系统，第二年把计划系统导入，第三年……接着成立一个项目组建这套流程，每个季度都有指标衡量，使这个流程能够支撑消费者 BG 的业务发展。

6.3.2 明确各关键任务间的依赖关系

在明确关键任务后，就要考虑关键任务之间的相互依赖关系。依赖关系是完成关键任务的必要条件。业务设计的实现，不仅需要企业内部各个部门的协同合作，更需要产业链上其他合作伙伴的协助。

例如，华为有两个公司级的重点任务，一是建设欧洲第二本土市场，二是推行公司人力资源纲要 2.0。这两个任务有没有依赖关系呢？首先，要想建好欧洲本土市场，就要有相应的人力资源激励制度；其次，这个任务的主管要给推行人力资源纲要 2.0 的主管提要求，说清楚要建立一个什么样的人力资源配套激励政策。这就是这两个任务之间的依赖关系。

通常在确定关键任务间依赖关系的时候，我们会形成一个表格——责任矩阵（见表 6-5）。

表 6-5 关键任务的责任矩阵

分类	任务 1	任务 2	任务 3	任务 4	任务 5	任务 6	…
人员 1	★	○	★	○	√	√	
人员 2	○	★	○	√	○	√	
人员 3	○	√	○	○	○	★	
人员 4	√	√	√	★	√	√	
人员 5	○	○	○	√	★	○	
…							

注：★ 表示主导，○ 表示参与，√ 表示支持。

假如有9个关键任务，管理团队有7个人，每个人在每个任务中填写自己的工作职责，是主导、参与还是支持。这就形成一个责任矩阵，每项重点工作都有人去承接。责任矩阵是每年从企业到一级部门、二级部门都要做的一项工作，这项工作叫OT（组织建设），OT一般要进行1~2天，第一天第一项议题就是讨论团队的独特价值，这个团队要为企业做什么贡献，讨论支撑企业战略的这些重点工作，突出这些重点工作的责任矩阵，这是每一级管理团队每年都要做的一件事情。有了这样的责任矩阵，关键任务的内部相互依赖关系就有了。

除此之外，也有一些外部的关联关系，如每个关键任务依赖哪些合作伙伴，包括供应商、渠道商、其他机构等。

> 【管理思考】检查与内外部合作伙伴之间的相互依赖关系
>
> 在检查与内外部合作伙伴之间的相互依赖关系时，需要考虑以下几点：
> （1）信任。你们之间的承诺是值得依赖的吗？
> （2）同盟。双方是否拥有共同的目标？
> （3）灵活性。承诺是否能够依据需求的变化而调整？
> （4）权责。各方的权责明晰吗？
> （5）澄清。各方对某一问题是否达成了一致的理解？

6.3.3 制定部门业务实施规划和绩效目标

各部门要根据自身职责及企业级关键任务，明确本部门的重点工作，同时形成责任矩阵，如表6-6所示。

表 6-6 部门重点工作责任矩阵

重点工作	上级部门	本部门	下属团队	时间计划	责任人	支持
1	A	C/E	R	××	××	××
2	A/R	C/E	C/P	××	××	××
3	R	C/E	C/P/R	××	××	××
4	D/A/R/P	C/E	C	××	××	××
…	R/A/P	C/E	C	××	××	××

注：表中，A=Approve（批准），C=Create（创建），E=Execute（执行），D=Delegate（授权），D=Propose（建议），R=Review（评审），S=Support（支持）。

在确定关键任务的各责任部门时，需要考虑以下几点：一是部门在企业中的定位，即部门在企业中应如何发挥价值；二是部门的使命和愿景；三是部门的主要职责，部门的核心职责需要支持企业的目标。

同时，在从上到下的战略分解过程中，各部门每年都要做本部门的一个改进计划，即未来部门的管理能力要从哪些方面进行提升，组织能力要如何进行改善，组织资源要如何进行配备等，相应地形成一些具体的管理改进措施，写进部门业务规划中。

每个部门在进行战略解码时，都要画一个战略地图，包括财务层面、客户层面、内部运营层面、学习与成长层面，在每个层面上，写清本部门的目标是什么，实现措施包括哪些，这些措施之间是怎样相互支撑的。例如，财务层面的收入、利润、现金流目标，需要通过客户层面的产品优势、客户关系、差异化解决方案来支撑实现，而客户层面的差异化要靠关键举措和运营流程来实现，学习与成长层面的组织能力、人力资源等通过完成一些任务来支撑战略目标的实现。每个部门每年战略解码完成后，都要画出这样一张地图，把部门指标、关键举措、组织与人才、流程建设全部画在一张图上，来管理部门战略和执行。

上一节中提到的基于关键成功要素设计出战略 KPI 后，各部门还需要按部门职责明确绩效指标的责任部门，从而形成部门 KPI 考核指标。

以华为设备成本管理为例,通过 CSF 分解设备成本管理的关键要素分别是研发降成本、采购降成本和提升生产效率等,其对应的指标分别是成本节约额、成本下降率和制造费用率,对应的责任分别由产品线、采购认证管理部和供应链管理部负责。

华为在对公司战略目标进行解码后确定各部门的关键成功要素和重点工作(见图 6-7)。其中,各部门重点工作优先确定的基本原则是:确定为达成部门目标,部门或团队最关键、需要优先考虑的事情,以及需要团队共同完成的事情,对需要考虑的事情开展优先级排序,事项最好不超过 8 个。

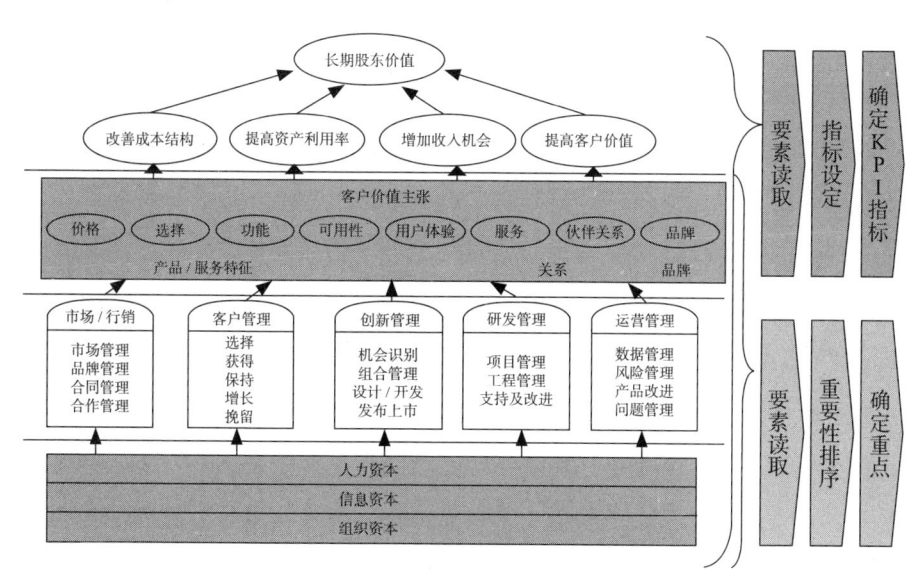

图 6-7 华为确定部门的重点工作

在各部门重点工作明确后,部门会识别支撑重点工作完成的关键措施,分阶段推进落实,完成重点工作,最终实现组织目标。

2014 年,华为手机终于实现在东南亚市场的崛起:MATE7 一经发布,就立刻被抢购一空。而在此之前,华为在公开市场难以和三星等电子巨头

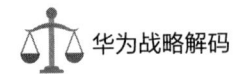

比肩。为了实现突破,华为就把突破东南亚市场定为公司战略重点,然后把它分解到各相关部门:由华为终端部门主导,其他部门协同配合。

在完成这一重大任务的过程中,华为终端部门采取了以下举措:

1. 与市场排名稍微靠后的渠道商结盟,积少成多,扩大市场份额

鉴于各国的IT渠道老大一般倾向于和三星这样有名气的品牌合作,经过一番分析后,华为决定退而求其次,转向和第二名或者第三名渠道商合作,尽管它们不是本国市场的第一名,但仍然占据了不少市场份额。华为通过制定相关的政策,鼓励这些渠道商多售卖华为手机,加上华为手机性价比高,得到了消费者青睐,市场份额不断被华为慢慢蚕食。

2. 本土先行:雇用当地员工,尊重当地风俗习惯

东南亚消费市场因为国情不同而变得复杂,国内的一些策略和方法照搬执行往往行不通。为了克服跨国公司惯有的水土不服症,华为采取了两个措施:一是聘用当地的人才,因为当地人更了解本地的市场竞争状况,更容易和消费者打成一片。华为在东南亚市场中,中国籍员工和外籍员工的比例是1:10。二是充分尊重当地的风俗习惯。无论是营销还是其他运营工作,华为都要求员工充分尊重每个国家当地的风俗,做到入乡随俗。

3. 立体营销:电视促销、明星效应、体育营销等多措并举

随着华为手机逐渐打开东南亚市场,为了巩固和深化这些成果,华为选择了立体营销,包含电视促销、明星效应、体育营销三个方面。电视促销并不是电视购物,而是拍摄一系列电视广告片投放市场,因为这些广告片常常能够打动人心。为此,华为不惜花费数百万元拍了一个国际范又亲民的广告片来吸引消费者的注意。华为邀请了当地知名红星代言,例如,在泰国发布华为MATE7时,代言人泰国知名红星YaYa Ying一出场就引发全场轰动。明星带动的是粉丝,粉丝又把华为的品牌散播到自己所属的圈子里。华为通过赞助斯里兰卡等国家的板球联赛,迅速和当地人紧密地联系起来,又树立起了年轻、运动、阳光的品牌形象,一举多得。线上线下联动,营销效果倍增。

4. 与旗下销售终端结成利益共同体,让它们赚到真金白银

三星等手机厂商在东南亚市场已经耕耘多年,华为的进入势必引来三星的反击。为了应对它们可能的打压,华为在东南亚市场构建了自营专卖店、加盟店和店中店,完全摆脱了对运营商和大型IT渠道商的依赖。同时,对于旗下的所有销售终端,华为从不要求它们提前压货或者强迫要求达到销售目标,从而保障了每个销售终端的切实利益。而且华为给予这些合作伙伴大量补贴,如共同建店、举办活动等,做到彼此尊重,让合作伙伴都能够赚到真金白银。

5. 重视电商建设,快速采纳客户意见

对于电商这种新兴销售渠道的建设,华为表现得非常积极,一是因为大环境所致,东南亚市场的消费者越来越多地选择在网上消费。二是因为通过电商手段,能够快速和消费者取得联系,把消费者的意见快速纳入生产过程。

从上述可以看出,华为终端通过识别出支撑部门重点工作达成的关键举措,逐步明确并推进落实,最终实现了在东南亚市场的战略性突破。

6.4 组织绩效分解到个人

在对企业总体战略进行解码后,企业依次建立了各级的指标体系。首先基于企业的总体战略,找出企业的业务重点,并确定关键业务领域的KPI,从而建立企业级KPI。接下来,各部门主管需要依据企业级KPI建立部门级KPI。最后,各部门主管和部门的员工一起将部门级KPI进一步分解为更细的个人KPI,这些业绩衡量指标就是员工考核的要素和依据。

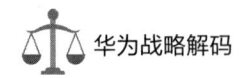

6.4.1 让员工充分理解组织目标

彼得·德鲁克认为:"企业中的每一个成员都有不同的贡献,但是所有贡献都必须为着一个共同目标;他们的努力必须全部都朝着一个方向,他们的贡献必须互相衔接而形成整体——没有缺口,没有摩擦,没有不必要的充分劳动。"华为通过战略解码,让员工充分理解企业总体战略目标,并将个人绩效和组织绩效捆绑在一起,实现对企业总体战略的有效支撑。

在任正非看来,战略主要是公司高层管理者关注的事情,基层员工愿意关注也不错,但是不能强求所有员工都能理解公司的战略,因为他不一定懂,也不一定信。

在华为的一次内部会议中,时任华为公司CFO(首席财务官)的孟晚舟做完财务报告之后,任正非忽然说道:"时间还很充裕,谈谈你对华为发展目标的看法。"于是,孟晚舟便将壮大欧洲市场、致力开发新一代智能产品、打造电信网络新平台等战略构想阐述了一遍,还没等她说完,任正非打断了她:"你的战略构想很好,但是如何向下面的人传达,说你要当世界老大呢?"孟晚舟一时语塞,不知道如何回答。

任正非接着说:"制定战略是公司层面的事,我们的员工未必关心公司的事,他们更关心自己一年能拿多少钱。但是我们要让员工觉得公司的事业是和他们息息相关的,光喊几个口号是不行的,以前行得通是因为我们人少,现在我们的员工一个体育场都站不下,我们的声音怎么传给体育场外面的员工?"

为了将公司的战略目标传达到各个部门、各个员工,让员工理解,华为对公司的战略目标进行了层层解码。这样一来,到每个员工面前的便是一套具体的指标,即个人KPI。有了KPI,员工就比较容易理解战略,然后朝着公司目标方向去努力、去执行就行了。

另外，华为实行严格的 PBC 计划。PBC 是采取自上而下的方式进行制定的，它将公司目标逐一分解到部门，员工根据部门年度目标进行自己的 PBC 设计，这样员工对公司的总体战略就有了更进一步的理解。

【管理策略】PBC 计划是华为公司对每个员工的期望和考核的标准

层层制定目标：

（1）每年年初，公司向各产品线下达绩效目标。

（2）各产品线将下达的目标分解至部门、片区、办公室、科室。

（3）在和员工沟通的基础上，再将目标分解到各个员工。

绩效目标要求：

（1）目标须符合 SMART 原则（具体的、可量化的、可实现的、与其他目标有一定的相关性、有时限的）。

（2）员工个人目标应紧密围绕组织目标，与组织目标保持一致。

（3）员工目标的挑战性应与员工职务级别、薪酬级别成正比。

（4）实行矩阵管理的岗位，员工目标由行政上级、业务上级共同确定。

华为的 PBC 计划强调责任结果导向，聚焦短期兼顾长期组织绩效目标，一贯到底，指令清晰，时效性高，推动了公司的业务增长和高执行力，有效支撑了华为的持续发展。

6.4.2　将个人绩效与组织绩效捆绑

个人绩效的实现，就是为实现组织绩效服务的，因此，在制定个人绩效时，应当先考虑的是与组织绩效的匹配性。前面我们提到过，华为在个人绩效管理上引入了 PBC 并对其进行了优化，优化后的 PBC 结构如表 6-7 所示。

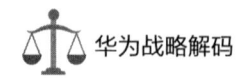

表6-7　华为的PBC结构（示例）

一、业务目标
关键结果指标（WIN）——个人承接KPI
（1）经营指标（KPI指标）
（2）市场目标
个人关键举措目标（EXE）——共6~8项
（1）个人年度业务目标（战略诉求、山头目标、高层客户管理等）
（2）个人年度管理改进目标（交付流程改进、组织建设等）
二、人员管理目标（共3~4项）
根据各责任部门的团队与人员管理挑战，设置目标
三、个人能力提升目标（共2~3项）
根据个人能力短板，设置个人能力提升指标，非职业发展计划

首先，PBC的制定是一个双向沟通的过程，是员工和部门主管在沟通协商中制定的，而不是简单的任务分解与对上级命令的执行。这样一来，既能提高员工个人的参与感，还能把员工的个人业绩与部门的组织绩效目标相融合，同时保证公司的组织绩效目标与部门的绩效目标紧密结合，使得公司目标能够被切实执行。

其次，在华为，员工的PBC结构具体包括业务目标、人员管理目标和个人能力提升目标，不过现在华为在招聘和录用中会从人的素质、潜能、品格、学历和经验等方面对人才进行多轮严苛的筛选，因此华为员工PBC中已经很少设置个人能力提升目标。PBC里的目标内容会作为组织对个人绩效评估的主要参考依据，影响着对员工的价值分配。如果将员工奖金比作"蛋糕"，组织绩效决定了整个"蛋糕"的大小，而员工个人绩效则决定了每位员工能分到多少"蛋糕"。通过这样的方式，华为将个人绩效与组织绩效进行了有效捆绑，使两者达成了平衡。

有这样一份调研报告：被调研辅导的一家客户企业，由于没有建立明确的责任制度，经常有人"出工不出力，出力不出活"，或者"干自己的私活"；还有的人漫不经心，懒懒散散，以致工作效率低下。例如，生产小组需要跟进的任务，小组成员常常相互推诿，都认为既然是小组的任务，自己没有必要去冒这个头，致使生产任务常常出现延误。

调研后发现，员工之所以这样做，是因为个人绩效和团队绩效没有很好地捆绑，缺少有效的考评手段。大部分员工认为既然没有责任人，那就有问题大家承担，有责任大家分担，实质上造成人人都没有责任。由于抱有这种思想，员工非但不能明确自己在团队中所扮演的角色，更不知道自己究竟该做什么了。

很多企业将个人绩效与团队绩效割裂开来，各自独立，实际上是不利于推动个人绩效和团队绩效提升的，而且，也不利于员工培养团队意识，不利于他们融入团队，实现协同发展。因此，华为将个人绩效对准组织绩效，并且与后者形成强烈的捆绑关系。

6.4.3 让部门主管对组织绩效负责

在华为，部门主管不仅要对自己的个人绩效负责，还需要负责团队绩效，通过与下属员工进行沟通讨论，辅导他们制定个人绩效目标，确保个人目标顺应公司的战略，在绩效管理体系下最终实现多方共赢。

2003年，华为南京研究所率先以团队绩效就是部门主管的个人绩效为核心理念推行团队绩效测评体系。随着公司不断发展，华为对部门主管的个人绩效进行了相应的优化，现在部门主管的绩效包括三部分：主管本人的绩效、主管所辖员工的绩效以及主管所带领团队的绩效。

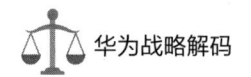

任正非多次强调，如果组织经营效果不好，部门主管是不可能有好的绩效结果的。作为一个团队的主管，自己不仅必须是一个能冲锋陷阵的能手，还必须是一个能带领团队攻城拔寨的主帅。团队的整体绩效是部门主管的"紧箍咒"，是干部提拔任用的前提和必要条件。

华为在管理团队绩效和个人绩效中借鉴了IBM的考核模式，让部门主管辅导下属做PBC（个人业务承诺）。主管需要与员工进行沟通，辅导他们对自己的"承诺目标"进行分解并量化，以便员工在执行时能兑现他的绩效承诺。

在辅导下属做自己的PBC时，首先，主管需要深入地了解下属的业务领域，通过沟通厘清业务思路，真正实现上下对齐，而且通过这次彻底的沟通，日常沟通可以减少很多，进而大大降低日常的沟通成本。其次，主管不要轻易下结论，而要不断地启发下属。对员工来讲，沟通能让他们开启思路，学会结构化思考，找到解决问题的方法。最后，主管和员工各司其职，各尽其能。主管通过不断刨根问底澄清下属所在岗位的独特价值，帮助每一位下属把最主要的精力聚焦在最关键的工作上，提高团队效率。

华为通过采取主管辅导下属绩效目标的管理模式，不仅有助于主管考察员工的最终业绩，也能了解到整个过程中下属的工作情况，便于及时调整工作偏差，在帮助下属更好地完成自己的PBC的情况下，实现更好的团队绩效。总之，对下属的绩效目标的辅导不是为了完成考核去做过程检查，更重要的是帮助员工达成业务结果，同时促进其成长。

6.5 战略解码的实践挑战

我们发现，企业在战略解码过程中遇到的实践挑战包括三个方面：一是战略规划不到位，导致无码可解；二是缺少研讨共创，部门间无法形成共识；三是层层分解责任，但没有担责与互补意识。

6.5.1 战略规划不到位，导致无码可解

我曾经在给国内一家企业做战略解码项目时，遇到了棘手的问题：解码工作无法顺利地进行下去，总要回到战略规划阶段，通过提出一些问题帮助企业重新思考和梳理战略。

事实上，这也是很多企业常面临的困境。为什么会出现这样的现象呢？这是由于企业战略规划阶段的工作没有做到位造成的。我们看几个典型的场景。

多数企业会选择在全年结束或新的一年年初发布战略。在此之前，领导安排相应的部门起草战略规划报告，然后由领导向大家进行宣讲。其他人员也不会说这个战略规划报告不合适，他们习惯了领导来决策、拍板。

有的企业会请一些咨询公司来做战略规划，咨询公司通过与领导密切沟通，最终形成一个战略规划报告，然后进行内部汇报。

即便这些会议或者汇报非常顺利，我们仍然可以预见，这些战略规划报告都是很难落地的。领导的一言堂或者寄希望于外部顾问身上，这是国内有些企业在战略思考时常见的误区。

华为公司的战略规划是跟大家一起讨论出来的，并不是老板一个人拍出来的，战略制定有民主与集中的过程，到最后执行的时候，困难就会变得很小。如果战略规划是由一两个人写出来的，写一个战略规划文档本身没有意义，过程比结果还重要。

面对市场和竞争越发复杂激烈、创新迭起的局面，领导者一个人难以考虑周全，需要更多"军师"一起探索可能的战略方向，借助外部顾问的力量获取一些洞见和数据分析也是有必要的，但是不能完全只依靠他们去进行战略规划，毕竟最了解企业情况的还是自己人。

战略规划需要综合企业内部和外部信息进行理性逻辑分析和直觉综合

判断，因此只有发挥集体的智慧，实现不同思维的碰撞和激发，才能做出周全的战略决策。同时，这也是促进上下达成共识的过程，有助于形成一个愿景、一个声音。当下上同欲时，企业战略才有可能被分解成关键任务。参与战略规划的人员类型应该包括企业最高领导层、战略管理部人员（或外部专家）、市场一线人员（或行业专家）、关键财务人员、关键人力资源人员。

通过战略规划，应该做到用一句话讲清楚自己企业的战略——我是谁，到哪儿去，如何去。哈佛商学院大卫·科里斯强调，如果你不能用一句话说清自己企业的战略，往往意味着你战略还不够清晰准确，实施战略时很可能以失败告终。有了清晰的战略，才能把组织带往正确的航向，驱使员工不断前行。

6.5.2　缺少研讨共创，部门间无法形成共识

战略规划完成后，各部门要基于企业的战略规划进行战略分解，为此，企业应该召开战略解码会，将战略分解为关键任务和行动计划，并明确负责人和团队。但是很多企业的战略解码会就是简单的逐层分解任务或者没有召开战略解码会，直接分解任务。这样导致的结果就是，在任务执行过程中需要跨部门支撑的时候，大家的配合程度不高，因为企业只注重了纵向的战略解码，没有关注到横向之间的拉通。

因此，在战略解码会议中，应该关注以下几个重点：

（1）对于关键任务要达成共识。企业的资源和能力是有限的，为了实现战略目标，企业在接下来的1～2年应该集中力量做好哪些关键任务？这些关键任务要完成到什么程度才足以支撑企业长期目标的实现？

（2）各部门在完成本部门的战略分解后，需要进行部门述职，讲清楚基于企业的战略，部门准备如何做，包括关键举措、责任人、资源需求

等。在这个过程中，各部门之间可以相互进行研讨和碰撞，对资源需求、任务要求等达成共识。这样一来，讨论出来的行动计划是经历过集体的挑战和质疑，并一起思考优化的，大家既了解了本部门的任务和目标，也清楚应该为其他部门提供哪些资源和行动支撑。

经验表明，很多人对战略解码会议是心存疑虑的："大家都这么忙，有必要召集起来开会吗？开这样的会，万一争论太激烈，大家吵起来怎么办？"也有不少人存在心理上的抵制，认为是形式主义。

但是，战略解码会议是一个促使团队做出承诺的重要场合。通过研讨，大家能表达顾虑、提出意见，相互之间对决策结果能够有更强的认同感，执行起来更有激情；部门承诺等能够给员工带来压力和动力，激发员工去努力完成任务。

另外，在战略解码过程中，管理者也要发挥其领导力的作用，实现"上下打通，左右打通。"

6.5.3 层层分解责任，但没有担责与互补意识

我们知道，战略解码是层层分解责任的过程。有些组织无法掌控"灰度"，总把责任分得太清。如果把责任分得太清，容易打散组织的凝聚力。另外，组织分工总是会存在"灰色地带"的，事物的发展也存在不确定性，这时就需要干部和员工有"主动往前多走一步"的心态。

不少企业在开会时都有这样的场景：

某项涉及多个部门的任务没有达成既定目标，领导者询问相关责任人的想法，大多数情况下，这些人都倾向于说不是自己的责任，自己负责的模块的工作已经完成了。一轮问下来，谁也不想负责。

在很多领导者看来，协同是件很简单的事，我需要对方的支持，向对方提出需求即可。但这是领导者的视角，作为上级有权调动下级，而当相互之间为平级时，如果没有担责与互补意识，高效协同还是件很困难的事情。

因此，华为强调当干部是一种责任。干部就要有担当，不能只想当官不想干事，只想揽权不想担责，只想出彩不想出力。任正非强调，"在华为当官要理解为一种责任，一种牺牲了个人欢愉的选择，一种要做出更多奉献的机会"。在华为，这种观念已经深入人心。敢于担责，才是符合公司要求的干部，才有被提拔的机会。这样的文化氛围促使华为人不论在什么时候，都能主动承担责任，共同为战略目标的实现贡献自己的力量。

身为组织中的一员，应该以集体利益为重，主动承担责任，这既是帮助组织创造更多价值，同时也是给自己更多发展的机会。如果企业所有人都是心怀责任感、具有责任担当的人，能够对客户负责，愿意主动补位，企业就会永葆活力，实现长久的发展。

有的企业家也会问：用了这些工具一定能保障企业实现好的战略结果吗？我们认为工具只能帮助我们更好地进行思考，要想发挥工具的作用，就需要按照要求完成每一个步骤，不能想当然地觉得这个步骤简单或者没必要，就选择放弃它。同时，高层的战略思维在战略管理中的作用也很重要。另外，组织战略还需要有专门的机构来推动实施，落实每一层的责任。

第 7 章
组织保障：完善组织能力，提升战略执行力

组织是战略管理的执行保障。任正非强调："纲举目张，各级干部抓组织建设和干部管理这个纲，围绕'以客户为中心，以奋斗者为本'来建设组织与管理干部。"

7.1 建立支撑战略执行的正式组织

为了确保战略能有效地执行,企业需建立合适的组织系统,以便管理层指导、控制和激励个人和集体去完成团队的重要任务。

7.1.1 组织设计的重点关注

构建支撑战略执行的正式组织需要思考以下问题:

企业现有的组织架构、流程、机制的运作效率如何?问题何在?
企业现有的组织架构与未来业务发展需求的匹配度如何?
有哪些先进的组织架构值得企业学习和借鉴?
现有流程和机制对客户的响应速度如何?
企业需要对组织架构、流程、机制做出哪些调整?
…………

总之,当企业的关键任务明确后,要思考企业现有的组织架构、流程、制度体系等能否有效支撑起那些关键任务的实现,需要做哪些变化。

1. 组织架构

组织架构是组织所有成员为实现战略目标,在管理工作中进行分工与协作,在职务范围、责任、权利方面所形成的结构体系。它是组织有效开展经营活动、获得盈利并持续发展的基本保证。当组织的规模、管理的复杂度、外在经营环境或战略方向发生变化时,组织架构也应当做出相应的调整。其中，组织架构的调整方向需要和企业希望强化的组织能力与战略重点紧密关联。因此，企业在进行组织架构设计时要谨防以下两个错误：

（1）避免"盲目跟风"。平台型组织是当下热门的组织类型之一，很多小企业也在试图构建平台型组织，丝毫不考虑这种组织架构是否适合其业务发展，并且它们本身并不具备足够的组织能力来支撑这样的组织变革。

（2）避免"生搬硬套"。华为作为中国民营企业的标杆，是国内很多企业的学习对象。有些企业全然不顾自身业务的实际情况，照抄华为"端到端"和"事业群+业务单位"的组织架构，导致企业运营效率更加低下，影响企业的发展。

由此可见，企业组织架构设计必须遵从企业战略。华为在《华为公司基本法》中提出了构建组织架构的指导方针，具体内容如下：

（1）有利于强化责任，确保公司目标和战略的实现。
（2）有利于简化流程，快速响应顾客的需求和市场的变化。
（3）有利于提高协作的效率，降低管理成本。
（4）有利于信息的交流，促进创新和优秀人才的脱颖而出。
（5）有利于培养未来的领袖人才，使公司可持续成长。

从华为发展历程中，我们可以看到，它的组织架构始终是在客户需求导向的基础上，遵循着为实现组织战略目标而进行调整与优化的（见图7-1）。

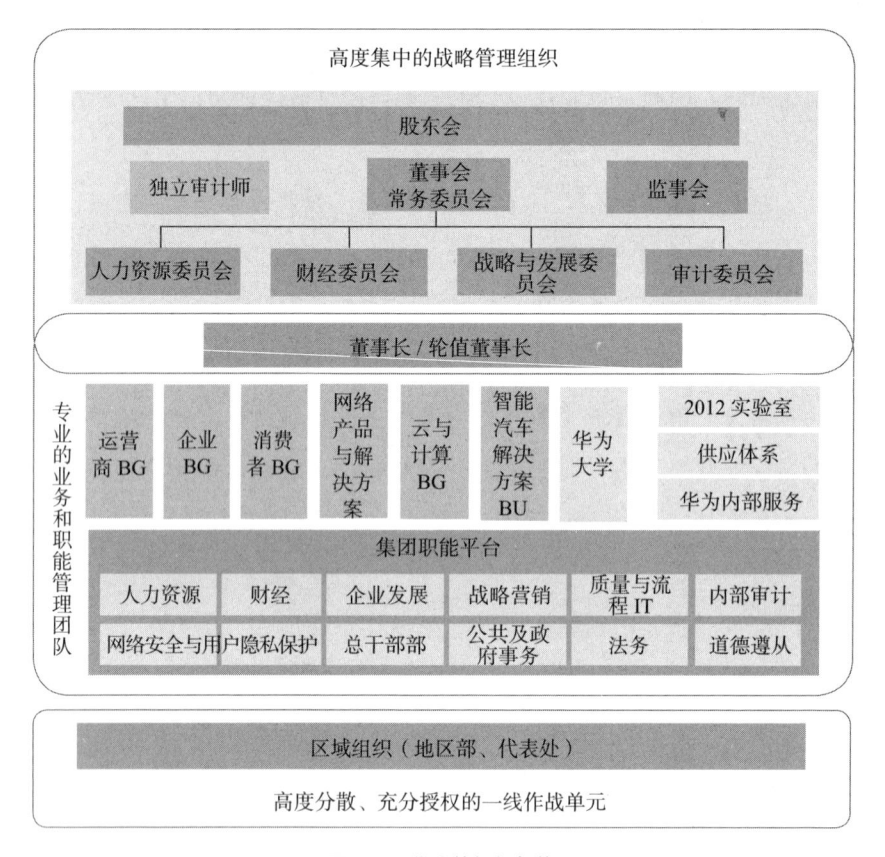

```
┌─────────────────────────────────────────────────────────┐
│              高度集中的战略管理组织                       │
│  ┌───────────────────────────────────────────────────┐  │
│  │                     股东会                         │  │
│  └───────────────────────────────────────────────────┘  │
│  ┌─────────┐    ┌──────────┐    ┌──────────┐           │
│  │独立审计师│    │ 董事会    │    │ 监事会    │           │
│  │         │    │常务委员会 │    │          │           │
│  └─────────┘    └──────────┘    └──────────┘           │
│  ┌──────────┐ ┌────────┐ ┌──────────┐ ┌──────────┐    │
│  │人力资源委 │ │财经委员会│ │战略与发展 │ │审计委员会 │    │
│  │员会      │ │        │ │委员会     │ │          │    │
│  └──────────┘ └────────┘ └──────────┘ └──────────┘    │
│          ┌────────────────────────────┐                │
│          │    董事长 / 轮值董事长       │                │
│          └────────────────────────────┘                │
└─────────────────────────────────────────────────────────┘
```

图 7-1　华为的组织架构

2. 流程

组织战略的变化必然会对流程运行带来新的挑战，因此流程也必须根据战略方向及时进行调整和再造。当企业规模小时，流程变革的难度相对较小；当企业规模较大时，流程变革的难度则会显著增加。此时，我们可以根据实际情况来进行流程变革。

当企业的战略方向没有进行大的调整，主营业务性质也没有发生根本变化时，只须以简化流程、提高效率为原则进行流程优化。

当企业战略方向发生重大改变时，则需要重新进行流程规划和设计，以确保流程能够适应新的战略。

经过多年的流程优化，华为逐步构建了包括执行类流程、使能类流程和支撑类流程在内的全流程体系，覆盖了公司的全部业务。具体如表 7-1 所示。

表 7-1　华为流程体系

流程类别	流程内涵	流程名称
执行类流程	直接为客户创造价值的流程，端到端定义为客户价值交付所需业务活动，并向其他流程提出协同需求	集成产品开发（IPD）、从市场到线索（MTL）、从线索到回款（LTC）、售后（ITR）等
使能类流程	响应执行类流程的需要，用以支撑执行类流程的价值实现	从开发战略到执行、管理资本运作、客户关系管理、服务交付、供应链、采购、管理伙伴和联盟关系
支撑类流程	提供公共服务的支撑流程，使整个公司能够持续高效、低风险运作	财务管理、人力资源管理、管理基础支撑、管理业务变革和信息技术等流程

华为通过流程确保质量、内控、网络安全、信息安全、业务连续性及环境、健康、员工安全、企业社会责任等要求融入市场、研发、交付和服务、供应链、采购等各领域业务中，实现端到端的全流程贯通。

3. 制度体系

制度体系是企业为实现组织目标，在财产关系、运行机制和管理规范等方面的一系列制度安排。它是企业全体员工在企业生产经营活动中须共同遵守的规定和准则。

一个企业的管理是否合理、科学，最重要的就是看它能不能与时俱进，能不能不断创新和优化。企业只有不断推动管理制度、机制的创新，才能推动其他一系列的创新与发展，让企业少走弯道。这就是华为制度化管理与规范化治理的重要内容，例如，落实、优化并全力创造价值，正确评价价值，合理分配价值的价值创造管理循环，不断激发员工活力，为战略目标的实现提供生生不息的动力。

合理的组织设计依赖清晰的战略，因为组织设计是将战略思想转化为行动的重要环节。有效的组织设计是一个既自上而下又自下而上的过程。自上而下的任务始于明确企业的战略需求并选择支持战略的基本组织架构；自下而上的视角侧重于工作和任务，充实了架构之下的业务流程等细节[1]。

4. 管理支撑平台

任正非强调："我们要站在大视野的角度来看大系统。为了支撑我们实现超越，要建设一个强大的管理支撑平台。"在任正非看来，企业要想有效支撑业务创造更多的价值，就必须构建高效的、全球一体化的管理平台，以适应不同国家、不同地区业务发展的需要。

华为构建相应的管理大平台，如核心业务支持平台、技术支持平台、职能支持平台，为公司战略的实现提供长期保障。

核心业务支持平台为组织提供包括基础研究、采购、物流等服务，华为的核心业务支持平台包括四大要素：基础研究实验室，供应链，采购和产品制造，华为大学及华为内部服务。

技术支持平台能够为组织提供技术和数据方面的支持，如华为IT服务（HIS）数字化平台，它作为支撑公司数字化转型的统一数字化平台，面向内部应用提供丰富的平台和基础设施服务，并作为华为云的租户覆盖公司全球业务，实现等距体验。

职能支持平台为组织提供人力资源、财务、战略、公共关系、品牌发展等方面的帮助。如华为的职能共享平台包括财务、企业发展、人力资源、战略、营销、法律事务、政府关系、职业伦理等方面。

企业在发展的过程中，如果忽视对业务流程和管理平台的建设，容易

---

[1] 凯斯勒，凯茨.企业组织设计——如何利用组织设计驱动业务结果的达成[M].江阮渊，张善依，译.北京：电子工业出版社，2020.

导致员工工作效率低下,影响企业的价值创造。因此,企业要打造高效的管理平台,发挥各部门的主观能动性,以适应实际业务的需求,赢得更多客户的青睐,助力企业战略目标的实现。

7.1.2 匹配战略需求开展组织变革

任何企业的发展都离不开组织变革,当组织战略发生变化时,企业必须通过不断调整、改进和革新组织中的要素,如组织人员配备、工作方式、管理理念、组织结构等,来应对市场机遇与挑战,从而推动企业的成长与进步。

成立初期,华为聚焦于单一产品的持续开发与生产,在销售上采取农村包围城市的低价策略。为了匹配这一发展战略,华为采用了直线型的组织结构,权力高度集中,能够快速统一调配资源参与市场竞争,并且快速对外部环境的变化做出反应。

在国内市场占据一定地位后,华为逐渐从单一研发生产销售程控交换机产品逐渐进入移动通信、传输等多类产品领域,开始朝着多元化方向发展,由单一产品提供商向全面解决方案提供商转变。在此基础上,华为开始进行组织结构的调整,从划小经营单位开始,建立了事业部与地区部相结合的二维矩阵式的组织结构。事业部作为产品和市场责任单位,对从产品设计到销售一体化流程具有领导权;地区部的主要职能是销售解决方案和提供服务,其成立的目的是最大限度地抓住地区市场和客户。

为了加速全球化发展,华为由全面通信解决方案电信设备提供商向提供端到端通信解决方案和客户或市场驱动型的电信设备服务商转型。其组织结构也从原来的事业部与地区部相结合,转变成以产品线为主导的组织结构。采用产品线形式,能够更有效地和顾客就产品展开广泛的交流,及时发现和满足客户需求,从而强化公司的市场竞争力。

随着公司的快速发展,华为组织规模不断扩大,决策机构逐渐远离了市场。因此任正非强调要给一线团队更多的决策权，以应对不断变化的市场形势。其中铁三角作战小组解决了向一线团队授权的问题，保障了战略执行落地。在此基础上，华为形成了矩阵式的组织结构。

除此之外，当某项业务被提升到战略高度时，华为也会及时成立相关组织来支撑业务的发展。

2010年，按照客户类型形成面向企业客户群、运营商客户群和消费者客户群的组织架构；2014年，成立"ICT融合的产品和解决方案组织"，以适应ICT行业技术融合趋势；2017年，成立云业务单元（Cloud BU），致力于经营公有云业务；2018年，将公有云、私有云、人工智能、大数据、计算、存储、物联网等与IT强相关的产业重组，组建了Cloud & AI产品与服务BU，致力于经营云相关业务；2019年，成立智能汽车解决方案BU，聚焦ICT，帮助企业造好车；2020年，将Cloud & AI产品与服务BU升级为云与计算BG，成为与运营商BG、消费者BG和企业BG并列的第四大BG，是华为未来业务的增长点；2021年，成立煤炭军团，加速5G技术与煤炭产业的创新与应用。

综上所述，华为的组织形态一直是跟随公司战略演进而不断迭代优化的，从直线式组织模式，到矩阵式组织模式，体现出华为一直在实践中思考，探寻新方向，确保组织架构朝着正确的方向更新，能够支撑战略目标的实现。

7.1.3 华为战略管理机构及其职能

由于企业规模大、业务复杂、市场范围广，华为从上至下有四个层级承担了战略管理的职能，包括战略决策层、战略管理层、二级战略部门、三级战略部门。

1. 战略决策层

董事会以及董事会下属的战略与发展委员会、财经委员会、人力资源委员会是华为的战略决策机构。

董事会负责审批并发布公司的中长期战略规划、各个业务和区域组织的中长期战略规划以及公司年度预算，并且对公司战略规划和年度计划执行中的重大、关键、全局性问题进行审议和决策。

战略与发展委员会负责审议公司整体中长期战略规划的指导方向，评审各BG、类BG的战略目标与业务设计、关键任务及策略、重点工作、KPI指标方案及目标值，定期审视公司战略专题、重点工作的达成情况以及各BG、类BG的年度业务执行情况等。

财经委员会负责提供公司自上而下的财务性约束条件，评审财经战略规划，参与审议公司整体中长期战略规划，确定公司年度财务预算的规划，确定各BG、类BG的年度财务目标，批准各BG、类BG和职能部门的年度财务预算，定期审视公司财务目标达成情况和预算执行情况等。

人力资源委员会负责提供公司人力资源战略的指导方向，参与审议公司的中长期战略规划，评审各BG、类BG的中长期战略规划中的组织、人才、企业文化和组织氛围等相关模块内容，确定公司薪酬及预算，定期审视公司年度人力资源计划的执行情况、人力资源预算执行情况等。

2. 战略管理层

第二个层级是公司层面的战略职能部门。战略部门是华为战略日常管理的主责部门，负责组织制定公司的中长期战略规划、年度业务计划与预算，审批各BG、类BG的中长期战略规划、年度业务计划与预算，定期审视各BG、类BG的战略专题、重点工作和KPI的达成情况等。其他职能部门须在公司战略部门的组织下制定本职能部门的中长期战略规划、年度业务计划与预算，定期审视本职能部门的专题、重点工作和KPI的达成情况等。

3. 二级战略部门

二级战略部门是指华为各 BG、区域组织下面的战略职能部门，负责制定本 BG 的中长期战略规划、年度业务计划与预算，审批本 BG 下面的各业务单元（BU）的中长期战略规划、年度业务计划与预算，定期审视本 BG 的战略专题、重点工作和 KPI 等的达成情况。

4. 三级战略部门

三级战略部门是指各产品线单元和地区组织下设的战略部门，负责制定本区域市场的中长期战略规划、年度业务计划与预算，定期审视本区域市场的战略专题、重点工作和 KPI 等的达成情况。这些三级战略部门经常会调整，有些时候设立，有些时候又会被取消。

这些不同层级的战略部门以及战略决策机构承担着公司战略决策和战略体系运营的职能，共同为华为的战略管理服务。

7.2　人力资本助推战略实现

人是战略和执行的最大连接点，战略所需的关键人才是企业高层在战略执行过程中最为关注的问题。当人才队伍无法满足战略需求时，企业需要采取措施优化人才结构，形成新的人才队伍，推动战略目标的实现，促使企业进入新的发展阶段，而新的发展阶段又要求企业再次优化人才队伍，由此形成良性循环。

7.2.1 基于战略进行关键人才布局

人力资源规划是企业经营战略规划的一部分，因此人力资源规划具有战略牵引性。也就是说，企业的人力资源规划要为企业的经营战略服务，人力资源政策、措施及系统解决方案都要围绕企业的业务发展战略制定。

事实上，很多企业的人力资源管理存在一些问题，如当市场一线向企业要求增加人手的时候，由于人力资源管理团队没有提前做好市场调查，结合企业的业务发展战略做好人力资源预测，导致企业不能及时补充人力支撑业务；或者没有做好人力资源需求和供给的平衡工作，无法实现各个部门的人岗匹配，导致工作效率低下，部门经营不善。

企业的人力资源管理必须充分解读业务战略、业务规划和经营目标的诉求，如市场分布、业务规模、业务结构、业务团队等，并且预测它们在未来3～5年里会发生哪些变化，真正结合战略目标，预测出每一步需要什么样的人才做支撑、人才需求数量是多少、何时引进比较合适和人力资源的成本如何等，然后才能做出较为准确的人力资源规划，满足企业在战略发展过程中对人力资源的需求。比如，华为近些年特别强调业务开展要以项目为中心，随着业务项目的增多，对有项目管理能力的人才需求也是一直在增加的。

前文中我们提到，业务类型包括三类：核心业务、成长业务和新兴机会。对于不同的业务类型，企业需要做出不同的人才规划。如果预测到未来有成长业务会发展成核心业务，那么该项业务在未来一段时间内，对人才的需求变化为先增加后减少，到达一定程度（转成为核心业务）后会趋于平稳。而一旦有新兴机会发展成为企业的成长业务，则说明在未来一段时间内，企业需要针对该业务需要的能力，设计合理的人才结构，并且引进、培养相关的人才。如果企业要新发展一个新兴机会，那么就需要提前布局人才。

关键人才的布局一定要充分考虑战略需求，根据战略目标及详细的业务设计和工作任务，审视企业的关键岗位和人才布局，利用人力资源升级带动组织能力升级。

随着个人计算机和手机业务不断下滑、内部组织问题凸显，2014年，微软公司市值已不足3000亿美元，因此微软急需进行转型。在此关键时刻，萨提亚·纳德拉被任命为微软公司新任CEO。

萨提亚是一个与微软原有企业文化完全不同的人，他上任后，提出了"移动为先，云为先"的战略，并且重提"一个微软"的口号。在战略布局上，削弱硬件和Windows部门、互联网部门，强调人工智能和云计算业务。同时，进行了一系列内部管理变革：新的KPI没有排名或评级，考核核心围绕"如何帮助其他人获得成功"以及"怎样接受他人的帮助而让团队更成功"……

事实证明，微软选用萨提亚是个非常正确的选择。萨提亚上任不到三年时间，微软市值在17年后重达5000亿美元，位居全球第三。同时，微软整个企业文化也实现了转型，不再强调个人主义等，而是更加注重团队贡献，以开放的心态拥抱对手。我们可以看到，企业通过选用某个类型的关键人才，可以带动文化转型、企业转型，从而实现飞跃发展。

华为为了匹配业务的发展，也在关键人才布局上做出了很多努力。将人才资本和财务资本同等对待，甚至人才资本的开发优先财务资本的开发。

2004年，华为为构建海外TK（交钥匙工程）项目能力，大力引入PCCW公司的TK专家；2004年，为提前布局5G，在北电破产前期，密集招聘诸多技术专家；2008年，为增强地区部对客户技术高层的方案引导能力，开始在地区部配置从运营商来的CXO级别专家；2011年，为帮助公司用全球最先进理念来管理共享服务，从美国引入HR-SSC运营管理专家；2013年，为强化华为终端品牌和渠道营销能力，引入三星中国区CMO。

将人才当成战略投资，通过人才培养和提升组织能力，促进战略目标的达成。曾有人问：用人不淑属于战略问题还是执行问题？应该说企业采用何种用人策略属于战略问题，至于人力资源部能招到什么样的人则属于执行问题。

对于华为而言，当进入新的战略业务领域，人力资源跟不上的时候，就会采用混凝土机制"1+1+1"，即"熟悉业务流程的员工＋忠诚的员工＋后备人才"，来匹配未来的业务发展需求。

7.2.2 聚集世界范围内的优秀人才

在日益激烈的人才争夺战中，企业要想赢得主动，必须完善人才获取策略，通过多种渠道、多种方式来获取企业战略所需的各类人才。任正非强调华为要炸开金字塔塔尖，打开边界，让公司内部人员获得更多发展的机会，同时也吸收外部更多优秀人才的思想和理念，聚集全世界范围内的优秀人才。

任正非是个非常善于培养人才的企业管理者，孙亚芳、李一男等众多行业顶尖人才都是他一手培养起来的，他的行为也影响了华为的人才管理方式。华为非常注重内部人才的培养，并且优先给内生人才创造好的实践机会，帮助他们更快升级，充分发挥组织潜力和奋斗者潜力。

为了开阔高级干部的全球化视野，华为除了输送大量专家、干部到世界各地的先进企业学习交流，还鼓励华为的专家和干部多参加国际论坛和产业研讨会，希望借助开放的科学研讨平台，让华为的人才与世界顶尖人才加强交流，碰撞出思想的火花，让他们学习更多先进的科学知识，吸收更多顶尖人才的能量，开阔自己的视野，站在不同的角度思考问题，找出最佳的解决方案。

华为一直鼓励高级干部和专家多走出去开阔眼界，与世界级人才交流。

2017年7月21日，华为巴黎研究所和华为创新研究所共同组织了大型的交流活动，邀请了来自美国、法国、德国、俄罗斯等国家的数十位顶级科学家，这其中包括菲尔兹奖的获得者、国家科学院的院士、IEEE/ACM的Fellow，这些顶级的科学家虽然来自不同国度、不同机构、不同领域，但他们都对ICT领域即将面临的巨大挑战及未来的发展前景有深入的研究，并且从各自的研究领域给出了不同视角的看法，向众人分享自己的思考。

华为作为全球ICT的领头羊，公司内部汇聚了大量ICT领域的高端人才。在这次会议上，这些技术专家和高端人才也参与到这次交流活动中，与众多国际顶尖科学家一起探讨如何连接世界。菲尔兹奖获得者Laurent Lafforgue在这次会议结束后感叹道："华为公司对基础研究所展现的兴趣、面向学术界的开放态度、所创造的亲切的交流气氛，都令我印象深刻。"

华为除了注重培养内部人才，也注重从外部获取世界级优秀人才。

2010年，华为决心做大企业业务。尽管华为一直在广泛吸纳人才，但当时华为内部还是没有人知道如何做好企业业务。华为也感觉到这个模块和其他工作模块有很大的差别，必须有专业的人才来处理这部分的工作。于是华为开始大规模招聘，并且请猎头在行业顶尖企业内广揽人才。

当时在华为威望较高的徐文伟被安排接手管理企业业务，时任华为高级副总裁的洪天峰也空降到中国区企业业务部，这两位高层管理者一到企业业务部就在短短时日内召集了6000～7000人，而华为海外各个地区部也纷纷组建企业业务部，在当地大规模招聘，印度的企业业务部几天内就招了近200人，西欧的企业业务部更是在短短几天内达到500人的规模。前后不过几个月，华为的企业业务部就扩充到一万多人的规模，后来还收购了华为赛门铁克公司，将原有的5000人收编，到2011年底，华为的企业业务部已有两万多人。

与此同时，华为耗费重金从IBM、惠普和思科等西方巨头企业挖来了一批高端专家。2011年,华为的企业业务一派繁荣,企业业务部在深圳的办公室每天都来了一批新员工,又来了一批新员工,后来办公位都不够用了,又另租了新的办公室。

华为的人才浓度战略不仅为华为扩充了大量企业业务的人员,还聚集起了大量行业人才,这些都为推进华为稳健发展,并且以人才优势增创发展优势产生了很大影响。

为了加强全球新技术优才的获取,华为在全球进行布局,围绕全球人才聚集地建立研究所和能力中心,机构随着人才走。通过"为凤筑巢",华为建立起了全球人才体系,在全球招揽人才,在人才聚集地毫不吝啬地投入全球优质资源。

任正非表示:"全球能力的布局要聚焦主航道,不要为了建而建。"华为不会盲目地选址建设能力中心,而是围绕华为的战略规划和发展方向定位优秀人才的聚集地,然后围绕人才建立团队。

米兰有一个微波领域的顶尖专家,华为招下该专家之后,就把能力中心建在了米兰,围绕着这位专家建立一个团队。如今华为在米兰的这个研究所已经成为微波的全球能力中心。

在任正非看来,人才的产生是需要环境的,一个人的创新能力跟他所处的环境关系很大。离开了人才生长的环境,凤凰就成了鸡,而不再是凤凰。因此,华为提出要开放创新,进行"为我所知,为我所用,为我所有"的全球能力布局。

近年来,华为在全球建立起了26个能力中心,把行业人才聚集起来,提供合适的场景、条件来激发其创新,让其一起探讨和打造解决方案。在俄罗斯研究数学算法,在德国研究工程制造,在美国研究软件架构,在日本研究材料应用,在法国研究美学应用……通过能力中心的建设,华为实现了"利用全球能力和资源,做全球生意"的目标,也提高了华为在世界范围内的竞争力和影响力。

华为一直坚持，人才队伍建设要对外开放，打破组织边界，超越工卡文化，要有"人才不求为我所有，但求为我所用"的胸怀，团结、整合和激励外部各类生态伙伴的优秀人才资源。

7.2.3　强化内部人力资源池管理

人才需要培养，更需要合理使用。在任正非看来，如果企业发现了一个人具备某方面的特质和才能，却不能将这个人的才能最大化地施展和利用，那么，就等同于没有发现或造就这个人才。

为了使人才得到更好的利用，任正非提出在华为建立人力资源池。通过人力资源池，实现公司员工的合理流动和配置。

根据细分职能的不同，华为的人力资源池分为多种类型，比如，储备干部资源池、新员工资源池、待岗员工资源池及师资资源池等。其中，储备干部资源池顾名思义，就是用来储备后备干部资源的，谁有能力做干部，就会被放在资源池里，等合适的岗位出现空缺，就会将其调过去。其他资源池大多也是如此。以华为师资资源池为例，它是专门为华为大学输送教师资源的。华为首先通过人力资源管理部门对各级管理者、专家骨干和对培训感兴趣的员工组织起来进行分类考评，凡是被确认为"有成功实践经验者"，就会被选拔进入师资资源池，成为预备的师资力量，只要通过进一步锻炼和考核，就有机会成为华为大学的讲师。而不合格者，则要等待下一次考核机会。

如果千里马难遇伯乐，确实是件很遗憾的事情。经过不断发展和改进，华为的内部人才市场制度已经十分完善，许多有一技之长的员工，都在华为内部人才市场上找到了真正符合自己的岗位。

《华为公司基本法》第六十一条指出:"我们通过建立内部劳动力市场,在人力资源管理中引入竞争和选择机制。通过内部劳动力市场和外部劳动力市场的置换,促进优秀人才的脱颖而出,实现人力资源的合理配置和激活沉淀层,使人适合职务,使职务适合人。"因此,在华为,员工只要具备足够的能力,通过内部人才市场的筛选,总能发挥出自己最大的价值。

在华为,符合条件和要求的优秀员工能够自由地在公司内部选择岗位和工作内容,只要他所选的岗位是空缺的并且原部门同意放人,接收岗位也做好了相应的资格审查,那么华为内部的调配就可以顺利进行了。

除此之外,员工还能够通过公开透明的信息平台自由应聘公司的空缺岗位,这一点和公司外部的招聘过程是一样的,但这种方式和外部人才市场的差别在于,内部员工还没离开原岗位就能够先联系目标岗位应聘,实际上这属于带薪应聘,甚至在没找到新工作前先离开了原岗位,也能进入内部人才市场池内,华为会给他一个月的转换时间,在这一个月的时间内他都是带薪应聘的。

华为通过强化资源池管理及内部人才市场的运作,最大限度地促进了员工的流动。通过内部人力资源的有序流动,以及项目运行中组织、人才、技术、管理方法及经验的循环流动,华为能发现更多优秀的干部和专家,激活沉淀人才,实现人才资源的优化配置。

为了充分运用好企业内部的人才资源,实现"在正确的时间,把正确的人才,运用到正确的地方",从2013年开始,华为GTS开始着手建立服务人才供应链,上线资源管理系统,三万名员工的经验、技能、特长及忙闲状况在资源池中可视可查。谁会说葡萄牙语,谁有非洲的项目经验,谁的技能合适,什么时候有空,项目组可以到资源库中找符合自己需要的人才，可以根据项目情况做 3～6 个月的人力供应计划，实现人员快速精准供应。

2015 年，华为的墨西哥 AT&T 项目便利用内部人力资源池极好地完成了人员调度。墨西哥 AT&T 项目相当复杂，项目一启动，项目经理李隆兴就利用内部人才资源池，仔细甄选合适的人才，广招人马，两个月的时间从中、美、印度、马来西亚等各国，集结懂西班牙语的人员、懂北美标准的专家以及各类网络专家 455 人，很好地保障了项目的顺利推进，让 AT&T 项目顺利交付。

人才资源池的建立，促进了人员的循环流动，为人员的优化配置创造了良好的条件。

内部人才市场能够很好地消化企业内部的人才，优化企业内部的人才结构，让企业的人力资源发挥最大的价值。对华为这样一个有着自己独特企业文化的超大型公司而言，外部招聘不仅需要花大量时间和资源去寻找合适的人才，外部人才加入华为也需要一段时间适应华为的氛围。而内部招聘不存在这种情况，避免了外部招聘的盲目性，减少了员工到岗所需的适应时间。

另外，内部人才市场也有效地避免了人才大量流动给企业造成大的震动。毕竟，并不是所有企业都有可以申请换岗的"好事"的，企业一旦允许员工申请调换不合适的岗位，那么，谁都想要找一条快速通道，但如果所有员工都这样做，企业就全乱套了。内部人才市场的作用就在于，它可以给员工和企业双方都留出一定的缓冲空间。对员工而言，他可以借此考虑清楚自己是否真的需要换岗，是否真的适合新的岗位；对于企业而言，部门主管可借此找到合适的继任者，以免工作出现断档的现象。

可见，内部人才市场能够有效促进组织管理水平和员工工作效率的提升，进而促进人才的优化配置和激活沉淀层，使组织更有活力。

7.3 围绕业务构建干部能力

为确保战略能够顺利实施,组织和人才的能力要匹配。企业业务发展需要什么样的人才,需要人才具备什么样的能力,就可以从这些方面来建设人才队伍,使人才能力对战略目标的实现形成强有力的支撑。

7.3.1 干部必须种庄稼、打粮食

华为成功的要素是将人才能力发挥到极致。一批批骨干人才自觉、自愿地承担责任,带领华为不断地向前发展。

为创建印度研究所,吕克与其他两位华为人被派到印度,一帮人只用了两年时间就将研究所从 3 个人发展到 700 多人,软件研发通过了能力成熟度模型认证。在这个过程中,华为人遇到过水灾、暴乱和谣言。

2001 年的某天,华为印度研究所 50% 的印度员工因为迫于各种言论压力而提出离职。在这种情况下,华为人主动与媒体、政府、相关协会人员联系和沟通。找到有影响力的退休军人,让其引见外交部部长,让印度政府知道华为在做什么;与媒体沟通,提供华为在做什么的完整资料,要求它们澄清谣言,否则会通过法律途径告它们……一系列的措施,让印度人重新认识了华为,华为也因此成为一个当时最受欢迎的公司。至今,班加罗尔研究所还是华为在海外最大的研究所。

当时,华为从来没有授权吕克他们去做这些事情,但是他们心里知道,在这种形势下,如果不做这些事是没法活下去的。抓住机会和空间,释放自己的潜力,既帮助公司实现了飞速发展,同时自己的能力也得到了提升和收获了新的发展机会。在华为发展初期,还有很多干部是这样发挥自己潜力的,一个人顶三四个人用。随着组织规模的扩大,有的干部逐渐

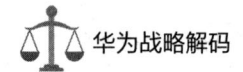

脱离了实际，作战能力大不如前，于是华为让干部重新回炉，围绕业务构建干部能力。

对于干部如何增强作战能力，任正非强调干部可以去一线找感觉，但是目的不是找感觉，因为你不是作家，不是下去搞创作，而必须去种庄稼、打粮食。同时为了确保能够派得出干部，任正非强调："要加强快速纵队的建设，这是从组织上保证前方在急切需要人力的时候，我们能够派出人去，先把庄稼抢收下来，完了以后他们怎么烘干去交公粮，这是他们的事情，但是这种快速突击的反应是必然要存在的。要用组织的途径来保证，这样我们明年就不会请大家去抢收抢种了。"

7.3.2 训战结合的赋能方式

随着通信行业的环境发生变化，行业内的企业都将面临 CT 和 IT 的加速融合、ICT 行业迅速进入转型期等所带来的前所未有的挑战。任何企业想要谋求长远发展，都要主动适应行业的变化，转换思维，思考与客户的关系，以更高远的视野探寻到更多发展机会。

为此，华为鼓励更多干部和专家重新赋能，在实战训练中开阔视野，找到适应新环境的方式，探寻出在新时代中赢得客户青睐和信任的特质，以此来推进华为的业务发展。

【任正非观点】将军是打出来的

天下是自己打出来的，不是谁任命你的，你去打天下，打到多大就是多大。

到底是先建组织还是先上战场？我主张先上战场。

苗子是自己蹿出土面的，不是我拿着锄头刨到地下找到这个苗子的。

不想当将军的士兵也是好士兵。

很多企业领导者很不解，花了很多钱送中高层干部出去念MBA，看上去能力好像有提升，但是对组织业务发展并没有起到实际作用；还有的企业领导者今天看到一本书说华为很好，就叫下面的人也都学华为，明天看到一本书说阿里巴巴很好，又叫大家学阿里巴巴……诸如此类的问题还有很多，这都体现了企业在人才培养上没有做到精准赋能，漫无目的地学习和培训对业务作战是没有任何帮助的。

华为强调，干部培养不是针对干部个人的能力提升的，而是聚焦业务作战需要，规划能力提升方案与路径的。

关于华为大学的主要任务，任正非指出："华大不是一个正规院校，正规院校是培养大学生、培养硕士和博士的。我们的学员都是完成了基础训练才进来的。华为大学本质上是对已经受过正规教育的人再教育，再教育应该跟职能有关系，不再与基础有关系。我们需要你从事这个工作，就给你赋能，赋能不是全面赋能。华为大学只管教学赋能，培养作战队伍。华为大学的赋能要支撑公司文化、管理平台和关键业务能力尤其是战略预备队的建设。各方面都要有预备队，预备队在哪里，华为大学就组织讲师跟上去赋能。总的一句话，我们要作战胜利。"

华为大学执行校长陈海燕指出："华为大学所有教的东西都是打仗用的东西，明年出去打机关枪，就教如何打机关枪，不会教一个小兵如何在航母上开大炮。我们在2014年大规模启动了战略预备队的项目，开发了680多学时的课程，长达半年工作日的课程。之所以能够开发出这么多学时的课程，关键是因为课程不是理论的堆砌，而是真刀实枪的案例，而这些案例是和业务部门一起花了两个多月的时间整理出来的。换句话来说，华为大学不做精品，只做实战。"

华为为了帮助干部成长，提供了许多赋能项目和学习的机会，但最好的赋能是实践，在实践中自我培养，抓住机会快速成长。在华为，即使是

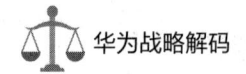

管理层干部，也需要在一次又一次的训战演练过程中重新锻炼实战能力，实现成果的转化，以此获得晋升机会。

2013年初，张伟响应华为的号召，从东南亚地区部干部部部长转岗成为泰国子公司监督型董事会的试点董事，他也因此成为华为最早的海外专职董事。但从一名地区部管理者转升成为专职董事并不是一件容易的事情，加上当时华为的海外子公司董事会组织正经历从无到有的过程，张伟在摸索过程中没有任何现成的模型可以借鉴。为此，张伟只能在实践中摸索，以训战结合的模式，来做好董事工作。

决定好工作模式之后，张伟立即与BCG顾问、投资管理部同事一起开启了在泰国的工作之旅，通过边摸索、边思考、边总结的方式，整理出子公司董事会的运作方案、合规管理方案以及工具包等。在张伟及团队的共同努力下，他们终于找到了真正适合每个国家的子公司董事会的运作模式和工作重点，团队的每一个成员也在实践中找到了最佳的工作方式，明确了自己的工作职责。

张伟通过训战结合的方式帮助华为实现了新成果的快速转化，在这个过程中，虽然每个子公司的情况各有不同，但是张伟及其团队一个国家一个国家地将这种工作模式推行落地，最终实现了华为全球大规模建立海外子公司董事会的目标。

除了实现工作目标，在训战赋能的过程中，张伟通过参与董事会的种种事宜，逐渐掌握了法律、财务和审计等专职董事勤勉履职的基础知识和必备技能。

到2015年，华为的海外子公司董事会完成了从无到有的过程，逐渐遍布全球113个国家，张伟也从泰国子公司董事会方案试点到东南亚日韩区域规模推广。在两年的实践工作期间，张伟实现了从地区部干部到"合格"的海外子公司专职董事的转身。

华为让张伟这类管理层干部重新回到一线上战场，是为了通过训战结合、人员循环流动的方式，对华为的干部重新进行赋能培训，让华为的干部能够在训战演练中提升项目管理能力与经营能力，实现学习成果的快速转化。

7.3.3 干部继任梯队的分层培养

华为在实行干部轮岗、末位淘汰等制度时不会对业务造成冲击，继续保持业务的良性运转，最大的功劳在于华为的干部继任计划。继任计划是华为公司干部管理的基础，通过澄清业务需求，识别关键岗位，提前盘点关键岗位的继任梯队，深入思考组织人才问题并制定解决方案，以支撑干部选拔任用、发展等各项工作的开展，满足业务发展对干部提出的要求。

华为按照能力准备程度将继任梯队的人才分为三个等级，分别是成熟人才、高潜质人才、梯队储备人才，如表 7-2 所示。

表 7-2 华为继任梯队人才能力盘点

职位	岗位数	现任（已任命）	成熟人才	高潜质人才	梯队储备人才
X1 地区部					
X2 地区部					
X3 地区部					
X4 地区部					
X5 系统部					
…					

2017 年 5 月 27 日，任正非在继任计划工作汇报会上的讲话中，提出了华为的继任计划项目应该在人才选拔完成后，按照继任准备程度将继任者候选人分为三个等级，分别是：

成熟人才指员工已经达到目标岗位所需的全部标准，对于达到成熟人才等级的人才，华为采取聚焦精准的策略，也就是说，基于关键岗位的关键职责对其进行赋能，甚至直接让他直接履行岗位的职责，在实践中学习和提高。

高潜质人才指员工离目标岗位标准还差1～2项关键能力，还不足以担当岗位的职责，尚需要1～2年的时间进行提升。对于高潜质人才等级的人才，华为采取聚焦发展的策略，制订未来1～2年有针对性的个人培养计划。

梯队储备人才指员工离目标岗位标准还欠缺比较多的关键能力，但已表现出一定的潜力，需要3～5年的时间去提升。对于达到梯队储备人才等级的人才，华为采取聚焦潜力的做法，识别该员工所需要的关键经验和能力，制订未来3～5年的职业发展计划。

华为对继任计划工作的开展，提出了明确的要求，具体如下：

（1）继任梯队干部在上岗之前，就应该完成准备，包括岗位职责要求、能力要求、资格要求。每个岗位要求都要形成文档，每两三年循环梳理升级。随着不断梳理，岗位要求越来越清晰。要将岗位要求全公开，让所有人都可以在公司内网上查询到。公开后，大家就会去比对，看自己是否具备条件，对于欠缺的部分，自己就去补。

（2）实践经验是对继任梯队干部的必要要求。不仅要看能力，而且至少要有一个成功的实践经验，才可以上来继续成功、继续做事。

（3）严格控制专职的副职岗位。继任梯队干部更多在本部门/业务蹲着"啃"一个个难点，通过啃难点，熟悉要担负的责任和工作，上任后才能指挥方向。

（4）有计划地培养多梯队、多梯次人才，朝着同一个方向，几个梯队同时冲锋，建立多梯队、多梯次的人才管道，让每个梯队都有继任者和实战者。当一个梯队冲不上去时，换另一个梯队继续冲锋。

（5）除了领军作战的人才成长，基层人才也要盘活。继任计划要做层与层之间的能量转换，拉通人才交换，包括跨职能、跨部门的人员拉通。

跟随公司浴血奋斗过的人员，只要踏踏实实、认真负责，可以去战略预备队参加专业培训。考试合格，就去新岗位；考试不合格，可以回原岗位。

华为通过准确理解人才供给与公司战略需要之间的关系，把握人才继任管理的关键要素，实现对关键岗位继任者的有效管理。

7.4 用氛围与激励提升组织执行力

只有好的文化和氛围，才能保障员工去实现关键任务，这是战略执行的一个主要模块。虽然文化和氛围是软性的，但是它对企业的组织结果还是起了非常大的作用，好的文化可以弥补流程的不足。华为公司有一个相对完整的流程架构，但是流程永远是不完善的，总有些例外情况，这就要靠员工的主动性、积极性去弥补。文化是一种黏合剂，它能够把大家的力量联合在一起，使大家减少内耗，更多地聚焦客户、聚焦业务，去创造价值，所以文化和氛围的建设非常重要。华为虽然没有一个专职的企业文化部门，但是它通过高管的带动、激励体系的设置、各种文化活动来提升组织的活力，进而提升组织的执行力。

7.4.1 营造良好的组织氛围

战略解码帮助各部门、各岗位落实绩效目标，导入行动计划，但在管理工作中还需要借助企业文化和氛围进一步强化组织执行力。华为重视企业文化建设，希望用自己独特的文化与氛围去提升组织执行力。

任正非十分重视华为的企业文化建设，在一次讲话中，任正非提出："资源是会枯竭的，唯有文化才能生生不息。"企业必须重视文化建设工作，通过文化的影响力，强化组织成员的执行力。对于任正非而言，在华为他并不是从技术上来领导企业的，而是凭借他的思想来引领华为人的。而思想，正是文化的重要表现形式。

在一次国外媒体的采访中，任正非曾坦言："我对公司的管理其实是思想上的管理，我的思想总是倾向于告诉任何人，我希望知道的人越多越好。比如，我希望公司的数万名员工都能去读一读我的邮件，我猜有相当一部分人是不读的，但如果大家都不读，华为很容易逐渐走向灭亡。幸亏有少数人是愿意读的，这部分人成长的速度会很快，对公司的帮助也会很大。我认为自己没有任何秘密，都是开放的，至少我的思想是开放在公司网站上的。"

那么华为是如何进行企业文化建设的呢？

一是搭建文化体系。企业文化体系应该包括愿景、使命、核心价值观。华为的文化体系在前文中我们已经介绍过，这里就不再赘述了。

二是完善制度建设。《华为公司基本法》是华为早期进行制度建设的标志性成果，它包含了经营政策、人力资源政策等，将企业文化以制度的形式固定下来，使得企业文化不再只是停留在墙上的口号，促进了员工对企业文化的认知与认可，同时也为华为的发展提供了方向指引。

三是做好文化落地工作。华为通过长期的、持之以恒的文化教育培训，让员工的思想态度跟上华为发展的步伐。有些从其他企业跳槽过来的员工可能最初无法理解华为的企业文化，但是经过一次次的"思想洗礼"和实践，很多人最终都被华为的奋斗文化所打动。

在构建企业文化落地激励机制方面，华为灵活运用"胡萝卜加大棒"的方式，使华为的奋斗文化深入人心。华为为员工提供高福利、高工资、高奖金，甚至公司股份，这是华为给员工的"胡萝卜"。与此同时，华为也引入了严格的竞争机制，即华为的"大棒"，促使员工艰苦奋斗。"胡萝卜加大棒"的激励方式，让所有华为人始终保持艰苦奋斗的激情，持续为企业创造价值。

华为的早期还流行着一种"吃文化"。总部派人到办事处做支持，首先就要过吃饭这一关，大家找一个咖啡厅或者路边的一个小饭馆，边吃边谈。在任正非看来，这种非正式的闲聊能够缓解工作压力，有利于激发华为人的工作激情，同时也增强了华为的内部交流和沟通，营造了良好的组织氛围。

在华为，干部是"吃文化"的倡导者。干部新上任，便及时感谢下属的配合与支持，请下属吃饭。华为"吃文化"的精髓就在于在这种"边吃边谈"的轻松氛围中，人们无所顾忌地沟通，顺便把工作事项也一并谈妥了，为日后的工作达成默契、实现无缝对接打下了基础。也正因为无所顾忌，华为人在"吃"的时候，对组织内部好的地方和存在的不足，往往会直言不讳，畅所欲言，无形之中也提高了组织的凝聚力。任正非说："你感觉自己进步了，自己请自己来一顿；你要当领导，那么就多请部下吃几次夜宵，在轻松自由的氛围里，很轻易就做到了上下沟通，协同工作，部门的效率自然也就提高了；你想做大秘书，也要多请客，你的工作经过沟通开放了，大家帮助你，互相有了解，你就当上'大秘'了；搞管理的，更要在一起这样经常碰，经常在一起碰，组织才不会一潭死水，才有凝聚力。"

实际上，华为的"吃文化"至今仍然非常流行，被华为当作组织氛围建设一个重要并且不可或缺的部分。不过如今的华为不仅员工数量众多，而且分布范围非常广，遍布全球，这就要求华为在组织氛围建设上更加规范化、职业化、国际化。因此，华为引入了组织气氛问卷调查，以此作为组织氛围建设的主要机制和工具。

组织气氛问卷调查是用来使人们了解组织气氛或工作环境，以及组织气氛是如何产生又是怎样对人们的工作产生影响的。组织气氛问卷调查是一个非常便捷而有效的工具，它不仅便于员工理解和指出问题，也便于华为管理层更直观地了解基层组织的内部状况。由于整个调查过程严格保密，因此员工不必担心反映问题会被自己部门的主管"穿小鞋"。

华为公司组织气氛问卷调查由华为公司道德遵从委员会统一发起，所有调查数据将汇总到系统进行分析。调查结束后，所有被调查的员工和团队将获得整体分析报告（当部门反馈人数少于5人时，报告不生成；当各个维度下的反馈人数少于5人时，该维度的数据不显示），供本部门/团队改进参考，不应用于个人及团队绩效评估。员工原始反馈信息也将严格保密，任何组织、个人无权查看。

华为的组织气氛调查问卷通常分为两个部分。第一部分针对被调查员工所在部门的组织气氛，包括该员工的上级和同事，上级不单单指直接上级，而是包括下列四种情况：①直线汇报关系；②非直接汇报关系，在这种情况下，该员工可能被要求向非直线领导，但可能是组织结构中虚线或矩阵关系的一些人汇报，在考虑产生组织气氛时可认为是该员工的领导；③正规团队领导；④事实领导。第二部分针对整个公司的组织气氛，包括任何影响被调查员工及与其有工作交流的人员和部门的公司政策、程序等。

组织气氛测评结果分为四个等级：第一个等级叫作高绩效团队，团队成员工作得都很开心，对自己部门的业务目标都很清晰，分工也很明确，有了困难可以求助，也有人提供支撑，主管对员工能及时辅导等；第二个等级叫作高激发团队，比第一个等级差一点，个别方面还不好，但是大部分是不错的；第三个等级叫作中性团队，可能团队成员不太清楚业务目标，没有得到好的激励，有困难时支持也不够充分等；第四个等级叫作消极性团队，团队成员不了解任务，团队分工不明，没有激励，没有协同，出了问题也没人解决。

目前，组织氛围问卷调查已经成为华为组织氛围建设的长效机制，有效地推动了组织文化建设，解决了许多组织内部存在的问题，一些不称职的干部得到了处理。组织氛围问卷调查也得到了广大员工的广泛支持与肯定，认为对改善内部工作氛围大有裨益。

总的来讲，什么叫好的组织氛围？大家的目标是清晰的，具体任务是明确的，责任也是明确的，绩效标准是可量化的，激励机制是能实现的，团队成员之间能够互相帮助，这些加起来就是一个好的组织氛围。这种组织氛围使大家能够有明确的愿景，能够互相协同，进而能够助推企业战略的实现。

7.4.2 强化高效协同的组织执行力

经过多年持续的管理变革，华为已经形成了以项目为中心的组织运作模式，激活了成千上万个作战团队，在战略执行过程中，这种非正式组织发挥了非常重要的作用。

权威研究机构 Gartner Group 对通信产业观察多年后，分析指出，通信设备行业中，许多大公司对解决客户问题派出的人员不多，一般派 5 个工程师到客户端驻点就是高规格了。有些公司为了省事，会采用远端视频遥控交付和维护，根本不会派工作人员前往现场。

但是，华为却不同。为了能够满足客户需求，华为可以派出一支 12 人组成的团队前往现场，与客户讨论、研发出最合适的设备。在交付中，只要出现问题，即便出事地点远在青藏高原，华为工程师也会奔赴现场，与客户一起解决问题。

为了更好地服务客户，华为大力推行铁三角组织，如图 7-2 所示。

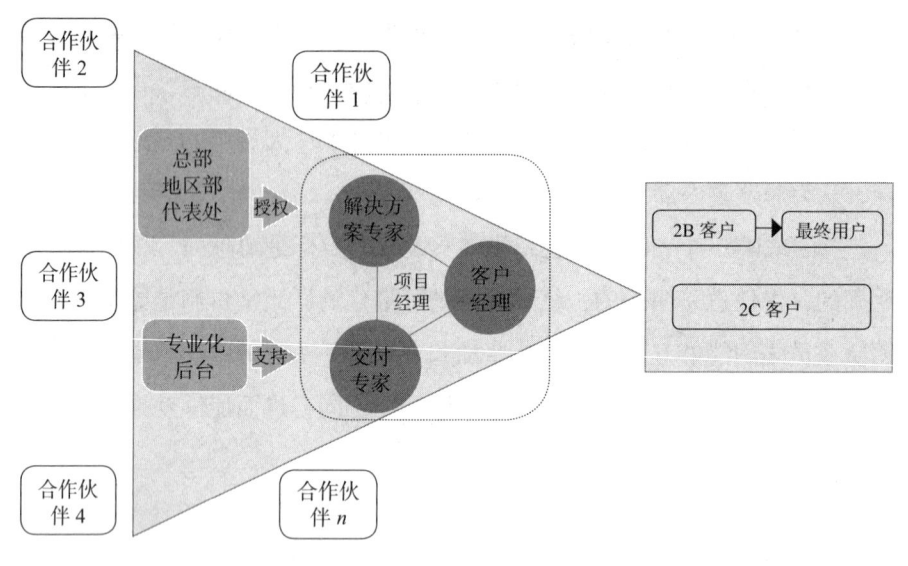

图 7-2　华为铁三角组织

铁三角组织是由客户经理（AR）、解决方案专家（SR）、交付专家（FR）组成的。他们直接面向客户，共同承担同一个目标，只是侧重点不一样。其中，客户经理是项目运作、整体规划、客户平台建设、整体客户满意度和经营指标的达成、市场竞争的第一责任人；解决方案专家负责项目的整体品牌和解决方案，从解决方案角度帮助客户实现商业成功，对客户群解决方案的业务目标负责；交付专家是项目整体交付与服务的第一责任人。围绕着"铁三角"的核心管理团队，客户关系、产品与解决方案、交付与服务等部门在一旁提供协同支持。

铁三角组织帮助华为人快速响应客户需求，为客户提供及时的、全方位的交付服务，从而赢得客户的信任与认可，为公司创造更多的价值。

对很多企业而言，高效协同尤其是跨部门协同并不是件容易的事情，但也有不少企业摸索出了一些新的方式。其中，发了20亿元红包的抖音春晚团队的工作方法值得我们思考和学习。

2021年1月15日，抖音基本敲定与央视春晚的合作：抖音成为2021年春晚红包独家互动合作伙伴。这时离春晚，还有27天。

这样一个大项目涉及的人数非常多，如何才能有效工作呢？有些企业会建立工作群，让大家在群里随时沟通，但是太多人在一个群里讨论，容易湮没一些关键信息；也有的企业是借助组织架构来做的，某个员工将信息反馈至上级，上级再反馈给上级的上级们，等他们沟通完后，再将信息逐层传递下来，这种沟通方式的效率非常慢，也容易失真。

而抖音创新了另一种方式，所有的沟通路径都指向"文档"，这是唯一的目的地。抖音将该项目涉及的所有工作分门别类地建立详细文档，每个文档里有很多条目，其中列出了工作内容、完成时间、负责人等信息。

每个人都可以在飞书里@其他人，当被@的人收到提醒消息后，一点开提醒消息，就会直接出现在文档里。注意，文档并没有动，是这个被@的人来到了这篇文档。当工作完成后，可以标记自己完成了被@的工作。可能同时有很多人在一篇文档里分别完成自己的工作，但不用担心文档会错乱，每个人的修改都会瞬间体现在其他人的屏幕上。

由此看来，每一篇文档，就是一个作战指挥室。这种基于文档的项目管理机制，极大提升了组织沟通效率。会有人问：这种分工不需要协同吗？当然需要，抖音使用了一种比开会更有效的协同方式——异步协同。

例如，为了做好预案，需要列出黑天鹅事件清单。但不管是一个人想，还是开会头脑风暴，都容易遗漏一些事件。为此，抖音创建了一个"黑天鹅清单"的文档，并@相关人，要求他们提出一些黑天鹅事件。这些人可以在好几天的时间里，想到什么风险点就立刻补充到文档中去，充分使用了大家突发的灵感。

也有人会问：没有汇报关系的不同部门之间如何协同呢？如果是@别人，别人听你的吗？抖音成立PMO（项目管理办公室），负责把控项目方向，协同跨部门工作、及时决策和推进项目等。为了把控项目进度，不同工作组之间会每日对表，每天早上在飞书上开会，每个工作组负责人用1分钟讲工作进度情况，最终各工作组将表调到同一时间，再回去和团队其他人员协同。

非正式组织的运作能力对组织目标的实现有着重要的影响。企业应该学会管理非正式组织，利用非正式组织的特征来为正式组织服务。

7.4.3 构建有竞争力的激励体系

企业所有的价值创造活动都要通过人来完成，要如何才能激发人的主观能动性，让他们更好、更有效率地完成价值创造工作呢？每个人都会有欲望，有想要追求的事物，这是天性。企业可以从人性出发，制定合理的人才管理机制，激发人的创造力，并让他们为企业持续创造价值。

任正非曾说："欲望其实是中性的，很大程度上，欲望是企业、组织、社会进步的一种动力。是对欲望的激发和控制，构成了一部华为的发展史，构成了人类任何组织的管理史。一家企业管理得成与败、好与坏，背后所展示的逻辑，都是人性的逻辑、欲望的逻辑。"华为的人才激励机制，就是建立在对人的欲望的剖析和深刻理解上。

马斯洛需求层次理论把人的需求分为五个层次，分别是生理需求、安全需求、情感和归属需求、尊重需求和自我实现的需求，人只有在满足低层级的需求后，才会去考虑追求更高层次需求。华为的激励机制，就是针对不同层级的需求欲望而设置的：通过绩效薪酬管理制度满足员工的生理需求，实施末位淘汰制来对应安全需求，利用非物质激励来激发人们追求更大的愿望、使命感和自我实现。

1. 以绩效定激励

一方面，通过弹性薪酬包管控，和公司的主要经营指标挂钩，让做得好的组织分到更多的钱，让做得差的组织少拿钱，从而激励各个组织都努力去奋斗；另一方面，通过奖金管理来拉开收入差距，奖金分配向高绩效者倾斜，从而激发员工的干劲，提高绩效。另外，通过"获取分享制"，也就是奖金和股权激励，让员工也能分享公司的利润，拿多少按照贡献大小来算，这样不仅保证了公平，也让员工变得更有动力。

2. 末位淘汰制

华为始终认为，只有淘汰落后的人，逼着大家前进，才能让优秀的人快速成长起来。华为通过将末位淘汰融入日常绩效考核工作体系，裁掉一些不奋斗、不能胜任的人，进而激活整个团队，使华为在发展过程中一直保持活力。

2017年，在网上有过一个华为员工"34岁退休"的传言，引起了很多人的关注和热议。

对此，任正非表态："网上传有员工34岁要退休，不知谁来给他们支付退休金？……当然你们也可以问在西藏、玻利维亚，以及战乱、瘟疫地区的英勇奋斗的员工，问问他们愿不愿意为你们提供养老金，因为这些地区的奖金高。他们爬冰卧雪、含辛茹苦，可否分点给你。还是要艰苦奋斗，不奋斗就不能为客户创造价值，而不能为客户创造价值，公司就自然完蛋了。"

任正非曾多次对员工强调："华为是没有钱的，大家不奋斗就垮了，不可能为不奋斗者支付什么。30多岁年轻力壮，不努力，光想躺在床上数钱，可能吗？"任总很清楚，如果不淘汰那些习惯坐享其成的人，对奋斗者来说是不公平的，长此以往，会影响他们的积极性和创造性，不利于公司的长远发展。

3. 非物质激励

"金钱固然重要，但也要相信人内心深处有比金钱更高的目标与追求，尤其是当人们不再一贫如洗的时候，愿景、使命感、成就感才能更好地激发人。"为了激发员工的创造力，华为在物质激励的基础上，还有非物质激励方式，主要是机会和荣誉。

华为认为对员工最大的关爱就是给他们机会，给他们去前线锻炼技能的机会，给他们去战场立功的机会，给他们升级加薪的机会。

此外，华为还建立起荣誉激励制度，对优秀员工加以表彰，员工的获奖信息会记入荣誉档案，这样不仅能激励获奖员工持续奋斗，还能鼓舞员工士气，让英雄"倍出"。

华为认为，对成就认可是一种重要的日常管理行为，所以在华为人力资源部下面专门设立了一个荣誉部。华为荣誉部的职责之一就是贯彻公司"小改进，大奖励"的精神，遵照"在合适的时间，利用合适的方式，奖励该奖励的事，奖励该奖励的人"的原则，建立和不断完善荣誉奖管理制度。

"天道酬勤奖"和"蓝血十杰奖"是两个比较有代表性的奖。

"天道酬勤奖"是2008年推出的，表彰对象是在海外累计工作10年以上或在艰苦地区连续工作6年以上的长期国际派遣人员，以及在全球流动累计10年或在艰苦地区连续6年承担全球岗位的外籍员工。奖牌是水晶做的，印有那双著名的芭蕾脚，上书罗曼·罗兰的名言："伟大的背后是苦难。"当年获奖人数仅有17人，现在获奖人数已达到4000多人。

"蓝血十杰奖"是2013年推出的，是华为管理体系建设的最高荣誉奖，用来表彰"对管理体系建设和完善做出突出贡献、创造出重大价值的优秀管理人才"。这个奖项的获奖人既有在职员工，也有离职员工，还有华为的 IBM 顾问专家。

华为通过一系列激励机制，鼓舞了士气，唤醒了员工的内在驱动力，激发了他们的创造力。"以奋斗者为本"是华为的人才管理哲学，华为充分肯定奋斗者的价值创造，让他们得到应得的利益、足够的发展空间和合适的才能展示平台，保护奋斗者的奋斗激情，使公司战略的实现获得源源不断的发展动力。

第 8 章
执行督导：有效监控过程，强化执行效果

结果重要，过程也重要。如果不能对过程实施有效的监控，纠正出现的问题，那么理想结果的达成就需要花费更多的时间和精力。华为通过采取各种措施有效监控战略执行过程，通过战略监控使得公司战略的实施更好地与公司当前所处的内外环境、发展目标协调一致，促进战略得以实现。

8.1 华为的战略管理流程

在第 1 章中我们介绍了华为战略管理流程——DSTE，DSTE 流程是华为的一级流程，它包括三个子流程，分别是战略规划子流程、年度业务计划与预算子流程、管理执行与监控子流程。这三个子流程共同确保华为的战略管理工作标准化、流程化和高效化。

8.1.1 战略规划子流程

战略规划子流程规范了华为中长期战略规划的制定过程，华为将中长期规划称为战略规划（SP），规划周期为 5 年，每年进行滚动。例如，2020 年制定 2021—2025 年战略规划，2021 年制定 2022—2026 年战略规划……以此类推，滚动式制定公司战略规划。战略规划子流程的工作内容如表 8-1 所示。

表 8-1 战略规划子流程的工作内容

序号	工作类型	具体内容
1	战略规划工作的发起和组织	·确定战略方向 ·提出战略规划的约束条件和指导意见 ·组建战略规划工作小组 ·召开战略规划启动会
2	BLM 模型八个模块的工作	·确定战略意图，明确公司在未来的价值链或产业体系中所处的位置、扮演的角色 ·进行市场洞察，明确差距，寻找公司未来发展机会 ·明确创新焦点，避免在非战略机会点消耗战略竞争力量 ·完成业务设计，确定公司实现战略目标的方式 ·提炼实现战略目标的关键任务 ·围绕组织、人才、文化与氛围，设计相关措施以支撑战略实现
3	战略规划评审和发布	·评审战略规划报告 ·批准战略规划报告 ·发布战略规划报告

在战略规划工作的发起和组织方面，公司的战略决策层负责提出战略方向、战略规划的相关约束条件和指导意见，例如，战略与发展委员会提出公司战略方向和重点业务领域，财经委员会提出公司财务规划的预算条件和指导意见，人力资源委员会提出人力资源规划的预算条件、人才发展方向等。战略部门组织相关部门代表成立战略规划工作组，向工作组传递董事会及其下属委员会对战略规划提出的约束条件和指导意见等。

战略规划阶段包括三个关键会议：一是战略务虚会，由公司战略部门组织召开，参与人员包括战略与发展委员会负责人、财经委员会负责人、人力资源委员会负责人、各业务单位负责人、职能单位负责人。会议回顾上一年度的战略执行情况，充分讨论未来业务的发展，进而提出制定本次战略规划的指导意见。二是战略意图与业务设计研讨会，研讨公司的中长期战略发展目标、业务设计是否能有效支撑公司战略目标的实现，提出对战略制定四个模块的修改意见。三是战略执行研讨会，主要是对战略执行四个模块内容的可行性等进行讨论，提出相应的完善意见。

除此之外，华为还有一个特殊的部门——蓝军参谋部，从不同的视角观察公司的战略与技术发展，论证红军战略/产品/解决方案的漏洞或问题。蓝军发挥作用的典型事例就是郑宝用曾经带领蓝军部门成功扭转华为终端业务的命运。

2008年，华为计划出售华为终端业务。郑宝用带领蓝军部门经过大量研究分析和调查论证后，指出终端将决定需求。任正非最后拍板保留了终端业务。2020年，华为消费者业务全年实现收入4829.16亿元，占华为总营收的54%。

如上所述，华为明确了公司决策管理层、业务部门和职能部门在战略规划过程中的权利与责任，并成立专门的跨部门战略规划小组共同来完成公司战略规划工作。

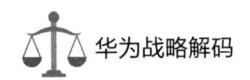

8.1.2 年度业务计划与预算子流程

战略规划制定后，华为会将其转化为年度业务计划（BP）和经营预算，确保战略能够落地执行。年度业务计划与预算子流程更为复杂，它涉及的部门有很多，而且还需要用到很多方法和工具。年度业务计划与预算子流程的工作内容也可以分为三种类型，具体如表 8-2 所示。

表 8-2 年度业务计划与预算子流程的工作内容

序号	工作类型	具体内容
1	年度业务计划与预算的启动	·制定年度工作计划和预算的指导意见、规则和约束条件 ·批准和启动年度业务计划与预算工作
2	年度业务计划与预算的编制	·制定从机会点到订货的规划 ·年度业务计划和全面预算 ·制定人力资源预算等
3	年度业务计划与预算的评审和发布	·评审年度业务计划与预算 ·批准年度业务计划与预算 ·发布年度业务计划与预算

从机会点到订货是整个年度业务计划制定的核心内容，华为成立了专门的工作组来进行这部分工作，他们首先需要理解公司战略目标及举措，然后在公司统一的计算标准下，分析每个市场机会转化为订单的可能性及各项财务指标，最终自下而上层层汇总，形成总体财务指标。

在年度业务计划和预算的评审和发布方面，战略与发展委员会、财经委员会、预算委员会负责评审年度业务计划和预算，经董事会审核后正式发布。

年度业务计划和预算向下传递主要是通过述职来完成的。各业务单位负责人基于公司层面的业务计划和预算，形成本单位的计划指标，向公司董事会和战略与发展委员会进行述职。述职通过后，业务单位负责人组织下属部门负责人述职，分解落实本单位的业务计划和预算。

华为业务单位负责人述职时，需要花大量篇幅来讲市场、讲客户、讲竞争，如目标是中国地区部运营商设备2020年要卖100亿美元，他就要讲2020年中国运营商市场是多大，各大运营商的建设规模是多少，它们的需求有什么变化，在各个省市的分布情况是怎么样的，然后是各大竞争对手，如爱立信、诺基亚等现在的布局是怎么样的，在这种情况下，华为的机会点是什么，可以用什么样的解决方案去满足客户的需求。

以述职方式将公司年度工作计划和预算向下层层分解，使得每个部门、每个人都有工作任务和预算指标，形成对公司战略的支撑。

8.1.3 管理执行与监控子流程

战略规划和年度业务计划制定好以后，下一步就是战略执行。华为的管理执行与监控子流程明确了管理执行与监控的对象主要是管理IBP（集成经营计划）、管理重点工作、管理KPI和管理战略专题这四项内容。

1. 管理IBP

管理IBP是指将公司本年度的各项业务计划，如销售计划、人力资源计划、财务预算计划等进行集成统一管理和监控。通过这种统一管理和监控，可以推动各业务计划执行部门协同运作，提升工作效率；有效平衡公司短期利益和长期利益，提升公司效益；实现各项业务计划与财务计划、人力资源计划之间的高匹配度，降低经营风险，确保经营结果可控、可预期。

2. 管理重点工作

管理重点工作是指统一管理和监控支撑战略规划和年度经营计划目标

达成的关键性工作，包括产品与解决方案、组织变革、流程再造、市场突破等各类重点工作。

3. 管理 KPI

管理 KPI 是指有效管理和监控公司的 KPI 执行情况，从而推动和促进组织和个人努力创造高业绩，成功地实现战略目标。

4. 管理战略专题

管理战略专题是指对公司及各 BG、区域组织、职能部门等业务开展和未来发展有重要影响的一些重大战略性问题进行专题研究和管理，如新产业机会、人才、竞争等问题。

IBP、重点工作、KPI 主要来源于公司发布的年度业务计划与预算，战略专题则来源于公司战略规划。

8.2 基于战略的全面预算管理

《华为公司基本法》指出，全面预算是公司年度全部经营活动的依据，是驾驭外部环境的不确定性，减少决策的盲目性和随意性，提高公司整体绩效和管理水平的重要途径。

8.2.1 实现全面预算的闭环管理

预算本身不是最终目的，它是一种公司战略与公司经营业绩联系的工具，是分配资源的基础，用于衡量和监控公司各部门的经营业绩，确保公司战略目标的实现。

【管理研究】华为预算管理方法

华为预算管理的总体策略包括三个方面：

（1）预算与经营管理结合。根据公司经营环境变化，实施目标管理；通过与管理者沟通，使其关注公司经营状况及财务状况，传递压力；通过预算反映经营中潜在的问题和风险，发现经营活动的机会和改进方向。

（2）预算与 KPI 相结合。建立层层分解的 KPI 体系，据此形成层层分解的压力传递机制，确保经营目标落到具体的责任部门和责任人；目标的完成情况要同绩效考核挂钩，建立目标管理的利益驱动机制。

（3）预算与业务相结合。长期推进业务计划和财务计划（预算）一体化；重点建设业务预算评审模板，促进业务计划不断细化和完善，并以此切入经营管理活动，提高预算评审的质量和效果。

预算管理不只是预算编制，而是以业务计划为基础的管理循环，具体如图 8-1 所示。

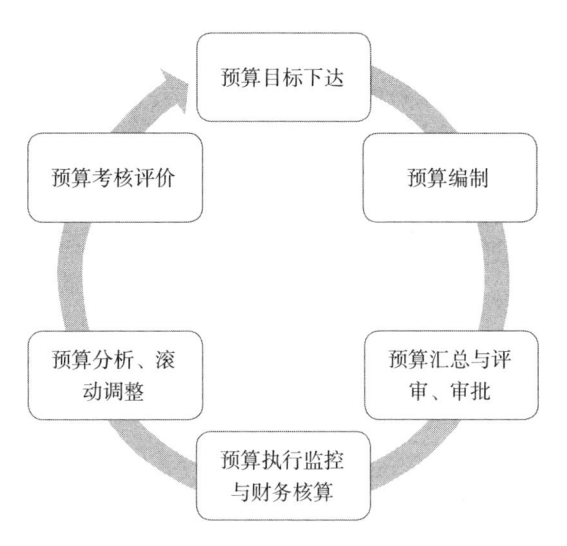

图 8-1　全面预算管理循环

经营目标的确定是年度预算编制的起点，是预算管理其他环节有效运作的基础。预算部门需要搜集行业和竞争对手信息，结合公司战略目标，综合提出年度预算目标，经预算委员会讨论评审通过后，下达至各业务单

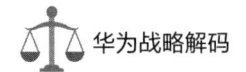

位，各业务单位负责人沟通承诺目标。预算部门需要对各业务单位预算目标的达成情况进行跟踪和监控，确保目标达成。

【任正非观点】预算必须与贡献关联，与战略关联

是战略领域，我给你钱；不是战略领域，你必须给我钱。战略领域的责任人必须宣誓承诺战略目标的实现。任何事情都应有时间表，修正业务计划也要有说明，而且不能乱花钱。任何机构申请预算时，必须将责任和贡献讲清楚。经批准后，责任结构要成为最重要的考核依据。

华为在预算编制上采用弹性预算法，即根据可以预见的一系列业务量水平确定不同预算额的一种预算编制方法。这种方式能够使预算更加接近实际情况，考核评价的结果更加真实可靠。

【任正非观点】预算要有弹性

要实现从刚性预算到弹性预算的转变。业务上去了，预算也相应弹上去。同时，要提升机关的服务效率，在标准作业时间内完成审批，保证前线在业务增长后就自然、合理、迅速地获得更多的资源。

在预算执行过程中，华为利用5W模型来实施监控：

- Why（为什么）：预算控制的目的。在环境不断变化的情况下，确保公司目标、策略得以实施；在目标不能实现时，提供风险预警，促使公司做出其他决策和改进。
- Who（谁）：预算控制的主体。业务部门是预算控制的主体、实施者，财务部门是预算控制的组织者、引导者、支持者，彼此形成相互分工协作的团队。
- What（什么）：预算控制的对象。公司总体目标、各部门分解的目标是预算控制的对象。

- When（何时）：预算控制的时间。年度与季度（制定目标，调整目标，考核目标）、月度（制定目标，分析差距，洞察原因）、周和天（实时监控、及时发现差距、沟通与协调改进措施）的控制内容。
- Where（何处）：预算控制的空间分布。预算控制是全流程的、全方位的，它分布在与目标相关的各个要素中，包括利润、现金流、资产负债等方面。

除了执行过程的监控，还要对预算执行的结果进行分析。在全面预算管理中，预算执行分析也是关键环节之一，它检验预算编制及业务工作是否有效。预算分析要深入实际，从业务的深层次原因，找到差异产生的驱动因素，从而引导业务改进。当预算执行一个月后，公司可以根据执行中发生的新情况，对预算及时进行调整和修订。

华为预算准确的原因有两个方面：一是在流程方面实现业务与财务的集成。华为公司有几个主流程，如 LTC（从线索到回款），前端是市场和销售的管理，后端是收款流程、收入确认流程；采购主流程的前端是采购流程，后端是付款流程，这也是财务与业务的集成。二是管理的集成，前端是战略规划，后端是全面预算和滚动预测。全面预算是从战略到执行流程中的一环，而不是一个单独的存在。在没有战略规划的情况下，华为是不允许做预算的；在没有业务计划的情况下，也是不允许做预算的。因为预算主要是落实战略诉求，落实预算中的业务计划诉求的。

8.2.2 人力规划与业务预算的融合

华为年度预算的制定主要是把销售收入的基准定出来，根据明年的销售收入及未来一些战略诉求，制订年度工作计划。年度工作计划的制订过程及汇报过程，就是 KPI 制定过程，包括 PBC 制定及述职的过程。

制订年度销售计划后，就可以明确未来业务计划。根据未来业务计划，就知道组织的人力资源需求，包括需要招多少人、招什么样的人，这样一来，人力资源的预算就出来了，因为华为给每个战斗单元都有薪酬包预算。销售收入明确了，财务预算也随之能够制定出来了，然后KPI指标具体数值就出来了（绩效考核方案、考核指标是战略规划中明确下来的，但指标的具体数值是在预算过程中定下的）。

华为预算生成来源于客户和项目。华为有全球大客户570多个、全球核心客户370多个，每个客户投资的金额是多少、市场份额是多少、预计市场份额是多少，都要预算出来。华为公司在运营商这一侧的预算做得非常精细，基本上可以细到客户维度。如果预算收入来自客户，那么资源也可以配置到客户上，包括每个客户配置多少产品经理、多少客户经理、多少交付经理。因为预算来源于客户、项目，因此资源也能配置到客户。

在滚动预测方面，华为每个季度都要对各项业务以及未来12个月的市场情况做预测，每个季度根据预测的情况，调整人力资源的配置和销售计划，来匹配目标。

有人会问，预算数字和滚动预测有什么分别？预算数字是用来进行考核的，预算数字定下来之后，不管出现任何状况，考核数据是不能动的。当整个业务情况发生很大变化时，会调整滚动预测，在进行滚动预测时可以进行人财物等资源的增减配置。整个流程下来，华为的业务规划、财务预算与人力资源管理实现了一体化。

8.2.3　一报一会：从财务分析到经营分析

华为推崇经营分析，但不是单纯的财务分析。通常来说，经营分析是利用财务报表、预算指标等提供的数据信息，采用一定的分析方法，对企业经济活动进行全方位的分析，以掌握企业运行情况，发现其中的问题，从而改善企业经济效益的管理过程。

"一报一会"是华为经营分析体系的基本元素,"一报"即经营分析报告,"一会"即经营分析会。华为开展"一报一会"的目的是让管理者学会运用财务分析方法,通过对财务指标的解读,找到业务中存在的问题,采取措施进行改进。

【管理研究】经营分析报告与经营分析会

经营分析报告是将各种指标和报表按照业务模块或专项内容进行汇总和分析,从而识别出业务运作中存在的问题,并且形成相应的诊断结论。它包括两种类型:专项业务分析报告和综合性分析报告。经营分析报告不是简单的数据堆砌,它需要报告编制负责人基于财务数据信息做出准确分析与诊断。

经营分析会是管理层组织召开的会议,就经营分析报告中发现的问题进行研讨,寻找对应的解决方案,并形成可操作的行动计划。

华为《管理优化报》中曾经指出,各代表处的"一报一会"存在一些问题:一是管理者不重视,认为财务分析务虚;二是业务人员参与度不高,导致财务分析脱离业务实际;三是任务指令各要素不明确,操作性不强,致使执行过程和结果无法有效监控和考核……究其原因,在于各代表处对"一报一会"的作用认识不深刻,还未能从"要我做"转变到"我要做"。

那么"一报一会"到底有何作用,能否促进业务开展呢?国内华东H代表处给了很好的示范。

H代表处经营分析报告的编写实行项目责任制,由代表助理把关,销售业务经理汇总,市场、用户服务(简称用服)、回款、财务部也有专人参与。销售业务经理、市场财经经理、工程经理、财务经理作为成员分块负责。

报告完成后在下周一例会上宣讲，由代表、助理、用服主任及产品部、系统部主管按月轮流讲解。这种宣讲模式的好处在于：一是参与人层次高，推进力度大；二是团队成员全面了解代表处经营状况；三是通过对较为具体详细的任务令的闭环管理，提升团队精细化管理的意识；四是通盘审视 KPI 指标，扭转了一些主管重产出结果、轻过程指标的思想；五是让非财务专业的人加强财务知识的学习。从实际效果看，H 代表处对项目把握较准，产出指标、过程指标完成得都较好，连续几个季度考核都在 B 以上。

从上述案例我们不难发现，"一报一会"改变了团队的经营意识，促使代表处通过分析报告统筹考虑 KPI，平衡和改善各项指标，最终改进经营绩效。

华为的经营分析会议是逐层往上来开的，从最基层的代表处到地区部总部。

月度终了之后的两个工作日，全球所有国家代表处的合并报表和经营分析报告全出来，一般从第三个到第五个工作日是代表处开会，第六个到第七个工作日是地区部开会，公司的会议通常在每月 25—30 日召开，这是例行的分析经营结果的会议，代表处的总经理是经营分析会的负责人，其他相关部门的领导，包括财务主管也都会参与。

经营分析会是业务部门基于财务数据所开的会议，但它本质上是个业务会议，不是个财务会议。因此，代表处办公会议和经营分析会经常一起开。各个经营指标由业务部门来承接，如销售毛利由产品副总裁来承接，他负责定价。交付成本由交付副总裁负责。财务部提供数据，业务部门主管负责解释财务数据的变化、预测未来财务数据的变化。如果完不成目标，业务部门主管要提出改进的建议和措施。

任何一个经营分析会要分析两个方面：第一，我们要做什么。第二，如果自己搞不定，需要求助公司帮我们做什么。总的来说，经营分析会的输入是财务数据和业务环境，输出是业务任务及求助。

8.3 构建全过程监控体系

战略执行光有策略和行动计划还不够，必须构建系统的战略执行和监控机制，定期对战略与行动计划的执行情况进行监控。通过对执行情况的考核、奖励与问责，可以系统管控公司战略执行情况，根据执行情况及时对具体行动计划、策略和战略方向进行调整。

8.3.1 战略执行过程要监控到位

华为各部门、各项目团队在经过科学的战略规划和解码后，会分解得出各自需要完成的重点工作与重要措施，甚至在一些较为庞大的工作任务下还会分出子项目，通过这一环节，部门或项目组的所有成员会明确自己的具体工作任务。后期的战略执行，管理者仍然需要参与其中，做好推动与监督工作。

有的时候，尽管各岗位的员工能够明白自己需要做什么、需要达到什么样的效果，但实施环节却不一定能够一帆风顺地达到目的，比如，实际操作效果可能差强人意，或者中途出现一些不可控因素，对于这类问题，就需要管理者加以沟通和调整。考虑到执行者也可能出现主观懈怠或操作失误，针对这样的问题，更需要管理者加以监督和干预。对战略执行进行监控，既有利于保证整体战略的实施进度，又有利于及时对机动情况做出灵活反应。

对战略执行的监控，具体可以通过定期审视（月、季、年度审视）、半年刷新方案、推动落实、调整资源等方式实现。

【管理思考】定期审视战略执行情况

月度监控：监控战略执行情况，确保按进度执行行动计划。

季度监控：审视行动计划的执行状态和目标实现程度；根据情况决定是否停止或继续目前的策划和行动计划，决定是否需要启动新的行动计划。

年度监控：审查年度战略执行情况；进行战略分析，调整战略目标，并重新确定关键任务和行动计划。

在华为，战略执行监控的方式是较为灵活的，具体与各代表处、项目组需要落实的战略计划和任务有关。

华为印度尼西亚（简称印尼）代表处的销售管理部，在战略执行监控上，有着丰富的经验，善于从细微之处发现战略执行过程中的不足，并加以改善。

2013年，印尼微波产品的订货和销售毛利呈双负增长，代表处随处可以听见"微波产品交付难，销售毛利低"等负面言论，当时作为微波产品销售主管的王享田听到这些话，心里很不是滋味，暗下决心，一定要带领大家实现微波产品销售的振兴。

于是，王享田先用Excel表格根据当年的战略解码详细列出了要做的八件事情——总体目标、订货预测、人员安排……将其与员工的具体执行措施和执行结果做对比。经过细致分析，再结合工作经验和咨询意见，王享田一一找出了员工在战略执行的不同方面显露出的不足之处，并且有针对性地提出了能够迅速落实的改进办法。

针对销售人员解决问题能力差和日常工作效率低的问题，王享田带领所有同事连续组织了八周的内部比武，这一举措成功地让内部人人都变成解决方案与内部流程的专家；针对需要准入的产品种类多的问题，王享田制定了详细的进度追踪表，严控每个环节的时间，保证了新产品能够在第一时间进入市场；针对微波产品组合多导致供应复杂的情况，王享田和其他同事共同制定并推行了印尼本地的微波产品"归一化"举措，统一微波产品交付版本，从而顺利减少了80%的非常用物料，微波产品供应效率大幅提升；针对印尼唯一未规模突破的D客户微波产品市场，王享田在原有的重点工作分解的基础上，进一步制定了详细的子项目运作思路表，最终助力项目获得成功。

正是这种点点滴滴的督导行为，使得员工的不懈努力最终汇涓成海，在2014年年底成功超越了目标，微波产品再次在印尼代表处变成一个既有量又有利润的产品。

光有完美的计划，没有完美的行动，是无法把事情做好的，而完美的行动还需要有周全的督导措施来保障。

华为定期对员工的战略执行情况进行考核，实行优胜劣汰的奖惩机制，确保团队拥有强大的执行力。为此，华为一直在完善组织绩效管理体系。华为通过推行分层分级绩效考核，牵引高层更加注重对公司战略目标的关注，中基层员工兼顾中长期目标的达成和战略规划的落实，基层作业员工追求多劳多得、精益求精。

华为中高层管理者的绩效考核是通过述职和KPI考核来完成的。其中，述职方式是逐级向上。述职时，管理者对照经批准的年度（半年、季度月度）业务规划、预算和KPI指标，总结上一期的执行情况，找出差距和成因；预测年度业务计划和预算目标的完成程度，对下一期的各项目标做出承诺，提出具体策略、措施和资源需求。华为对中高层述职和KPI，建立了统一、均衡和有效的考核制度，使公司管理形成闭环，让管理人员不断关注公司绩效，从而持续提升公司的核心竞争力。

华为对基层员工实行PBC考核，他们的绩效考核，不但包括在本部门的岗位职责或角色要求，还包括超越职责的努力和贡献，而且考核立足于员工的现实工作，强调员工的工作表现与岗位职责或角色要求相一致，而非基于员工在本部门的个人工作表现。其考核内容有部门量化指标、部门非量化指标、追加目标和任务考核、工作行为态度、管理行为和不良事故考核。

对战略执行情况实施动态监控，是为了最终的战略目标能够实现。因此，企业要厘清并明确各项任务的关键控制节点，并对工作进度和质量进行追踪检查，保证工作按计划执行。

8.3.2　厘清并明确任务关键控制节点

企业设定一个个的关键控制点，使得员工在执行计划时可以通过这些关键控制点准确把握计划进展状态，以控制整个目标得以实现。那么，如何有效地设置这些关键控制点呢？判断树是判断关键控制点的有用工具，被许多大型企业频繁应用于战略管理过程中。

下面就是通过判断树确定关键控制点的具体步骤。

第一个问题是："对确认的时间长度是否有控制措施？"

这个问题是为了明确该步骤是否实施了控制措施，以确保该步骤时间长度。如果答案是否定的，那么就需要明确在该步骤中是否有必要采取控制措施；如果此问题答案是肯定的，那么就需要确定在实施该步骤前、中、后所应采取的控制措施。一般而言，对每一个步骤的作业方式都需要加以修改，以强化控制力度。如果不需要加以控制，则该步骤不是关键控制点，可直接回答第三个问题。

第二个问题是："该步骤是否专门用于解决时间拖延问题？"

"专门用于"意思是该步骤是为特定的时间拖延问题而设置的。如果该步骤专门用于解决时间拖延问题，即答案是肯定的，则判定该步骤为关键控制点；如果该步骤并非专门用于解决时间拖延问题，即答案是否定的，那么回答第三个问题。

第三个问题是："在该步骤中时间效率是否会超过预期？"

这个问题主要用于确认时间可控性是否会对运营效率带来显著影响。如果回答是肯定的，那么就需要提供科学的数据或文献依据，并且接着回答第四个问题；如果答案是否定的，就要表明该步骤不会对运营效率产生影响，可判定该步骤不是一个关键控制点。

第四个问题是："接下来的步骤会帮助解除时间障碍吗？"

这个问题帮助行为者从多个控制步骤中确认最适用的时间控制措施。如果没有后续步骤来解除时间障碍，即答案是肯定的，那么该步骤为关键控制点；如果有后续的步骤能解除时间障碍，即答案是否定的，该步骤不是关键控制点。

我们可以看到，判断树由四个互相关联的问题组成，这四个问题构成了判断关键控制点的逻辑步骤。战略举措中的任何一个环节都可以成为控制节点，但是关键控制节点却不是那么容易确定的，它需要很多细节性的工作来辅助判定。

只有准确判断出任务的关键控制节点，才能采取有针对性的有效措施确保战略目标高效达成。尤其是对于流程较长的任务而言，采用上述判断树的方法可以帮助任务实施团队更精确、更全面地找出关键控制点。

员工的工作计划中的每一项业务活动、每一个目标都可作为控制点，而关键节点是那些对评价时间管理效率具有关键意义的因素，如企业的生产率、交工期限等。除了通过判断树识别关键控制点，还可以通过聚焦任务的核心需求来确定关键节点。

华为在计划落实过程中，会与客户沟通讨论出一些核心需求，抓住核心需求，从客户的立场来理解客户的哪些需求需要在第一期完成，哪些需求可放入第二期、甚至第三期来完成，确定这些需求的轻重缓急、主次之后就能据此来梳理出工作任务的关键节点，科学有效地执行工作任务。

在厘清关键控制节点后，可以将其以可视化的方式呈现出来，有助于管理者更加准确地对进度、关键事项进行掌控。在华为，最常见的项目可视化管理模式是里程碑计划。里程碑计划有着简明、易懂、实用的特点。

2010年,华为在S国中标X项目,是一项50万线固网大型合作项目。在项目运作中,客户正式向华为反馈了两方面问题,一是项目交货延迟,二是初验测试问题屡次出错,严重影响了客户的计划和对华为的信心。

在近些年的市场竞争中,S国一直是华为重要的市场,公司高层在了解到情况后,也对前端项目组施加了压力。为此,项目组召开了全员大会,确定了以"改善客户关系,重建客户的信心"为核心目的的研讨会。

为确保项目能够稳定且准确地按计划执行,相关接待负责人立即着手制订里程碑计划,并明确了包括质量目标、工期目标、费用目标和交付产品特征等各项目标的改进标准,还邀请客户到华为实地考察,消除客户的顾虑,重新展开对项目的研发与交货。

针对客户的接待工作,项目组为客户各阶段的考察内容及时间安排也制订了详细的里程碑计划,并且对此次的行动进行了可行性分析,明确了四项具体要求,以便确保接待工作顺利进行。

最终,在项目组的努力下,S国客户重拾对华为的信心。华为在接下来的合作中顺利地执行了所有的里程碑计划,高质量地完成了X项目的运营与交付。

通过使用里程碑计划,可以将整体项目按需求剖析成不同的细化模块,将关键节点可视化,从而快速、准确地完成各项计划安排。

8.3.3 以过程检查对执行进度全程监控

在企业中,如果管理者下达工作目标并分解工作任务之后,没有及时地监管员工的工作过程,适时地指导员工的工作,员工无法顺利开展后续工作的概率极大。要保证员工有高效的执行力,让员工能够顺利完成工作，就要有适当的监督、必要的指导和控制，虽然不用涉及员工工作的具体细节，但对于整体进展还是要有所了解的。

一个企业如果没有可靠的监控行动，最终会导致管理混乱，曾经就有很多企业因为管控不力导致企业几乎濒临灭亡。

美国康普公司曾出现过管理上的重大事故，当时很多员工都拒绝听从领导的指令，甚至采取了过激的行为来反抗公司的管理。

管理的失效导致公司无法正常运营，康普公司的高层管理者马上集结起来对这一现象做了调查，结果显示造成这一现象的原因是管理者对员工授权后监管不够，沟通不到位，造成了管理者和员工之间的误会，也造成了员工的消极情绪。部门领导在给员工布置完任务后，通常认为可以放手不管了，认为自己已经"教"他们去做了，如果员工没能把工作做好就是员工有问题，所以一旦员工在工作上出错，领导也不管真正的原因，只根据结果对他们采取相应的惩罚措施。但实际上，员工做得不好往往并非是他们不愿意做好，而是因为他们不知道如何做好。管理者不问缘由直接惩罚，员工会觉得难以接受。

在这种情况下，再完善的奖惩制度也没有意义。因为员工对这种惩罚不接受，暴力惩罚也只能得到暴力抵制的结果。

如果企业的过程管理不力，会造成诸多的缺陷，浪费大量的人力、物力和财力等资源，也很容易滋生不满情绪，不知不觉中降低了组织的工作效率。所以，在工作进行的整个过程中要规范过程管控，随时对执行情况进行有效的监督和指导，及时排查出工作过程中的问题，清除工作过程中的阻碍，以确保最终的结果符合预期要求。

华为人在工作中不仅遵循结果导向，同时也注重过程监督。对工作过程进行监督，是为了获得更好的结果。只有在工作中保证过程正确，才有可能获得好的结果。对工作过程进行监督可以发现问题，找到产生的原因，进而及时处理，让任务朝着正确目标进行。

华为人在任务的过程监督上做得非常细致而周到。在项目推进中，还会灵活运用计划表、甘特图等工具监控项目推进情况，随时了解项目实际完成的进度，发现进度偏差后，及时分析该偏差对后续工作和总工期的影响，及时纠偏。通过对目标完成过程的关注，管理者确保了每一项工作都在掌控中，即使工作量再大，也能够做到准时完成任务。

8.4　战略评估与优化改进

战略成功不仅需要制定正确的战略并推动其实施，还需要对战略进行有效评估和调整，从而保证企业的长期成功。战略评估与改进是指检查企业为达到战略目标所进行的各项活动的执行情况，评价实施战略后的组织绩效，将其与既定的目标及标准相比较，从中找出差距，分析产生偏差的原因，及时纠正偏差。

8.4.1　定期审视战略目标的正确性

战略执行能力对企业战略的成功起着关键性作用，因此，企业必须准确评估战略执行情况，从中发现问题，并及时做出改进。更重要的是，企业需要不断对战略进行验证和修正，以适应瞬息万变的内外部环境。

印度总理莫迪一直致力于吸引境外投资者，以提升本土的制造业能力。华为看到印度市场的巨大潜力，努力推动印度的创新发展。2015年，为了响应印度总理莫迪力推的"印度制造"计划，华为在印度投资1.70亿美元新建一个研发中心，用于软件开发，推动业务在印度的扩张。这对华为来说，具有非凡的战略意义。

但是，随着美国宣布实施禁令，印度政府开始禁止印度国有运营商从华为采购设备，再加上印度电信公司本身财务状况紧张，需求减少，导致华为在印度的业务量大幅度下降。

因此，华为缩减了在印度的消费者业务，同时采取了下调收入目标、进行裁员等相关举措。

定期审视战略目标的正确性，一方面要检查现行战略给企业带来的经济效益如何，另一方面要考察现行市场环境下，企业是否有新的发展机遇。通过综合两个方面的评估结果，企业可以做出继续采取原战略或变更新战略的决策。

【任正非观点】适时战略退却

我们要学会战略上舍弃。当我们发起攻击的时候，我们发觉这个地方很难攻，久攻不下，可以把队伍调整到能攻得下的地方去。我们只需要占领世界的一部分，不要占领全世界。胶着在那儿，可能错失了一些未来可以拥有的战略机会。由大地区来协调确定合理舍弃。

客观评价正在实施的战略，审视战略目标的正确性，并据此采取相应行动，能够有效保证企业实现既定目标。

在华为，通常会通过召开战略复盘与纠偏审视会来进行战略评估与改进。战略复盘与纠偏审视会大多每季度召开一次，主要目的是根据环境变化进行纠偏及阶段性复盘，具体会议内容是定期审视战略目标的正确性，根据战略规划执行情况不断重新调整重点工作任务；阶段性复盘，提炼经验和教训，对公司的组织、流程、激励机制等进行调整和优化。

8.4.2 阶段性复盘，不断调整和优化

战略复盘是战略闭环体系的最后一环。战略需要通过市场结果来验证，如果市场结果和战略意图并没有完全匹配，就需要通过战略复盘来进行纠偏。即使是匹配的，也需要通过复盘来进行不断迭代，以支撑企业的长远发展。

联想集团创始人柳传志曾经说过："'复盘'是联想的一种方法论。在联想，'复盘'的意思就是打了胜仗要重新考虑一遍，打了败仗也要重新考虑一遍，以此总结得失，便于改进。"

李克强总理曾说过："你们把中国围棋复盘的理念运用到创业中来，这本身就是一种发明，在复盘当中可以看到哪一步走错了，哪一步走得特别精彩。把这个思想传播出去，不仅能创造物质财富，还能创造精神财富。"

在进行战略复盘时，需要遵循四步法，如图8-2所示。

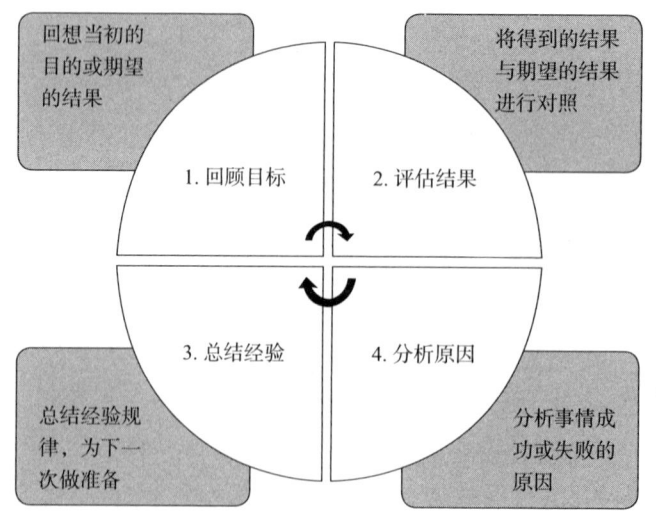

回想当初的目的或期望的结果 —— 1. 回顾目标
将得到的结果与期望的结果进行对照 —— 2. 评估结果
总结经验规律，为下一次做准备 —— 3. 总结经验
分析事情成功或失败的原因 —— 4. 分析原因

图8-2 复盘四步法

企业要做好战略复盘，需要重点关注四个方面：第一，一把手要亲自主

导战略复盘。带领团队推动战略复盘并取得效果是一把手领导力的体现。第二，明确各部门的分工。战略复盘不仅仅是开一两次会议，它需要各个部门全程参与、深入研讨，涉及企业经营与管理的方方面面。第三，结合企业内外部视角来看待问题。在复盘企业战略时，不仅要考虑企业自身的变化，也要洞察外部环境的变化，包括行业、客户、竞争者、合作伙伴等。第四，要由有经验的人来引导战略复盘。复盘可能需要使用一些专业研讨与分析工具，需要对一些问题进行综合判断，需要有人进行有效引导。

通过复盘，企业也可以将业务中的成功或者失败重新考虑一遍，分析其中的成功经验和失败教训，对点击破、点线连接、立体覆盖，从而促进业务成功。

任正非非常强调经验的重要性，他表示："大家知道为什么我的水平比你们高吗？就是因为我从每一件事情（成功或失败）中，都能比你们多体悟一点点东西。事情做多了，水平自然就提高了。"因此，华为除了阶段性地进行战略复盘，还会对每个项目进行复盘，从成功和失败中积累经验。

【任正非观点】只有善于归纳总结，才能前进

大家平时要多记笔记、写总结，不想进步的人肯定就不会这么做。如果你不善于归纳总结，你就不能前进。人类的历史就是不断从必然王国走向自由王国的历史。如果没有平时的归纳总结，结成思维的网，就无法解决随时出现的问题。不归纳你就不能前进，不前进你就不能上台阶。人是一步步前进的，你只要一小步一小步地前进，过几年当你回头总结时，就会发现你前进了一大步。

很多企业强调经验总结，但大多流于形式，并没有引发反思。"经验+反思"是有效复盘的成果。复盘是一个不断超越的过程，其终极目标是避免问题再发生。只有通过对以往实践进行回顾和反思，才有机会不断提升和完善。

参考文献

[1] 黄卫伟. 以奋斗者为本 [M]. 北京：中信出版社，2014.

[2] 黄卫伟. 价值为纲 [M]. 北京：中信出版社，2017.

[3] 黄卫伟. 以客户为中心 [M]. 北京：中信出版社，2016.

[4] 胡赛雄. 华为增长法 [M]. 北京：中信出版社，2020.

[5] 田涛. 华为访谈录 [M]. 北京：中信出版社，2021.

[6] 王方华. 企业战略管理 [M]. 2版. 上海：复旦大学出版社，2011.

[7] 倪志刚，孙建恒，张昳. 华为战略方法 [M]. 北京：新华出版社，2017.

[8] 钟金，杜俊鸿. 华为文化密码 [M]. 北京：电子工业出版社，2019.

[9] 王钺. 战略三环：规划、解码、执行 [M]. 北京：机械工业出版社，2020.

[10] 王京刚，谢雄. 华为的战略 [M]. 北京：华文出版社，2020.

[11] 李冠辰. 华为为什么能 [M]. 北京：中国青年出版社，2019.

[12] 吴晓波，穆尔曼，黄灿，郭斌，等. 华为管理变革 [M]. 北京：中信出版社，2017.

[13] 夏忠毅. 从偶然到必然——华为研发投资与管理实践 [M]. 北京：清华大学出版社，2019.

[14] 陈雪萍，陈悦，岑颖寅，陈玮. 战略破局：思考与行动的四重奏 [M]. 北京：机械工业出版社，2020.

[15] 杨国安，尤里奇. 组织革新——构建市场化生态组织的路线图 [M]. 袁品涵，译. 北京：中信出版社，2019.

[16] 鲁梅尔特. 好战略，坏战略 [M]. 蒋宗强，译. 北京：中信出版集团，2017.

[17] 里维斯，汉拿斯，辛哈. 战略的本质：复杂商业环境中的最优竞争战略 [M]. 北京：中信出版社，2016.

[18] 卡普兰，诺顿. 战略地图——化无形资产为有形成果 [M]. 刘俊勇，等译. 广州：广东经济出版社，2005.

[19] 卡普兰，诺顿. 平衡计分卡——化战略为行动 [M]. 刘俊勇，等译. 广州：广东经济出版社，2013.

[20] 戴维. 战略管理：概念与案例 [M]. 13版. 徐飞，译. 北京：中国人民大学出版社，2012.

[21] 凯斯勒，凯茨. 企业组织设计——如何利用组织设计驱动业务结果的达成 [M]. 江阮渊，张善依，译. 北京：电子工业出版社，2020.

[22] 科特勒. 市场营销：原理与实践 [M]. 16 版. 楼尊，译. 北京：中国人民大学出版社，2015.

[23] 罗宾斯，贾奇. 组织行为学 [M]. 14 版. 孙健敏，等译. 北京：中国人民大学出版社，2012.

[24] 罗宾斯，库尔特. 管理学 [M]. 11 版. 李原，等译. 北京：中国人民大学出版社，2012.